Haack

TaschenAtlas Erde

Klett PERTHES

Redaktion:
Dr. Manfred Reckziegel
Werner Thiele
Gerhard Treger

Kartographie:
Klett-Perthes
Ingenieurbüro für Kartographie,
Müller und Richert GbRmbH, Gotha

Völkerkarten:
Willi Stegner

Flaggen:
Jiří Tenora, Das Flaggenkabinett, Berlin

Einbandgestaltung:
Grafikdesign Brüning, Gotha

Herstellung:
Ulrike Glauner
Peter Oertel

Druck, buchbinderische Weiterverarbeitung:
Salzland Druck & Verlag, Staßfurt

Bildquellen:
Bonatz, Lüneburg: 89.8; Flüchter, Bochum: 53.8; Fuchs, Paderborn: 122.3; Geiger, Sonthofen: 88.2; Heinrich, Aalen: 102.2; Hokenmaier, Wäschenbeuren: 88.1; Itar Tass, Moskau: 23.9, 23.10, 52.1; Kraus, Wäschenbeuren: 102.3; Krauter, Esslingen: 10.6, 103.8; Kroß, Bochum: 122.2; Leicht, Mutlangen: 102.4; Maresch, Rutesheim: 77.3, 77.4; Mauritius, Mittenwald:11.2 (Russell Kord), 22.6 (Power Stock), 22.7 (Visa Image), 23.2 (HPM); Mitsubishi, Rüsselsheim: 11.4; MTI Foto Archiv: 23.8; Newig, Flintbek: 89.10; PhotoDisc: 23.3, 77.1, 103.7, 103.10; Pott, Stuttgart: 103.6; Rother, Schwäbisch Gmünd: 10.5, 10.7, 11.8–10, 22.5, 23.4, 52.3–5, 53.6, 53.7, 53.9, 53.10, 76.5–7, 77.2, 77.8–10, 88.4, 89.6, 89.7, 89.9, 102.1, 102.5, 103.9, 122.1, 122.4, 122.5, 123.6–10; Rother, Tübingen: 88.3, 88.5; Schulz, Schwäbisch Gmünd: 23.1; Sofinsky, Schwäbisch Gmünd: 11.3; Tauernkraft, Salzburg: 11.1; Yamamoto, Osaka: 52.2

1. Auflage 2000 A

http://www.klett-verlag.de/klett-perthes

ISBN: 3-623-00030-2

Vorwort

Haack TaschenAtlas: ein nach modernsten Gesichtspunkten gestaltetes handliches Kartenwerk. Wie die vorhergegangenen über 100 Auflagen zeichnet auch diese eine solide Handwerkskunst und graphische Vielfalt aus. Die ganz neue und aktuelle Gestaltung des TaschenAtlas wird durch rechnergestützte Kartenbearbeitung und technisch innovative Gestaltung erreicht. Kernstück des Atlas ist der Kartenteil mit einer großen Fülle an geographischen Informationen. Durch Verwendung eines dezenten politischen Flächenkolorits bleibt die gute Lesbarkeit von Kartennamen und Signaturen gewährleistet. Die äußerst hohe Inhaltsdichte mit mehr als 14 000 Registereinträgen beeinträchtigt dabei die ausgewogene Kartengestaltung nicht. Für einen Taschenatlas außergewöhnlich große Kartenmaßstäbe und zusätzliche thematische Karten der Erde und Erdteile sind weitere Vorteile. Und das ist noch nicht alles: Dem Kartenteil folgt eine Länderstatistik zu allen Staaten der Erde, die den Atlas zu einem geographischen Nachschlagewerk werden lässt.

Dieser Atlas wurde mit der größtmöglichen Sorgfalt erarbeitet, wir sind aber dennoch für inhaltliche und gestalterische Verbesserungsvorschläge dankbar.

Der Verlag

Inhalt

Die politisch-territorialen Einheiten der Erde

	Statistik	Karte
Sri Lanka	172	71
Syrien	173	68/69
Tadschikistan	173	64/65
Taiwan	173	73
Thailand	174	74
Türkei	175	35, 66, 50/51
Turkmenistan	175	64
Usbekistan	176	64
Vereinigte Arab. Emirate	177	67
Vietnam	178	72, 74
Weihnachtsinsel	*142*	*74*
Westjordanland	*154*	*68*
Zypern	179	68
Australien und Ozeanien		
Amerikanisch-Samoa	*178*	*86*
Ashmore- und Cartierinseln	*142*	*84*
Australien	142	84/85
Bakerinsel	*178*	*79*
Cookinseln	*164*	*79*
Fidschi	148	86
Französisch-Polynesien	*149*	*79, 87*
Guam	*178*	*86*
Howlandinsel	*178*	*79*
Jarvisinsel	*178*	*79*
Johnstoninsel	*178*	*79*
Kingmanriff	*178*	*79*
Kiribati	157	79
Korallenmeerinseln	*142*	*85*
Marshallinseln	162	78/79
Midway	*178*	*79*
Mikronesia	163	78/79
Nauru	164	79
Neukaledonien	*149*	*86*
Neuseeland	164	87
Niue	*164*	*86*
Nördliche Marianen	*178*	*86*
Norfolkinsel	*142*	*79*
Palau	166	78
Palmyra	*178*	*79*
Papua-Neuguinea	167	86/87
Pitcairninseln	*152*	*79*
Salomonen	169	87
Samoa	169	86
Tokelau	*164*	*79*

	Statistik	Karte
Tonga	174	86
Tuvalu	175	79
Vanuatu	176	86
Wake	*178*	*79*
Wallis und Futuna	*149*	*86*
Afrika		
Ägypten	140	68,98/99
Algerien	140	96/97
Angola	140	100
Äquatorialguinea	141	98
Äthiopien	142	99
Azoren	*167*	*90*
Benin	143	97
Botsuana	144	100
Britisches Territorium im Indischen Ozean	*151*	*13*
Burkina Faso	145	96/97
Burundi	145	100
Ceuta	*172*	*96*
Côte d'Ivoire	146	96
Dschibuti	147	99
Eritrea	148	99
Gabun	150	98, 100
Gambia	150	96
Ghana	150	96/97
Guinea	152	96
Guinea-Bissau	152	96
Kamerun	156	98
Kap Verde	157	96
Kenia	157	99, 101
Komoren	158	101
Kongo, Dem. Republik	158	98, 100
Kongo, Republik	158	98, 100
Lesotho	159	100
Liberia	160	96
Libyen	160	98
Madagaskar	161	101
Madeira	*167*	*90*
Malawi	161	101
Mali	161	96/97
Marokko	162	96/97
Mauretanien	162	96
Mauritius	162	101
Mayotte	*149*	*101*
Melilla	*172*	*97*
Mosambik	163	100/101

Zeichenerklärung zu den Regionalkarten

	Staatsgrenze
	Grenzverlauf umstritten/nicht festgelegt
	Demarkationslinie
	Innerstaatliche Grenze
	Zuordnungsgrenze auf Wasserflächen
SCHWEIZ	Staat
Réunion (frz.)	Abhängiges Gebiet
Thüringen	Bundesland / Bundesstaat / Provinz
Washington	Hauptstadt
Nashville	Verwaltungszentrum

Orte

Ort	Einwohner
BERLIN	über 1 000 000 Einwohner
Dublin	500 000 – 1 000 000 Einwohner
Verona	100 000 – 500 000 Einwohner
Marbella	50 000 – 100 000 Einwohner
Dubrovnik	10 000 – 50 000 Einwohner
Hammerfest	unter 10 000 Einwohner
	Große zusammenhängende Siedlungsfläche

	Autobahn/Fernstraße
	Eisenbahn
	Eisenbahntunnel
	Eisenbahnfähre
	Kanal
	Internationaler Flughafen
	Seehafen
	Ruinenstätte
	Fluss
	Zeitweilig Wasser führender Fluss / Wadi
	Sumpf
	Salzsumpf, Salztonebene
4807	Berghöhe (in m)
-116	Depression (in m)

Erläuterung zu den Völkerkarten

Die Völkerkarten enthalten aus Maßstabsgründen nur eine Auswahl der wichtigsten Völker (Ethnien). Die Bezeichnung „Volk" wird je nach dem Zusammenhang unterschiedlich definiert. Die Ethnologie oder Völkerkunde versteht darunter linguistisch und weitgehend auch kulturell einheitliche Volksgruppen, die sich ihrer Gemeinsamkeit bewusst sind und vielfach in einem geschlossenen Territorium leben. Nicht gemeint sind hier die Gesamtbevölkerungen von Staaten, z.B. *Belgier* oder *Marokkaner*, sondern die dort lebenden ethnischen Gemeinschaften: *Flamen* und *Wallonen* bzw. *Araber* und *Berber*.

Die Klassifizierung bzw. Gruppierung der Völker folgt in der Regel den üblichen linguistischen, in Ausnahmefällen auch kulturellen und geographischen Gesichtspunkten. Für kleinere Ethnien werden vielfach die üblichen zusammenfassenden Bezeichnungen gewählt, z.B. *Papua, Polynesier, Pygmäen* usw.

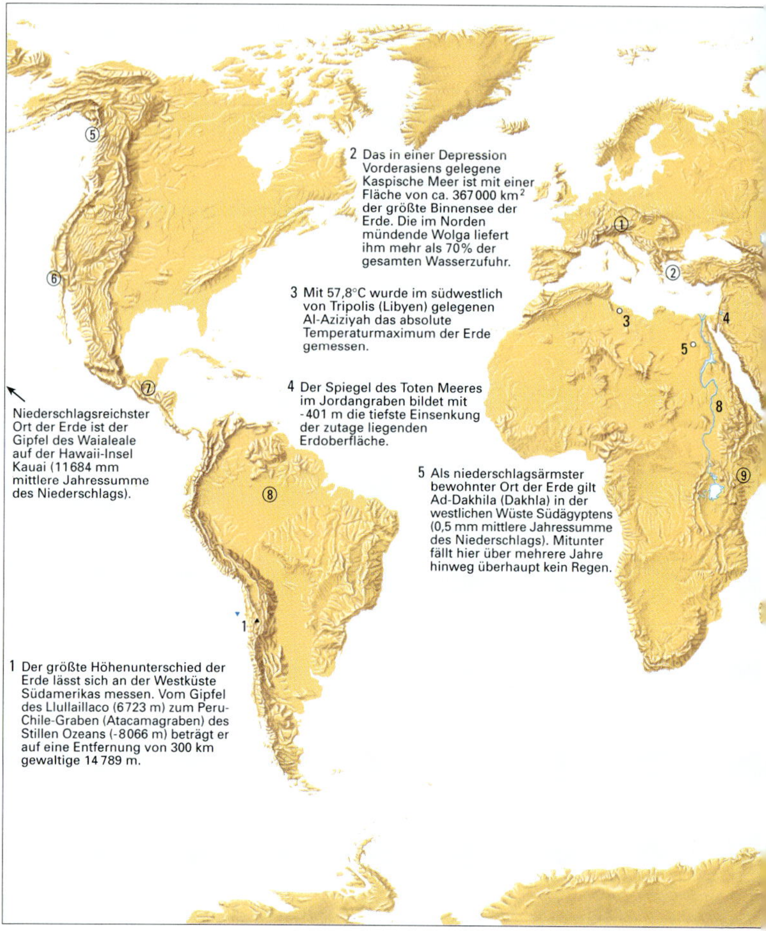

2 Das in einer Depression Vorderasiens gelegene Kaspische Meer ist mit einer Fläche von ca. 367 000 km² der größte Binnensee der Erde. Die im Norden mündende Wolga liefert ihm mehr als 70% der gesamten Wasserzufuhr.

3 Mit 57,8°C wurde im südwestlich von Tripolis (Libyen) gelegenen Al-Aziziyah das absolute Temperaturmaximum der Erde gemessen.

4 Der Spiegel des Toten Meeres im Jordangraben bildet mit -401 m die tiefste Einsenkung der zutage liegenden Erdoberfläche.

Niederschlagsreichster Ort der Erde ist der Gipfel des Waialeale auf der Hawaii-Insel Kauai (11 684 mm mittlere Jahressumme des Niederschlags).

5 Als niederschlagsärmster bewohnter Ort der Erde gilt Ad-Dakhila (Dakhla) in der westlichen Wüste Südägyptens (0,5 mm mittlere Jahressumme des Niederschlags). Mitunter fällt hier über mehrere Jahre hinweg überhaupt kein Regen.

1 Der größte Höhenunterschied der Erde lässt sich an der Westküste Südamerikas messen. Vom Gipfel des Llullaillaco (6723 m) zum Peru-Chile-Graben (Atacamagraben) des Stillen Ozeans (-8066 m) beträgt er auf eine Entfernung von 300 km gewaltige 14 789 m.

⑤ Glacier Bay, Alaska

⑥ Los Angeles, Vereinigte Staaten

⑦ Atitlánsee, Guatemala

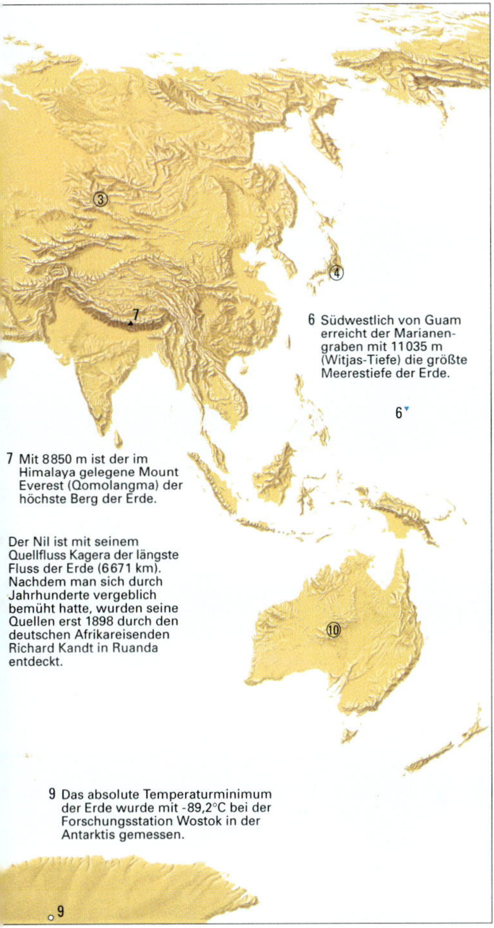

6 Südwestlich von Guam erreicht der Marianengraben mit 11035 m (Witjas-Tiefe) die größte Meerestiefe der Erde.

7 Mit 8850 m ist der im Himalaya gelegene Mount Everest (Qomolangma) der höchste Berg der Erde.

Der Nil ist mit seinem Quellfluss Kagera der längste Fluss der Erde (6671 km). Nachdem man sich durch Jahrhunderte vergeblich bemüht hatte, wurden seine Quellen erst 1898 durch den deutschen Afrikareisenden Richard Kandt in Ruanda entdeckt.

9 Das absolute Temperaturminimum der Erde wurde mit -89,2°C bei der Forschungsstation Wostok in der Antarktis gemessen.

① Die Alpen, Europa

② Mýkonos, Griechenland

③ Altai, Asien

④ Fuji, Japan

Rio Negro, Amazonastiefland

⑨ Trockensavanne, Kenia

⑩ Kata Tjuta (Mt. Olga), Australien

Nordpol
Ostsibirische See
Beaufortsee
RUSSLAND
Alaska (Vereinigte Staaten)
Anchorage
Golf v. Alaska
Yellowknife
KANADA
Edmonton
Vancouver
Seattle
Winnipeg
Hudson Bay
Baffin Bay
Grönland (dän.)
Nuuk
Ottawa
MONTREAL
Toronto
Neufundland
St. Pierre und Miquelon (frz.)
VEREINIGTE STAATEN
Denver
CHICAGO
Boston
NEW YORK
Washington
San Francisco
St. Louis
LOS ANGELES
DALLAS
Atlanta
New Orleans
Golf v. Mexiko
MEXIKO
MONTERREY
HAVANNA
KUBA
BAHAMAS
JAM.
H.
DOM. REP.
Kl. Antillen
Karibisches Meer
GUATEMALA
B.
G.
H.
EL S.
NIC.
C. R.
PAN.
CARACAS
VENEZUELA
GUYANA
S.
Frz.-Guayana
BOGOTÁ
KOLUMBIEN
QUITO
ECUADOR
Galápagos-In. (Ec.)
Äquator
PAZIFISCHER OZEAN
MANAUS
BELÉM
BRASILIEN
RECIFE
SALVADOR
PERU
LIMA
LA PAZ
BOLIVIEN
Sucre
BRASÍLIA
PARAGUAY
Asunción
RIO DE JANEIRO
SÃO PAULO
PORTO ALEGRE
URUGUAY
MONTEVIDEO
BUENOS AIRES
SANTIAGO
CHILE
ARGENTINIEN
Südl. Wendekreis
Desventurados-In.
Oster-I.
Sala y Gómez (Chile)
Juan-Fernández-In.
Falkland-In. (Malwinen) (brit.)
Feuerland
Südgeorgien und die Südl. Sandwich-In. (brit.)
Südl. Shetland-In.
Südl. Orkney-In.
Südl. Polarkreis
Peter-I.-Insel
Weddellsee
Scott-I.
Bermuda (brit.)
ATLANTISCHER OZEAN
Azoren (Port.)
Nördl. Wendekreis
Madeira (Port.)
Kanarische In. (Spanien)
São Paulo (Bras.)
Fernando de Noronha
Ascension
St. Helena (brit.)
Tristan da Cunha
Gough
Bouvet-I. (norw.)
Svalbard und Jan Mayen (norw.)
Europäisches Nordmeer
Nördl. Polarkreis
Reykjavik
ISLAND
Färöer (dän.)
NORWEGEN
Oslo
Stockh
SCHWE
IRLAND
GR.-BRIT.
LONDON
DÄN.
N.
B.
L.
BERLIN
D.
TSC
PARIS
FRANKR.
S.
Ö.
S.
ITALIEN
RO
PORTUGAL
Lissabon
MADRID
SPANIEN
RABAT
CASABLANCA
MAROKKO
ALGIER
Tunis
TUN.
Tri
ALGERIEN
LIB
West-sahara
MAURETANIEN
MALI
NIGER
KAP VERDE
DAKAR
SEN.
G.
G.-B.
CONAKRY
GUINEA
SIERRA LEONE
LIBERIA
Bamako
Niamey
B. F.
N'Djamena
GH.
T.
B.
NIGERIA
C. D'I.
LAGOS
ABIDJAN
ACCRA
KAM.
Golf von Guinea
Ä.-G.
GAB.
KINSHASA
LUANDA
Windhuk
NAMI
Kapsta
Jaun

Franz-Joseph-Land
Sewernaja Semlja
Nowaja Semlja
Karasee
Laptewsee
Neusibirische In.
Ostsibirische See
Wrangel-I.
KANADA
Alaska (Vereinigte Staaten)
Anchorage
Norilsk
Jakutsk
Beringmeer
Aleuten
RUSSLAND
ST. PETERSBURG
JEKATERINBURG
OMSK
NOWOSIBIRSK
NISHNI NOWGOROD
MOSKAU
SAMARA
Irkutsk
Ochotskisches Meer
Petropawlowsk-Kamtschatski
Kurilen
Chabarowsk
KIEW
Astana
KASACHSTAN
Ulan-Bator
MONGOLEI
Wladiwostok
CHANGCHUN
JAPAN
ALMATY
URUMTSCHI
NORD-KOREA
TASCHKENT
KIRG.
PEKING
ANKARA
A. AS.
USBEK.
TÜRKEI
TURKM.
TADSCH.
CHINA
SÜD-
SEOUL
TŌKYŌ
OSAKA
XI'AN
SHANGHAI
TEHERAN
Kabul
SYR.
IRAK
IRAN
AFGH.
PAKISTAN
LAHORE
Tibet
CHENGDU
WUHAN
Ryukyu-In.
PAZIFISCHER
Bonin-In.
BAGDAD
KAIRO
JORD.
DELHI
New Delhi
NEPAL
BH.
Vulkan-In.
ÄGYPTEN
SAUDI-ARABIEN
RIAD
VAE
KARĀCHI
KALKUTTA
B.
KANTON
TAIWAN
JIDDAH
INDIEN
MYANMAR
HANOI
HONGKONG
Nördliche Marianen (USA)
OMAN
LAOS
Hainan
MUMBAI
Golf v. Bengalen
RANGUN
THAILAND
BANGKOK
VIETNAM
PHILIPPINEN
MANILA
Guam (USA)
Arabisches Meer
K.
Khartum
ER.
Sanaa
JEMEN
CHENNAI
SUDAN
D.
Sokotra
MIKRONESIEN
ADDIS ABEBA
ÄTHIOPIEN
SRI LANKA
Ceylon
Colombo
SOMALIA
KUALA LUMPUR
BR.
PALAU
OZEAN
MALAYSIA
Mogadischu
SINGAPUR
Sumatra
Borneo
Äquator
UG.
KENIA
MALEDIVEN
NAIROBI
Celebes
INDONESIEN
TANSANIA
Brit. Territorium im Indischen Ozean
JAKARTA
SURABAYA
Java
PAPUA-NEUGUINEA
DARESSALAM
SEYCHELLEN
Osttimor
Port Moresby
KOMOREN
INDISCHER
Weihnachts-I. (austr.)
Kokos-In. (austr.)
SAMBIA
M.
MOSAMBIK
Korallenmeer
HARARE
SIMB.
MADAGASKAR
ANTANANARIVO
MAURITIUS
Réunion (frz.)
Maputo
SW.
AUSTRALIEN
BRISBANE
OZEAN
PERTH
Amsterdam
Saint-Paul
ADELAIDE
SYDNEY
Canberra
MELBOURNE
Tasmansee
NEUSEELAND
Tasmanien
Französische Süd- u. Antarktisgebiete
Crozet-In.
Wellington
Kerguelen
Chatham-In.
Heard u. McDonald-In. (austr.)
Macquarie (Austr.)
Balleny-In.
Scott-I.
Ross-See

Nordpo
Grönland (dän.)
Svalbard und Jan Mayen (norw.)
Franz-Joseph-Land
Sewernaja Semlja
Nowaja Semlja
Barentssee
Karasee
Laptewsee
Neusibirische In.
Ostsibirische See
Wrangel-I.
Nördl. Polarkreis
NORWEGEN
SCHWEDEN
FINNLAND
Oslo
Stockh.
E.
L.
LIT.
W.
ST. PETERSBURG
NISHNI NOWGOROD
MOSKAU
KIEW
UKR.
SAMARA
JEKATERINBURG
OMSK
NOWOSIBIRSK
Norilsk
Jakutsk
Irkutsk
RUSSLAND
KASACHSTAN
Astana
ALMATY
TASCHKENT
USBEK.
KIRG.
TURKM.
TADSCH.
G.
A.
AS.
Kabul
AFGH.
TEHERAN
IRAN
PAKISTAN
LAHORE
DELHI
New Delhi
NEPAL
BH.
B.
INDIEN
KARACHI
VAE
OMAN
KALKUTTA
MUMBAI
CHENNAI
Arabisches Meer
Golf v. Bengalen
SRI LANKA
Colombo
Ceylon
MALEDIVEN
Äquator
Ochotskisches Meer
Petropawlowsk-Kamtschatski
Beringme
Aléute
Chabarowsk
Kurilen
Ulan-Bator
MONGOLEI
URUMTSCHI
CHANGCHUN
Wladiwostok
PEKING
CHINA
Tibet
XI'AN
CHENGDU
WUHAN
SHANGHAI
NORD-KOREA
SÜD-
SEOUL
TOKYO
OSAKA
JAPAN
Ryukyu-In.
PAZIFI
Midway (USA)
Bonin-In.
Vulkan-In.
KANTON
HONGKONG
TAIWAN
HANOI
MYANMAR
RANGUN
THAI-LAND
BANGKOK
LAOS
VIETNAM
K.
Hainan
MANILA
PHILIPPINEN
Nördliche Marianen (USA)
Guam (USA)
Wake (USA)
MARSHALL-INSELN
Johnsto (USA)
Karolinen
PALAU
MIKRONESIEN
MALAYSIA
BR.
KUALA LUMPUR
SINGAPUR
S.
Sumatra
Borneo
Celebes
INDONESIEN
JAKARTA
SURABAYA
Java
Osttimor
PAPUA-NEUGUINEA
Port Moresby
NAURU
Gilbert-In.
Howland
Baker-
Phoenix-
KIRI
Tokelau (neuseel.)
SALOMONEN
TUVALU
Wallis u. Futuna (franz.)
SAMO
Ame Sam (US
Brit. Territorium im Indischen Ozean
Weihnachts-I. (austr.)
Kokos-In. (austr.)
Korallenmeer
VANUATU
Neu-kaledonien (frz.)
FIDSCHI
TONGA
INDISCHER OZEAN
MAURITIUS
Réunion (frz.)
Südlicher Wendekreis
AUSTRALIEN
BRISBANE
Norfolk-I. (austr.)
PERTH
ADELAIDE
SYDNEY
Canberra
MELBOURNE
Kermadec (Neusee
Tasmansee
NEUSEELAND
Wellington
Chath. In.
Tasmanien
Bounty-In
Antipoden
Amsterdam
Saint-Paul
Französische Süd- und Antarktisgebiete
Crozet-In.
Kerguelen
Auckland-In.
Macquarie (Austr.)
Prinz-Eduard-u. Marion-In. (südafr.)
Heard u. McDonald-In. (austr.)
Balleny-In.
Scott-I.
Ross-S

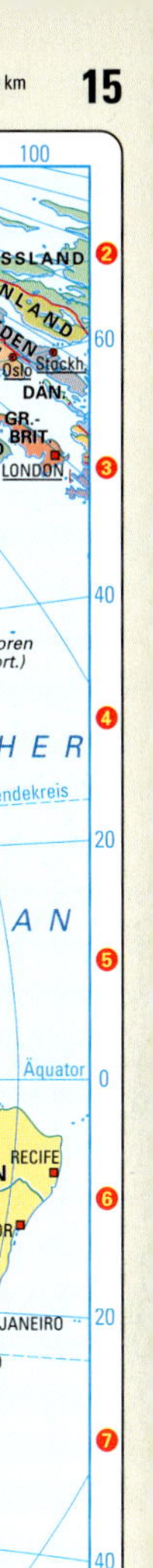
Grönland
(dän.)
Baffin Bay
Beaufortsee
Alaska
(Vereinigte Staaten)
Anchorage
Yellowknife
Hudson Bay
KANADA
Golf v. Alaska
Edmonton
Vancouver
Winnipeg
MONTRÉAL
Ottawa
Toronto
Neufundland
St. Pierre und Miquelon (frz.)
Seattle
Boston
NEW YORK
CHICAGO
Denver
St. Louis
Washington
San Francisco
VEREINGTE STAATEN
Atlanta
LOS ANGELES
DALLAS
New Orleans
MEXIKO
MONTERREY
Golf v. Mexiko
HAVANNA
BAHAMAS
KUBA
DOM. REP.
H.
JAM.
MEXIKO
B.
G.
H.
GUATEMALA
EL S.
NIC.
C. R.
PAN.
Karibisches Meer
Antillen
Svalbard und Jan Mayen (norw.)
Europäisches Nordmeer
Nowaja Semlja
RUSSLAND
FINNLAND
SCHWEDEN
NORWEGEN
Oslo
Stockh.
ISLAND
Reykjavík
Nuuk
Färöer (dän.)
DÄN.
GR.-BRIT.
IRLAND
LONDON
Azoren (Port.)
Bermuda (brit.)
ATLANTISCHER OZEAN
Nördl. Wendekreis
Hawaii-Inseln (Vereinigte Staaten)
Revillagigedo-In. (Mex.)
OZEAN
Clipperton (Frz.-Polynesien)
ngmanriff
Kiritimati
Jarvis-I.
Französisch-Polynesien
ook-In. euseel.)
Pitcairn-In. (brit.)
Oster-I.
Sala y Gómez
(Chile)
Desventurados-In.
Juan-Fernández-In.
Galápagos-In. (Ecuador)
CARACAS
VENEZUELA
GUYANA
S.
Frz.-Guayana
BOGOTÁ
KOLUMBIEN
QUITO
ECUADOR
Äquator
MANAUS
BELÉM
BRASILIEN
RECIFE
PERU
LIMA
SALVADOR
BOLIVIEN
LA PAZ
Sucre
BRASÍLIA
PARAGUAY
RIO DE JANEIRO
Asunción
SÃO PAULO
PORTO ALEGRE
SANTIAGO
CHILE
ARGENTINIEN
URUGUAY
MONTEVIDEO
BUENOS AIRES
Falkland-In. (Malwinen) (brit.)
Feuerland
Südgeorgien und die Südl. Sandwich-In. (brit.)
Bouvet-I. (norw.)
Südl. Shetland-In.
Südl. Orkney-In.
Südl. Polarkreis
Peter-I.-Insel
Weddellsee
O 140 P 120 Q 100 R 80 S 60 T 40 U 20 V 0 W 20 X 40 Y 60 Z 80 100
2 3 4 5 6 7 8 9
60 40 20 0 20 40 60

Nordpol
Ostsibirische See
Wrangel-I.
Beringstr.
Beaufortsee
Kap Barrow
Queen-Elizabeth-In.
Sverdrup-In.
Parry-In.
Ellesmere-I.
1712
Spitzbergen
Devon-I.
Victoria-I.
Baffin-I.
Baffin Bay
2030
Grönland
Europäisches Nordmeer
Alaska
Mt. McKinley 6194
Alaskakette
Anchorage
Golf v. Alaska
Kodiak
Yukon
Mackenzie
Yellowknife
Davis-Str.
Gunnbjørn Fjeld 3700
Dänemark-Str.
3921
Nördl. Polarkreis
Nuuk
Reykjavik
Island
2119
Hudson Bay
Kap Chidley
3082
Kap Farvel
2469
Oslo
Stockholm
Skandinavien
Kanadischer Schild
Labrador
Labradorsee
Edmonton
Küstengebirge
Rocky Mountains
Vancouver
Winnipeg
Britische Inseln
Nordsee
Ostsee
LONDON
BERLIN
Seattle
NORDAMERIKA
Great Plains
Missouri
Mississippi
MONTRÉAL
Neufundland
4700
Land's End
Kap Race
Appalachen
Toronto
Boston
PARIS
Alpen
Mont Blanc 4807
San Francisco
Sa. Nevada
Denver
CHICAGO
NEW YORK
Kap Finisterre
6325
MADRID
4418 Mt. Whitney
4399
St. Louis
Washington
LOS ANGELES
Mt. Mitchell 2037
Kap Hatteras
Azoren
Lissabon
ALGIER
Atlanta
DALLAS
1107
CASABLANCA
Tunis
Florida
ATLANTISCHER
Madeira
Atlas
Westl. Sa. Madre
New Orleans
Golf v. Mexiko
Kanarische In.
Toubkal 4165
Bahama-In.
6995
MONTERREY
HAVANNA
Kuba
K. San Lucas
Nördl. Wendekreis
Ahaggar 2918
Pico de Orizaba 5675
Hispaniola
MEXIKO
Große Antillen
8381
Kl. Antillen
Kap Nouadhibou
Sahara
Kapverdische In.
DAKAR
Kap Verde
Niger
GUATEMALA
Karibisches Meer
Kap Gallinas
7292
Bamako
Niamey
Tschad
5775
Trinidad
CARACAS
Llanos
CONAKRY
AFRIKA
PAZIFISCHER
2810
Bergland v. Guayana
Oberguinea
LAGOS
BOGOTÁ
3014
ABIDJAN
ACCRA
Kamerunberg 4095
Äquator
Galápagos-In.
QUITO
São Paulo
Golf von Guinea
Kap Lopez
Chimborazo 6310
MANAUS
BELÉM
Fernando de Noronha
5852
Amazonas
Selvas
Kap São Roque
Punta Negra
Campos
RECIFE
Ascension
Huascarán 6768
Niederguinea
LUANDA
LIMA
SÜDAMERIKA
SALVADOR
LA PAZ
BRASÍLIA
Brasilianisches Bergland
St. Helena
6542
Pico da Bandeira 2890
OZEAN
2560
6119
RIO DE JANEIRO
SÃO PAULO
Anden
Namib
Südl. Wendekreis
Desventurados-In.
Asunción
Oster-I.
Sala y Gómez
PORTO ALEGRE
Aconcagua 6959
Juan-Fernández-In.
Pampa
Kapstadt
Kap der Guten Hoffnung
OZEAN
SANTIAGO
MONTEVIDEO
BUENOS AIRES
Rio de la Plata
Tristan da Cunha
Gough
Patagonien
4058
6212
Falkland-In.
Magellanstraße
Feuerland
Südgeorgien
8264
Bouvet-I.
Kap Hoorn
Südantillenmeer
Südl. Sandwich-In.
Drake-Str.
5290
5734
Südl. Shetland-In.
Südl. Orkney-In.
Moody Point
Bellingshausensee
Antarktische Halbinsel
Südl. Polarkreis
Peter-I.-Insel
Amundsensee
Mt. Jackson 4190
Alexander-I.
Weddellsee
Dronning-Maud
Scott-I.
Ellsworthland
Berkner-I.
ANTAR

0 1000 2000 3000 km
Franz-Joseph-Land
Sewernaja Semlja
Kap Tscheljuskin
Neusibirische In.
Ostsibirische See
Kap Barrow
Beaufortsee
Victoria-I.
Laptewsee
Karasee
Nowaja Semlja
Taimyr-H.-I.
Mittel-sibirisches Bergland
Norilsk
Tscherski-Geb.
Jakutien
Jakutsk
Mt. McKinley 6194
Alaskakette
Anchorage
Beringmeer
Beringstr.
West-sibirisches Tiefland
Narodnaja 1895
Ural
Kljutschewskaja Sopka 4750
Aleuten
Kamtschatka
Stanowoi-Geb.
Ochotskisches Meer
ST. PETERSBURG
NISHNI NOWGOROD
MOSKAU
JEKATERINBURG
NOWOSIBIRSK
OMSK
Ostsajan
Baikalsee
Irkutsk
Petropawlowsk-Kamtschatski
Sachalin
Kurilen
SAMARA
KIEW
Wolga
Altai 4506
Ulan-Bator
Chabarowsk
Amur
Aralsee
Kaspisches Meer
-28
ALMATY
URUMTSCHI
Gobi
Mandschurei
Wladiwostok
Hokkaidō
ASIEN
CHANGCHUN
Japanisches Meer
Honshū
Elbrus 5642
Kaukasus
TASCHKENT
Tienschan
7495
Tarimbecken
Altun Shan
Kunlun
7723
PEKING
SEOUL
Korea
Fuji 3776
TŌKYŌ
ŌSAKA
Kyūshū
ANKARA
Anatolien
Elburs
TEHERAN 5671
Hindukusch
Kabul
Tibet
XI'AN
Huang He
SHANGHAI
BAGDAD
LAHORE
CHENGDU
WUHAN
Ryukyu-In.
Bonin-In.
KAIRO
-133
401
Himalaya
DELHI
Mt. Everest 8850
7556
Jangtsekiang
PAZIFISCHER
Vulkan-In.
RIAD
Arabien
KARACHI
KALKUTTA
KANTON
3952
Taiwan
HONGKONG
Rotes Meer
JIDDAH
2980 Ras al-Hadd
Vorderindien
Hinterindien
HANOI
Hainan
Luzon
Marianen
MUMBAI
Arabisches Meer
Golf v. Bengalen
RANGUN
BANGKOK
Südchinesisches Meer
Philippinen
MANILA
Khartum 3071
4620
Sanaa 3620
Sokotra
Kap Guardafui
CHENNAI
Andamanen
2695
Witjastiefe 11035
Hochland von Äthiopien
ADDIS ABEBA
Somali-H.I.
Kap Comorin
Colombo
2524
Ceylon
Kinabalu 4101
Mindanao
Karolinen
OZEAN
5824
Mogadischu
Malediven
KUALA LUMPUR
SINGAPUR
Sumatra
Borneo
Äquator
Victoriasee
NAIROBI
Kilimandscharo 5892
3805
Celebes 3455
Bismarck-Arch.
Neuguinea
Puncak Jaya 4884
DARESSALAM
Seychellen
Tschagos-In.
Große Sunda-In.
JAKARTA
SURABAYA
Java 3676
Kl. Sunda-In.
4073
Kap Delgado
Komoren
INDISCHER
Kokos-In.
Kap York
Port Moresby
2876
3002
Str. v. Moçambique
Madagaskar
ANTANANARIVO
Maskarenen
HARARE
Korallenmeer
Nordwestkap
1531
AUSTRALIEN
Great Dividing Range
Maputo
Drakensberg
6400
Große Victoriawüste
-12
BRISBANE
OZEAN
1011
PERTH
Kap Leeuwin
Amsterdam
Saint-Paul
ADELAIDE
SYDNEY
Austr. Alpen
Mt. Kosciusko 2228
5671
MELBOURNE
Tasmansee
Crozet-In.
Tasmanien
Südostkap
5267
Nordinsel
2797
Wellington
Neuseeland
Mt. Cook 3764
Südinsel
Kerguelen
Heard
Südwestkap
Macquarie
6250
Wilkesland
Balleny-In.
4163
ANTARKTIKA
Erebus 3794
Ross-I.
Ross-See
Höhenschichten
4000 m
2000 m
1000 m
500 m
200 m
0 m
Depression
Meerestiefen
200 m
2000 m
4000 m
6000 m
8000 m
Inlandeis, Gletscher

Neusibirische In.
Ostsibirische See
Beringstr.
Kap Barrow
Beaufortsee
Queen-Elizabeth-In.
Magnetischer Pol
Ellesmere-I.
Grönland
Spitzbergen
Victoria-I.
Baffin Bay
Baffin-I.
Europäisches Nordmeer
Alaskakette
6194
Mt. McKinley
Yukon
Mackenzie
Barrengrounds
3700
Golf von Alaska
Hudson Bay
Davis-Str.
Nuuk
Dänemark-Str.
Island
Reykjavik
2119
Färöer
Golfstrom
Labradorsee
Kap Farvel
Stockholm
Labrador
Britische Inseln
Nordsee
NORDAMERIKA
Rocky Mountains
Prärien
Große Seen
Neufundland
Labradorstrom
LONDON
BERLIN
PARIS
Großes Becken
Sa. Nevada
Missouri
MONTRÉAL
Kap Race
Mont Blanc
4807
Alpen
4418
CHICAGO
Mississippi
NEW YORK
Golfstrom
K. Finisterre
MADRID
ROM
Azoren
LOS ANGELES
3478
ATLANTISCHER
CASABLANCA
ALGIER
Bermuda-In.
Madeira
4165
Atlas
Golf von Mexiko
Kanarische In.
Bahama-In.
HAVANNA
Kuba
Große Antillen
Nordäquatorialstrom
Kleine Antillen
Kanarenstrom
MEXIKO
P. de Orizaba
5675
Sahara
3415
Karibisches Meer
Kapverdische In.
DAKAR
K. Verde
Sahel
GUATEMALA
Kap Gallinas
CARACAS
Llanos
Trinidad
Südäquatorialstrom
Niger
Äquatorialer Gegenstrom
LAGOS
Kamerunberg
4095
Bergland von Guayana
BOGOTA
ABIDJAN
Guineastrom
São Paulo
Galápagos-In.
MANAUS
Selvas
São Tomé
Amazonas
Fernando de Noronha
Benguelastrom
Punta Negra
K. São Roque
KINSHASA
SÜDAMERIKA
Ascension
LUANDA
PAZIFISCHER
Campos
LIMA
6613
Anden
Brasilianisches Bergland
Humboldtstrom
OZEAN
St. Helena
Brasilstrom
Namib
OZEAN
Gran Chaco
Paraná
Atacama
RIO DE JANEIRO
SÃO PAULO
Oster-I.
Sala y Gómez
Aconcagua
6959
SANTIAGO
BUENOS AIRES
Kapstadt
Kap der Guten Hoffnung
Juan-Fernández-In.
Pampa
Río de la Plata
Tristan da Cunha
Gough
Patagonien
Antarktische
Falkland-In.
Antarktischer Zirkumpolarstrom
Bouvet-I.
Punta Arenas
Feuerland
Südgeorgien
Magellan-Str.
Kap Hoorn
Südl. Sandwich-In.
Drakestr.
Südl. Shetland-In.
Südl. Orkney-In.
Südl. Polarkreis
Antarktische H.-I.
Peter-I.-I.
Alexander-I.
4191
Weddellsee
A N
Inlandeis, Gletscher
Tundra, Hochgebirgsregion
Waldtundra
nördlicher Nadelwald, Taiga
tropischer Regenwald, feuchter Monsunwald
sonstiger hochstämmiger Wald
Heide, Grasland der nördlichen Nadelwaldzone
Ackerland, intensiv genutzte Wiesen und Weiden
Steppe, trockenes Grasland
Feuchtsavanne (Grasland und Savannenwa
Trockensavanne (Grasland und Trockenwa
Halbwüste, Wüste

Sewernaja Semlja
K. Tscheljuskin
Neusibirische In.
Laptewsee
Ostsibirische See
Kap Barrow
Beaufortsee
Victoria-I.
Bering-Str.
Yukon
Alaskakette
6194
Mt. McKinley
Nowaja Semlja
Karasee
Norilsk
Nördl. Polarkreis
Jakutsk
Sibirien
Ural
Jenissei
Ob
Lena
Beringsee
Kljutschewskaja Sopka
4750
Aleuten
Kamtschatka
Ochotskisches Meer
Sachalin
Kurilen
Oya-Shio
ST. PETERSBURG
MOSKAU
TSCHELJABINSK
NOWOSIBIRSK
Irkutsk
Baikalsee
Amur
Chabarowsk
Wolga
4506
Altai
Ulan-Bator
Kasachensteppe
Aralsee
ASIEN
Gobi
SHENYANG
Hokkaidō
Kaukasus
5642
Kaspisee
Kysylkum
TASCHKENT
Tienschan
PEKING
Huang He
Japan. Meer
Honshū
ISTANBUL
BAKU
Karakum
Taklimakan
7723
SEOUL
3776
TŌKYŌ
Kuro-Shio
TEHERAN
Hindukusch
Kabul
8611
XI'AN
Ost-chines. Meer
DAMASKUS
Tibet
SHANGHAI
-401
KAIRO
Himalaya
Jangtsekiang
Ryukyu-In.
Bonin-In.
DELHI
Mt. Everest
8850
Nördl. Wendekreis
RIAD
KARACHI
Taiwan
PAZIFISCHER
Rotes Meer
Nil
Arabien
Rub al-Khālī
Ras al-Hadd
MUMBAI
Dekkan
KALKUTTA
HANOI
HONGKONG
Hainan
Marianen
Golf v. Bengalen
RANGUN
Süd-chines. Meer
Philippinen
Nordäquatorialstrom
3620
Arabisches Meer
BANGKOK
MANILA
4620
G.v. Aden
Socotra
CHENNAI
Kap Guardafui
Ceylon
Karolinen
Sudd
ADDIS ABEBA
K. Comorin
Nordäquatorialstrom
Äquatorialer Gegenstrom
4101
Malediven
Sumatra
SINGAPUR
Borneo
OZEAN
Äquator
NAIROBI
Kilimandscharo
5892
Victoriasee
Äquatorialer Gegenstrom
Celebes
Große Sunda-In.
Südäquatorialstrom
Neuguinea
5030
Seychellen
DARESSALAM
Tschagos-In.
JAKARTA
Java
Kl. Sunda-In.
K. Delgado
Komoren
Südäquatorialstrom
K. York
Salomonen
Kokos-In.
INDISCHER
Gr. Barriereriff
Korallenmeer
Madagaskar
Str. v. Moçambique
Mauritius
Réunion
Südl. Wendekreis
Nordwestkap
Neukaledonien
OZEAN
AUSTRALIEN
Agulhasstrom
3482
Große Victoriawüste
Ostaustralischer Strom
Norfolk
PERTH
K. Leeuwin
SYDNEY
Amsterdam
St-Paul
Mt. Kosciusko
2228
MELBOURNE
Auckland
Zirkumpolarstrom
Crozet-In.
Tasmansee
Prinz-Eduard-In.
Tasmanien
Neuseeland
2797
Antarktischer Zirkumpolarstrom
Kerguelen
Südostkap
3764
Heard
Südwestkap
Chatham-In.
Macquarie
Magnetischer Pol
Balleny-In.
ANTARKTIKA
Scott-I.
periodisch überschwemmtes Land
Sumpf
Salzsee, Salzpfanne
Mangrove
Schelfeis in der Antarktis
ständig vereistes Polarmeer
im Winter vereistes Meer
nur gelegentlich vereistes Meer
Vorkommen von Eisbergen
kaltes Auftriebswasser
Meeresströmung, kälter als die Umgebung
Meeresströmung, wärmer als die Umgebung
Korallenriff

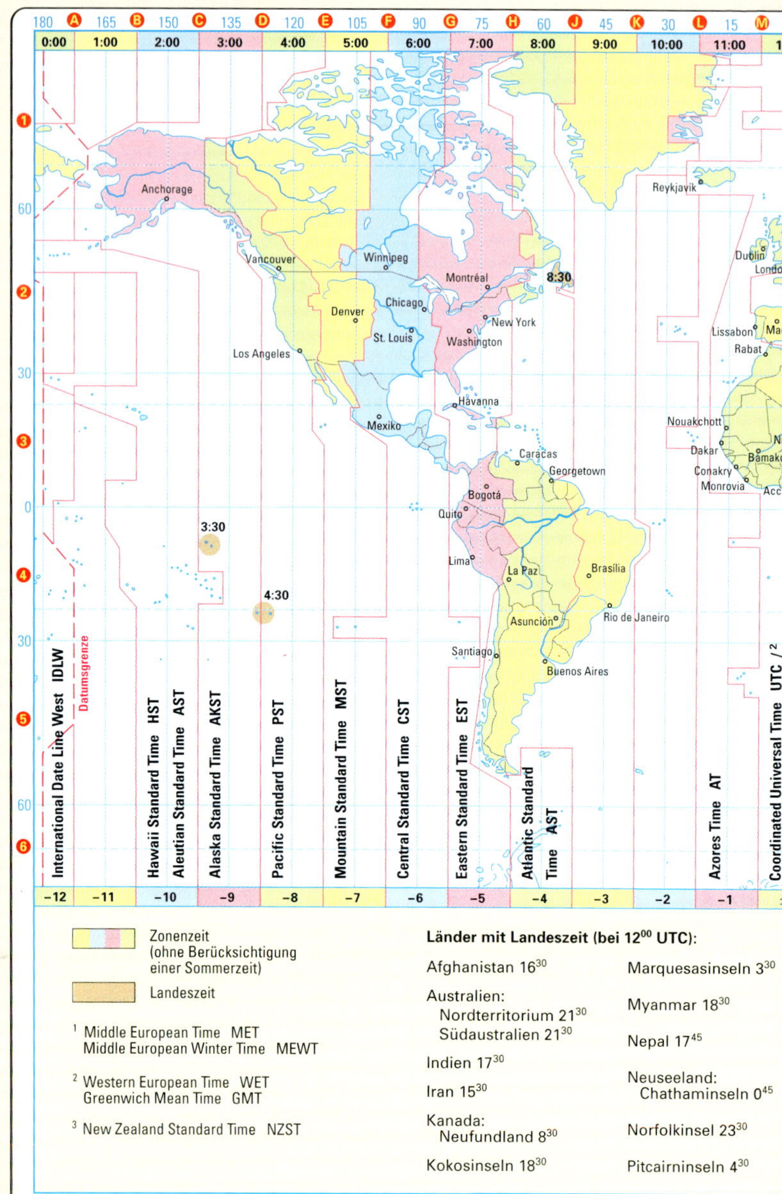

Zonenzeit (ohne Berücksichtigung einer Sommerzeit)

Landeszeit

[1] Middle European Time MET
Middle European Winter Time MEWT

[2] Western European Time WET
Greenwich Mean Time GMT

[3] New Zealand Standard Time NZST

Länder mit Landeszeit (bei 12^{00} UTC):

Afghanistan 16^{30}

Australien:
Nordterritorium 21^{30}
Südaustralien 21^{30}

Indien 17^{30}

Iran 15^{30}

Kanada:
Neufundland 8^{30}

Kokosinseln 18^{30}

Marquesasinseln 3^{30}

Myanmar 18^{30}

Nepal 17^{45}

Neuseeland:
Chathaminseln 0^{45}

Norfolkinsel 23^{30}

Pitcairninseln 4^{30}

Die Erde dreht sich in 24 Stunden einmal um ihre Achse. Am oberen Rand der Karte sind deshalb die auf der Erde gebräuchlichen 24 Zeitzonen dargestellt (z. B. Mitteleuropäische Zeit – MEZ), zwischen denen eine Zeitdifferenz von jeweils 1 Stunde besteht. Der konkrete Verlauf der Zonengrenzen auf der Erdoberfläche weicht vor allem auf den Landflächen auf vielfältige Weise von den Gradnetzlinien ab und folgt vorrangig den Staatsgrenzen. Im unteren Kartenrand sind die Zeitdifferenzen aufgeführt, die zwischen den verschiedenen Zonenzeiten und der Weltzeit (UTC) bestehen. Staaten und Inselgruppen, die eine vom Weltsystem abweichende individuelle Landeszeit verwenden, sind in der Karte unter Angabe der konkreten Uhrzeit (bezogen auf 12^{00} UTC) durch eine spezielle Flächenfarbe gekennzeichnet.

Die über weite Strecken auf dem 180. Längengrad verlaufende Datumsgrenze markiert die Linie, bei deren Überquerung ein Tag kalendermäßig noch einmal zu zählen ist (Querung in W-O-Richtung) oder übersprungen wird (Querung in O-W-Richtung).

1 Als nördlichster Punkt Europas wird allgemein das Nordkap auf der norwegischen Insel Magerøya angesehen (71° 10′ 21″ nördl. Breite). Das entspricht jedoch nicht ganz den Tatsachen, denn die westlich benachbarte Landzunge der Insel reicht mit dem Kap Knivskjelodden noch geringfügig weiter nach Norden (71° 11′ 8″).

2 Die Finnische Seenplatte ist ein unübersichtliches Gewirr von ca. 55000 Seen mit unzähligen Inseln und Halbinseln. Die meisten der Seen erreichen dabei nur eine Tiefe von maximal 20 m.

3 Mit 18135 km² (einschließlich Inseln) ist der nordöstlich von Sankt Petersburg gelegene Ladogasee der größte See Europas.

4 Das Kurische Haff an der russisch-litauischen Ostseeküste verdankt seine Entstehung vor allem einer küstenparallelen Strömung, die sandiges Material transportiert und als über 100 km lange Nehrungszunge abgelagert hat.

5 Im Raum um Lübbenau verzweigt sich südöstlich von Berlin die Spree in viele Arme und bildet den landschaftlich außerordentlich reizvollen Spreewald.

6 Die Wolga ist mit 3531 km der längste Fluss Europas. Sie mündet ins Kaspische Meer und ist außerdem durch Kanalsysteme mit dem Weißen Meer, dem Schwarzen Meer sowie der Ostsee verbunden.

7 An der französisch-italienischen Grenze liegt der Mont Blanc, mit 4807 m der höchste Berg Europas. Seit 1965 erleichtert ein 11,6 km langer Straßentunnel an dieser Stelle die Querung der Alpen.

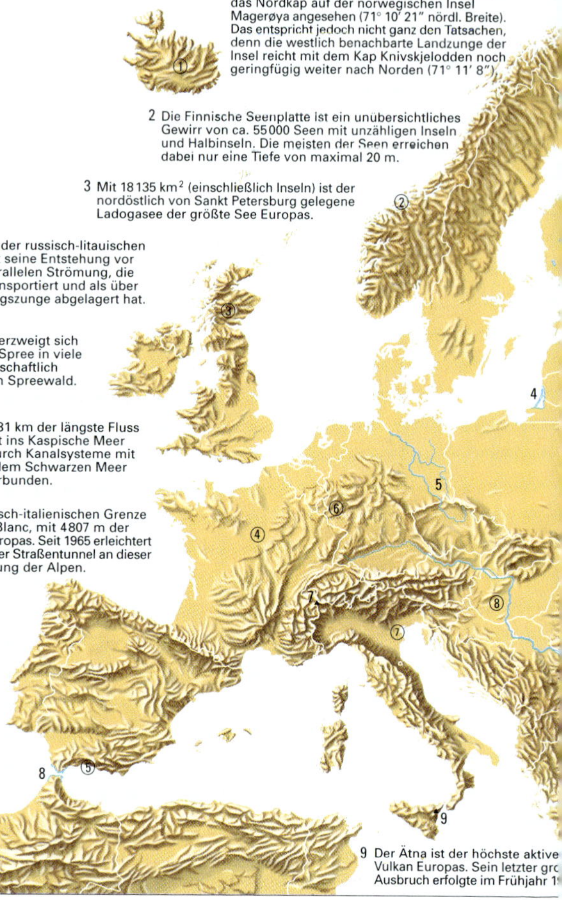

8 Die an ihrer engsten Stelle nur 15 km breite Straße von Gibraltar trennt den Atlantischen Ozean vom Mittelmeer und Europa von Afrika. Vor allem in der Vergangenheit war sie stets von außerordentlicher strategischer Bedeutung.

9 Der Ätna ist der höchste aktive Vulkan Europas. Sein letzter gro Ausbruch erfolgte im Frühjahr 1

⑤ Andalusien, Spanien

⑥ Cochem/Mosel, Deutschland

⑦ Canale Grande, Venedig

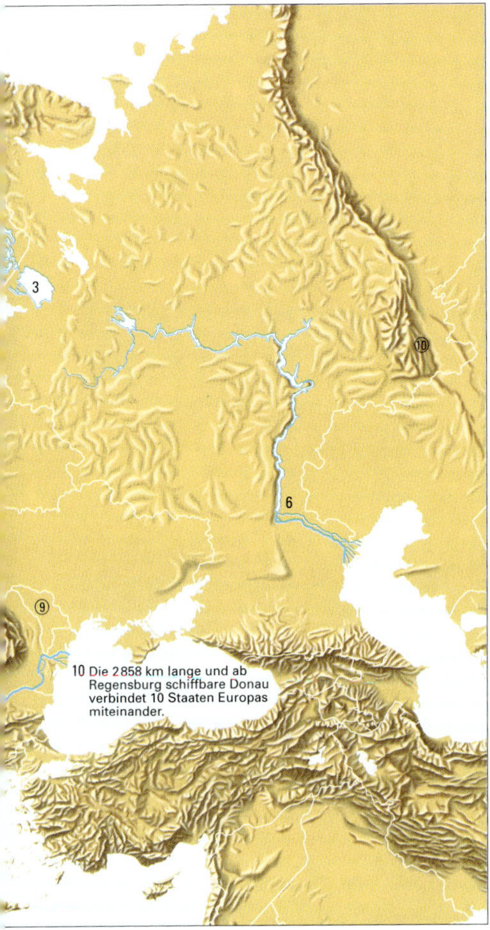
3
6
⑩
⑨
10 Die 2858 km lange und ab Regensburg schiffbare Donau verbindet 10 Staaten Europas miteinander.

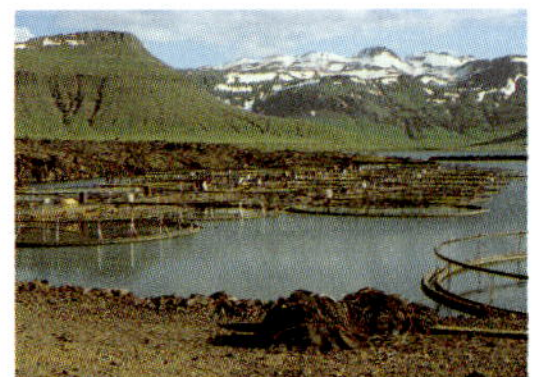

① Island

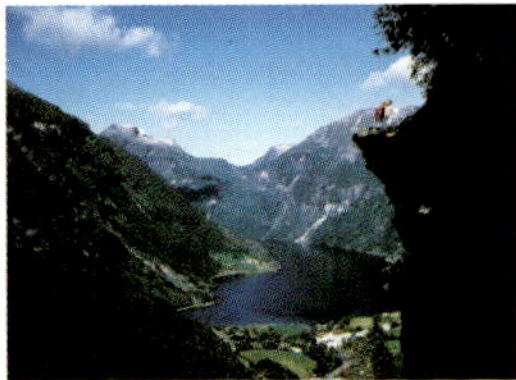

② Geirangerfjord, Norwegen

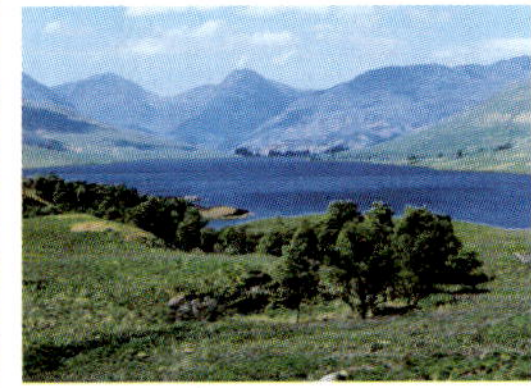

③ Schottland

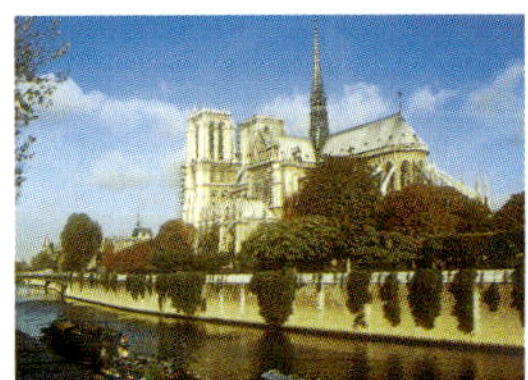

④ Paris

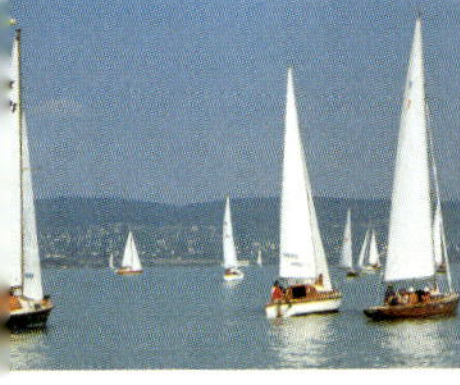

Balaton, Ungarn

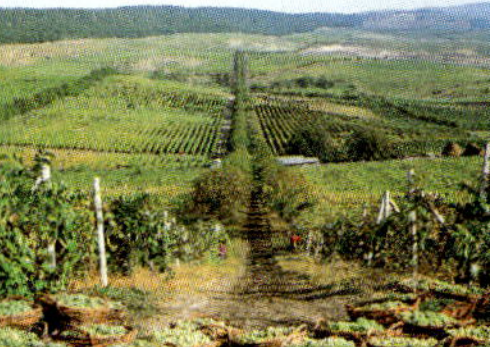

⑨ Moldau

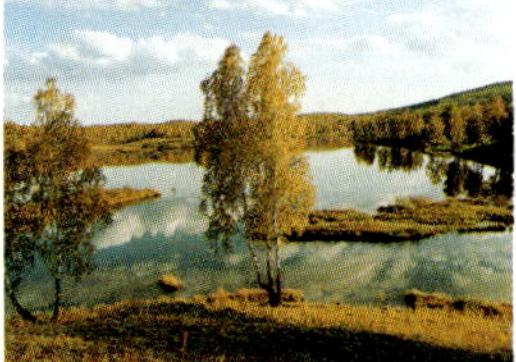

⑩ Südlicher Ural

ATLANTISCHER OZEAN
Dänemarkstraße
Jan Mayen (norw.)
Nordpolarmeer
Europäisches Nordmeer
Nördl. Polarkreis
ISLAND
Reykjavik
Färöer (dän.)
Rockall
Britische Inseln
Hebriden
Orkney-In.
Shetland-In.
Schottland
GROSSBRITANNIEN
England
Wales
IRLAND
Dublin
Cork
Belfast
Glasgow
Edinburgh
Aberdeen
Newcastle
Manchester
BIRMINGHAM
LONDON
Bristol
Land's End
Irische See
Nordsee
Kanal
Kanal-In.
NORWEGEN
Ålesund
Bergen
Oslo
Stavanger
Kristiansand
Skagerrak
Kattegat
DÄNEMARK
KOPENHAGEN
NIEDERLANDE
Amsterdam
ROTTERDAM
BELGIEN
Brüssel
LUX.
Luxemburg
DEUTSCHLAND
Bremen
HAMBURG
Hannover
Düsseldorf
Köln
Leipzig
Frankfurt
Stuttgart
MÜNCHEN
Rhein
Elbe
Donau
FRANKREICH
PARIS
Le Havre
Lille
Rennes
Nantes
Straßburg
Dijon
Lyon
Bordeaux
Toulouse
Montpellier
Marseille
Nizza
Seine
Loire
Maas
Golf von Biscaya
SCHWEIZ
Bern
ÖSTERREICH
Laibach
ITALIEN
Turin
MAILAND
Venedig
Genua
Bologna
Florenz
S.M.
VAT.
ROM
NEAPEL
Po
Korsika
Sardinien
Cagliari
Palermo
Sizilien
Ligurisches Meer
Tyrrhenisches Meer
MON.
AND.
SPANIEN
MADRID
Gijón
Bilbao
Valladolid
Zaragoza
Aragonien
Katalonien
BARCELONA
Valencia
Murcia
Córdoba
Sevilla
Málaga
Andalusien
Balearen
Menorca
Mallorca
Palma
Ibiza
Tajo
Ebro
PORTUGAL
Lissabon
Porto
Vigo
Kap Finisterre
Kap São Vicente
Straße von Gibraltar
Gibraltar (brit.)
Tanger
Madeira (Port.)
Kanarische In. (Spanien)
La Palma
Teneriffa
Las Palmas
Gran Canaria
Fuerteventura
MAROKKO
RABAT
CASABLANCA
Fez
Marrakech
Agadir
Oujda
Moulouya
Melilla (span.)
Oran
Béchar
ALGERIEN
ALGIER
Constantine
Annaba
Laghouat
Touggourt
TUNESIEN
Tunis
Sousse
Sfax
Djerba
Kl. Syrte
Pantelleria
MALTA
Str. v. Sizilien
Tripolis
Westsahara
El-Aaiún
Mittelmeer
Westl. Länge von Greenwich 0 Östl. Länge von Greenwich

armeer
Nordkap
Kolgujew
Barentssee
Vadsø
Narjan-Mar
Salechard
Ob
Nishnewartowsk
Surgut
Inarisee
Murmansk
Petschora
Chanty-Mansijsk
Lappland
Kirowsk
Weißes Meer
Mesen
Uchta
Irtysch
Tobolsk
FINNLAND
Rovaniemi
Oulu
Luleå
Umeå
Vaasa
Bottnischer Meerb.
Karelien
Archangelsk
Sewerodwinsk
Onega
Nördl. Dwina
Wytschegda
Syktywkar
Serow
Tjumen
Tobol
Ischim
Beresniki
Nishni Tagil
Petropawl
Kurgan
Kotlas
Kama
Onegasee
Petrosawodsk
Suchona
PERM
JEKATERINBURG
TSCHELJABINSK
Tampere
Wjatka
Kostanai
RUSSLAND
Turku
Helsinki
Ladogasee
Wologda
Ishewsk
Rybinsker Stausee
Wjatka
Joschkar-Ola
UFA
Magnitogorsk
Finn. Meerb.
ST. PETERSBURG
Åland-In.
Stockholm
Tallinn
Nowgorod
KASAN
Naberesnyje Tschelny
Sterlitamak
Ural
Hiiumaa
ESTLAND
Peipussee
Jaroslawl
Iwanowo
NISHNI NOWGOROD
Saaremaa
Twer
Wolga
Simbirsk
SAMARA
Orenburg
Orsk
Gotland
Riga
LETTLAND
MOSKAU
Aktöbe
Westl. Dwina
LITAUEN
Kaunas
Wizjebsk
Smolensk
Rjasan
Pensa
Oral
Tula
Oka
Königsberg (Russland)
Vilnius
Dnepr
Saratow
MINSK
Orjol
Tambow
Brjansk
WEISSRUSSLAND
Woronesh
Ural
Emba
KASACHSTAN
Kursk
Homjel
Aralsee
WARSCHAU
Brest
Atyrau
POLEN
Łódź
Lublin
Don
Oder
Weichsel
KIEW
CHARKIW
Luhansk
WOLGOGRAD
Wolga
USBEKISTAN
Shytomyr
UKRAINE
Astrachan
Krakau
Lemberg
Winnyzja
DNIPROPETROWSK
DONEZK
ROSTOW
SLOWAKEI
Dnister
Bug
Krywyj Rig
Mariupol
Kaspisches Meer
Aktau
Preßburg
MOLDAU
Mykolajiw
Debrecen
Chişinău
Asowsches Meer
BUDAPEST
UNGARN
Iaşi
Kuban
Stawropol
Grosny
Machatschkala
Siebenbürgen
Pruth
ODESSA
Krasnodar
Wladikawkas
TURKMENISTAN
Theiß
RUMÄNIEN
Krim
Timişoara
Galaţi
Noworossijsk
Türkmenbaschi
Sewastopol
Sotschi
GEORGIEN
BELGRAD
Walachei
Constanţa
Suchumi
TIFLIS
Kura
ASERBAIDSCHAN
BAKU
JUGOSLAWIEN
Serbien
BUKAREST
Schwarzes Meer
Gäncä
SARAJEVO
Niš
Donau
ARMENIEN
Aras
Varna
BULGARIEN
Trabzon
ERIWAN
Montenegro
SOFIA
Bosporus
Samsun
Nachçıvan
Skopje
Plovdiv
Erzurum
TÄBRIS
MAZED.
ISTANBUL
Kızılırmak
Van
Urmiasee
TEHERAN
Tirana
ALBANIEN
BURSA
ANKARA
Sivas
Vansee
Orumiyeh
Saloniki
Eskişehir
Kayseri
TÜRKEI
Diyarbakır
Kurdistan
Tigris
Malatya
Hamadan
Qom
Ägäisches Meer
Anatolien
Gaziantep
Urfa
Mosul
IRAN
GRIECHENLAND
Ionisches Meer
Euböa
IZMIR
Konya
Kirkük
Bäkhtaran
ISFAHAN
Patras
ATHEN
Mersin
ADANA
Euphrat
Antalya
ALEPPO
Dezfūl
SYRIEN
BAGDAD
Rodos
Nikosia
Homs
IRAK
Ahvāz
ZYPERN
BEIRUT
LIBANON
DAMASKUS
Kreta
Mittelmeer
ISRAEL
Tel Aviv-Yafo
Basra
Persischer Golf
Kuwait
KUWAIT
Amman
Jerusalem
Gaza
Totes Meer
Bengasi
Syrte
ALEXANDRIA
Port Said
JORDANIEN
Ad-Dammām
LIBYEN
ÄGYPTEN
SAUDI-ARABIEN

Dänemarkstraße
Jan Mayen
Nordpolarmeer
Europäisches Nordmeer
Nördl. Polarkreis
Island
Reykjavík
Hekla 1491
Vatnajökull 2119
Färöer
ATLANTISCHER OZEAN
Rockall
Britische Inseln
Hebriden
Orkney-In.
Shetland-In.
Schottland
Ben Nevis 1343
Aberdeen
Glasgow
Edinburgh
Belfast
Newcastle
Irland
Dublin
Cork
Irische See
Manchester
Groß-britannien
England
Wales
BIRMINGHAM
Land's End
Bristol
LONDON
Greenw.
Kanal
Kanal-In.
Nordsee
Skagerrak
Kattegat
Jütland
Ålesund
Jostedalsbre
Galdhøpiggen 2469
Bergen
Sognefj.
Stavanger
Kristiansand
Amsterdam
ROTTERDAM
Bremen
HAMBURG
Hannover
Lille
Brüssel
Düsseldorf
Köln
Leipzig
Frankfurt
Le Havre
Normandie
Bretagne
Rennes
PARIS
Maas
Seine
Rhein
Stuttgart
Donau
Nantes
Loire
Burgund
Straßburg
Dijon
MÜNCHEN
Golf von Biscaya
Jura
Bern
Alpen
Mont Blanc 4807
Mts. Dore 1885
Zentralmassiv
Lyon
Bordeaux
Turin
MAILAND
Venedig
Bologna
Genua
Kap Finisterre
Gijón
Kantabrisches Geb.
Galicien
Vigo
Bilbao
Porto
Valladolid
Altkastilien
Ebro
Toulouse
Pyrenäen
Aneto 3404
Montpellier
Provence
Marseille
Nizza
Ligurisches Meer
Apennin
Toskana
Florenz
Korsika
Zaragoza
Aragonien
Katalonien
BARCELONA
Iberische Halbinsel
LISSABON
Tajo
MADRID
2592
Neukastilien
Valencia
Balearen
Menorca
Mallorca
Palma
Ibiza
Kap São Vicente
Sevilla
Córdoba
Andalusien
Murcia
Sa. Nevada
Mulhacén 3481
Málaga
Str. v. Gibraltar
Sardinien
1834
Cagliari
2706
ROM
2912
NEAPEL
Tyrrhenisches Meer
Mittelmeer
Madeira
Tanger
RABAT
CASABLANCA
Er Rif
2465
Fez
Oran
ALGIER
Annaba
Str. v. Sizilien
Palermo
Sizilien
C. Bon
Tunis
Pantelleria
Oujda
Küstenatlas
Moulouya
Constantine
Mittl. Atlas
3737
Marrakech
Hochebene der Schotts
2328
Saharaatlas
Sousse
Lampedusa
Agadir
Hoher Atlas
4165 Toubkal
Antiatlas
Laghouat
-30
Sfax
Kl. Syrte
Djerba
Béchar
Touggourt
La Palma
Kanarische In.
Teide 3718
Teneriffa
Las Palmas
Gran Canaria
Fuerteventura
El-Aaiún
Westl. Großer Erg
Östl. Gr. Erg
Tripolis
3041
3921
3008
5080
6325
5145
2887
Westl. Länge von Greenwich 0 Östl. Länge von Greenwich

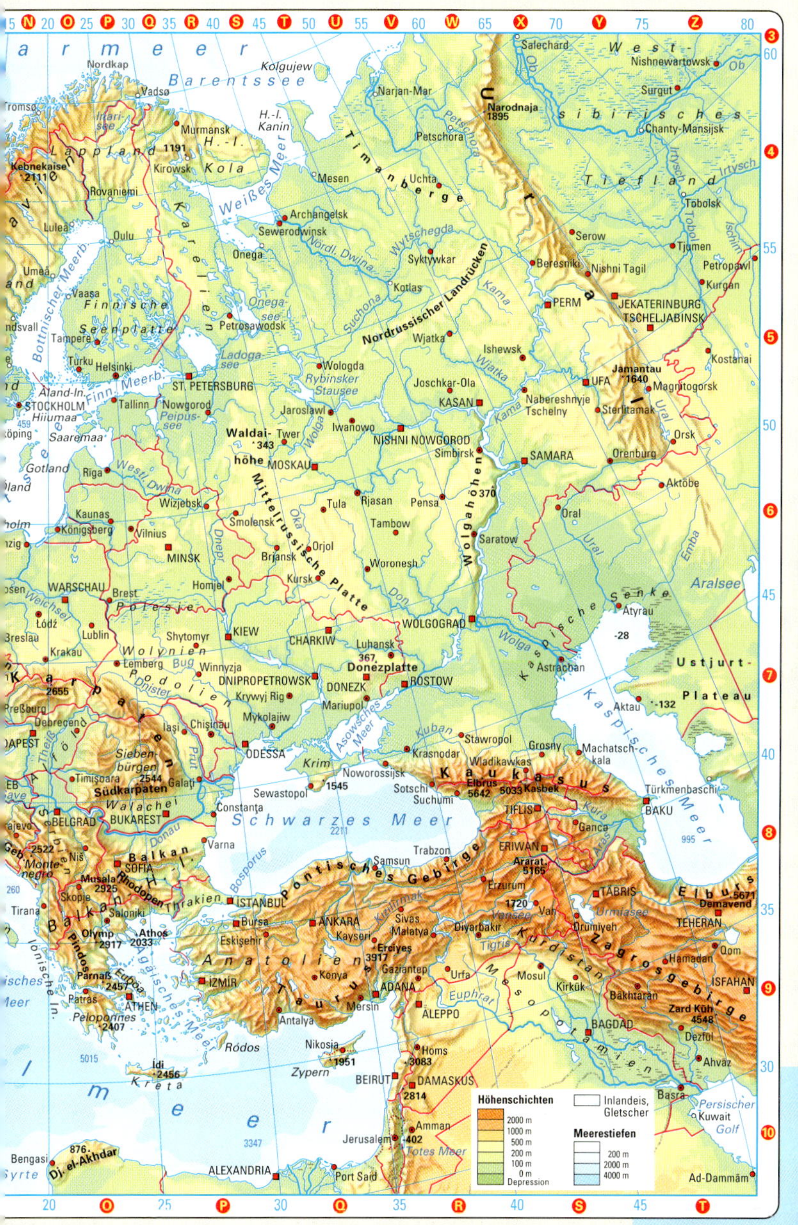
Barentssee
Kolgujew
Nordkap
Vadsø
Murmansk
Kola
Kebnekaise 2111
Rovaniemi
Luleå
Oulu
Umeå
Vaasa
Finnische Seenplatte
Tampere
Turku
Helsinki
STOCKHOLM
Tallinn
ST. PETERSBURG
Ladogasee
Onegasee
Petrosawodsk
Weißes Meer
Archangelsk
Sewerodwinsk
Onega
Mesen
Narjan-Mar
Petschora
Uchta
Timanberge
Syktywkar
Kotlas
Nordrussischer Landrücken
Wologda
Rybinsker Stausee
Jaroslawl
Iwanowo
NISHNI NOWGOROD
KASAN
Joschkar-Ola
Ishewsk
PERM
Wjatka
Kama
Nowgorod
Riga
Gotland
Saaremaa
Hiiumaa
Waldaihöhe 343
Twer
MOSKAU
Mittelrussische Platte
Wizjebsk
Smolensk
Tula
Rjasan
Tambow
Pensa
Orjol
Brjansk
Woronesh
Kursk
Kaunas
Königsberg
Vilnius
MINSK
Homjel
WARSCHAU
Łódź
Lublin
Brest
KIEW
CHARKIW
Luhansk
Donezplatte
DONEZK
ROSTOW
WOLGOGRAD
Saratow
Wolgahöhen
SAMARA
Simbirsk
Orenburg
Orsk
Magnitogorsk
UFA
Jamantau 1640
Sterlitamak
Nabereshnyje Tschelny
JEKATERINBURG
TSCHELJABINSK
Nishni Tagil
Beresniki
Serow
Ural
Narodnaja 1895
Salechard
Westsibirisches Tiefland
Nishnewartowsk
Surgut
Chanty-Mansijsk
Tobolsk
Tjumen
Kurgan
Petropawl
Kostanai
Aktöbe
Oral
Aralsee
Atyrau
Kaspische Senke
Astrachan
Ustjurt-Plateau
Aktau -132
Kaspisches Meer
Machatschkala
Grosny
Wladikawkas
Kaukasus
Elbrus 5642
Kasbek 5033
TIFLIS
Ganca
BAKU
Türkmenbaschi
Stawropol
Krasnodar
Noworossijsk
Sotschi
Suchumi
Krim
Sewastopol
ODESSA
Mykolajiw
Kryvwyj Rig
DNIPROPETROWSK
Mariupol
Asowsches Meer
Chişinău
Iaşi
Winnyzja
Shytomyr
Lemberg
Krakau
Karpaten 2655
Debrecen
Siebenbürgen
Südkarpaten 2544
Timişoara
Galaţi
BUKAREST
BELGRAD
Constanţa
Varna
Schwarzes Meer
Balkan
SOFIA
Musala 2925
Skopje
Tirana
Saloniki
Olymp 2917
Athos 2033
Parnaß 2457
ATHEN
Patras
Peloponnes 2407
Ídi 2456
Kreta
Ródos
ISTANBUL
Bosporus
Bursa
Eskişehir
İZMİR
ANKARA
Kayseri
Erciyes 3917
Anatolien
Taurus
Antalya
Mersin
ADANA
Gaziantep
Sivas
Malatya
Samsun
Trabzon
Pontisches Gebirge
Erzurum
ERIWAN
Ararat 5165
Van
Diyarbakır
Urfa
Mosul
Kirkük
Kurdistan
Mesopotamien
TÄBRIS
Urmiasee
Elburs
Demavend 5671
TEHERAN
Qom
Hamadan
Zagrosgebirge
ISFAHAN
Bakhtaran
Zard Kuh 4548
Dezful
Ahvaz
BAGDAD
Basra
Kuwait
Persischer Golf
Ad-Dammām
ALEPPO
Homs 3083
Nikosia 1951
Zypern
BEIRUT
DAMASKUS 2814
Amman
Jerusalem -402
Totes Meer
Port Said
ALEXANDRIA
Bengasi
Dj. el-Akhdar 876
Syrte
Höhenschichten
2000 m
1000 m
500 m
200 m
100 m
0 m
Depression
Inlandeis, Gletscher
Meerestiefen
200 m
2000 m
4000 m

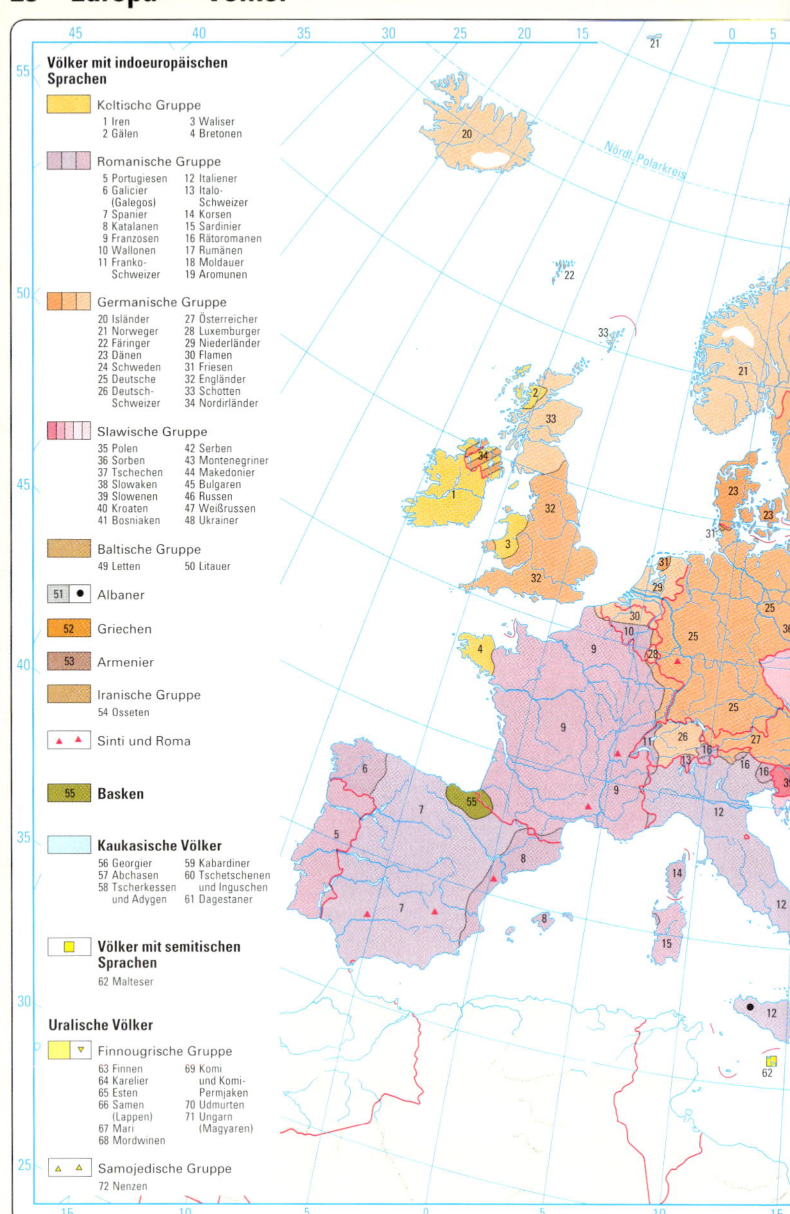

Ausländer und Flüchtlinge in der Europäischen Union sind nicht berücksichtigt.

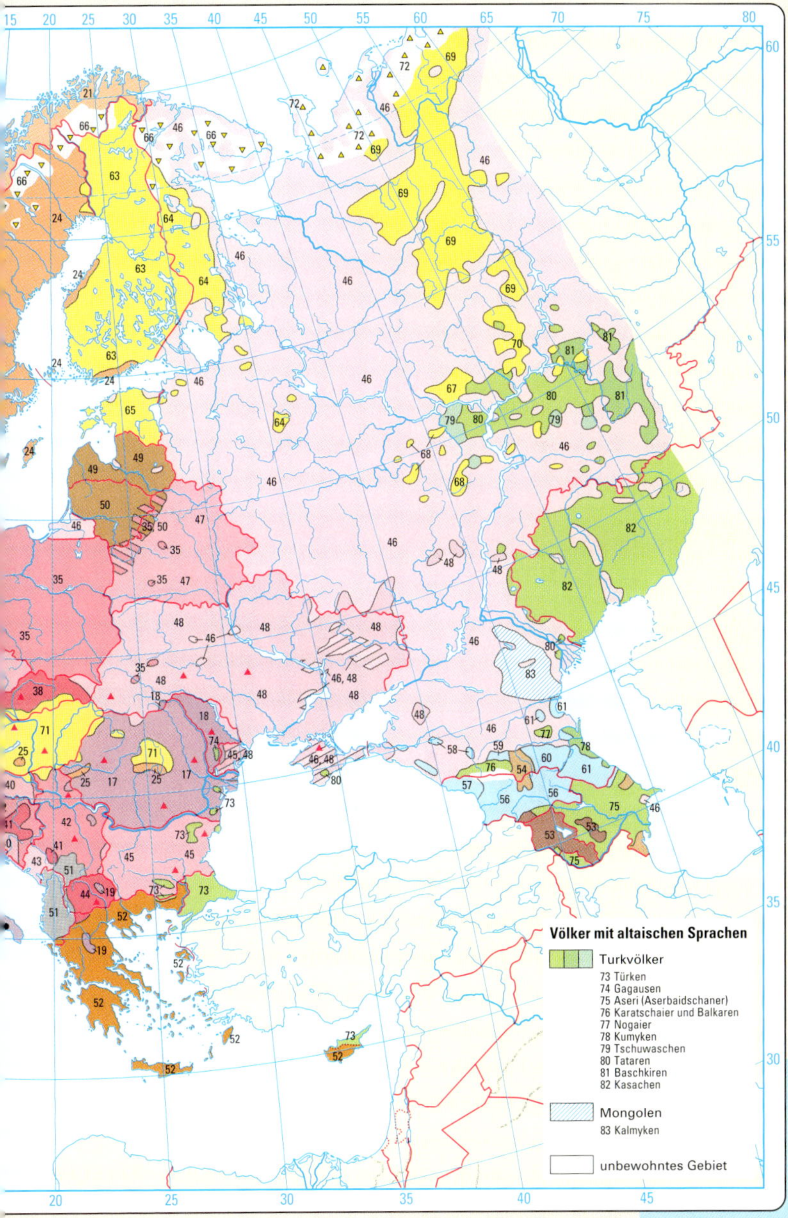

0 250 500 750 1000 km

Völker mit altaischen Sprachen

Turkvölker
73 Türken
74 Gagausen
75 Aseri (Aserbaidschaner)
76 Karatschaier und Balkaren
77 Nogaier
78 Kumyken
79 Tschuwaschen
80 Tataren
81 Baschkiren
82 Kasachen

Mongolen
83 Kalmyken

unbewohntes Gebiet

A
B
C
D
1
2
3
4
6
9
12
54
51
48
Nordsee
Deutsche Bucht
Helgoland
Nordfriesische In.
Ostfriesische In.
Westfriesische In.
DÄNEMARK
SCHWEDEN
Fünen
Seeland
Lolland
Falster
Møn
Rømø
Sylt
Westerland
Haderslev
Tønder
Åbenrå
Sønderborg
Alsen
Svendborg
Nyborg
Slagelse
Næstved
Langeland
Nakskov
Rødby
Nykøbing
Gedser
Stege
Trelleborg
Ystad
Kap Arkona
Saßnitz
Rügen
Bergen
Barth
Stralsund
Greifswald
Usedom
Pommersche Bucht
Schleswig-Holstein
Flensburg
Husum
Schleswig
Eckernförde
Rendsburg
Kiel
Plön
Neumünster
Heide
Nord-Ostsee-Kanal
Fehmarn
Burg
Bad Doberan
Neustadt
Rostock
Wismar
Güstrow
Demmin
Ahlbeck
Anklam
Malchin
Itzehoe
Bad Segeberg
Elmshorn
Lübeck
Cuxhaven
(zu Hamburg)
Norderney
Borkum
Emden
Wilhelmshaven
Bremerhaven
(zu Bremen)
Bremervörde
HAMBURG
Schwerin
Mecklenburg-Vorpommern
Parchim
Waren
Müritz
Neubrandenburg
Pasewalk
Prenzlau
Neustrelitz
Templin
Schwedt
Angermünde
Eberswalde
Oder
Geesthacht
Lüneburg
Ludwigslust
Pritzwalk
Wittstock
Kyritz
Neuruppin
Havel
Elbe
Groningen
Leeuwarden
Heerenveen
Assen
NIEDERLANDE
IJsselmeer
Hoorn
Lelystad
Meppel
Emmen
Zwolle
Almelo
Deventer
Amersfoort
Apeldoorn
Enschede
Utrecht
Arnhem
Nijmegen
Eindhoven
Venlo
Maas
Leer
Papenburg
Oldenburg
Bremen
Cloppenburg
Meppen
Vechta
Walsrode
Verden
Soltau
Lüneburger Heide
Uelzen
Dannenberg
Wittenberge
Salzwedel
Niedersachsen
Diepholz
Nienburg
Celle
Lingen
Ems
Weser
Aller
Hannover
Stendal
Rathenow
Nauen
Brandenburg
BERLIN
Fürstenwalde
Kostrzyn
Frankfurt
Potsdam
Minden
Osnabrück
Rheine
Ahaus
Lengerich
Springe
Lehrte
Braunschweig
Wolfsburg
Gardelegen
Sachsen-Anhalt
Münster
Coesfeld
Gütersloh
Bielefeld
Detmold
Hameln
Hildesheim
Magdeburg
Burg
Luckenwalde
Jüterbog
Eisenhüttenstadt
Guben
Cottbus
Lübbenau
Finsterwalde
Spree
Hoyerswerda
Bautzen
Nordrhein-Westfalen
Kleve
Wesel
Recklinghausen
Hamm
Lippstadt
Soest
Holzminden
Seesen
Goslar
Oschersleben
Schönebeck
Wernigerode
Quedlinburg
Harz
Dessau
Wittenberg
Köthen
Bitterfeld
Torgau
Duisburg
Bochum
Dortmund
Essen
Hagen
Arnsberg
Paderborn
Warburg
Münden
Göttingen
Aschersleben
Eisleben
Nordhausen
Halle
Leipzig
Krefeld
Mönchengladbach
Neuss
Düsseldorf
Wuppertal
Ruhr
Korbach
Kassel
Leinefelde
Eschwege
Mühlhausen
Merseburg
Sömmerda
Riesa
Weißenfels
Sachsen
Meißen
Dresden
Pirna
Genk
Heerlen
Aachen
Maastricht
Liège
(Lüttich)
Köln
Sieg
Siegen
Eder
Fritzlar
Bad Hersfeld
Fulda
Eisenach
Gotha
Erfurt
Weimar
Jena
Zeitz
Altenburg
Gera
Glauchau
Chemnitz
Freiberg
Düren
Bonn
Marburg
Lahn
Alsfeld
Thüringer Wald
Thüringen
Arnstadt
Saalfeld
Schleiz
Zwickau
Erzgebirge
BELGIEN
Ardennen
Rhein
Herborn
Neuwied
Koblenz
Gießen
Wetzlar
Hessen
Werra
Meiningen
Suhl
Sonneberg
Aue
Plauen
Chomutov
(Brüx)
Most
Teplice
Ústí n.L.
(Aussig)
Litoměřice
Děčín
Prüm
Bastogne
Cochem
Limburg
Friedberg
Schlüchtern
Bad Neustadt
Hof
Karlovy Vary
(Karlsbad)
Kladno
LUXEMBURG
Diekirch
Wittlich
St. Goar
Wiesbaden
Frankfurt
Hanau
Gelnhausen
Gemünden
Coburg
Kronach
Kulmbach
Selb
Eger
Cheb
Rakovník
Rheinland-Pfalz
Mosel
Bad Kreuznach
Idar-Oberstein
Mainz
Rüsselsheim
Aschaffenburg
Schweinfurt
Main
Bamberg
Bayreuth
Mariánské Lázně
Beroun
PRAHA
(PRAG)
Arlon
Esch
Luxembourg
Trier
Pfalz
Worms
Darmstadt
Würzburg
Tachov
Rokycany
Böhmerwald
TSCHECHIEN
Saarland
Saarlouis
Kaiserslautern
Ludwigshafen
Mannheim
Bad Mergentheim
Erlangen
Plzeň
(Pilsen)
Příbram
Thionville
Homburg
Neckar
Fürth
Nürnberg
Ansbach
Weiden
Domažlice
Tábor
Metz
Forbach
Saarbrücken
Speyer
Heidelberg
Rothenburg
Schwandorf
Klatovy
Písek
Lothringen
St-Avold
Pirmasens
Heilbronn
Crailsheim
Neumarkt
Cham
Gr. Arber
Strakonice
Týn
Moldau
Pont-à-Mousson
Sarreguemines
Karlsruhe
Schwäbisch Hall
Weißenburg
Regensburg
Vimperk
Sarrebourg
Haguenau
Baden-Baden
Baden-Württemberg
Kelheim
Nancy
Strasbourg
(Straßburg)
Kehl
Pforzheim
Stuttgart
Esslingen
Göppingen
Aalen
Nördlingen
Bayern
Straubing
Deggendorf
České Budějovice
Budweis
Waldkirch
Erstein
Tübingen
Heidenheim
Donauwörth
Ingolstadt
Offenburg
Schwarzwald
Reutlingen
Dillingen
Pfaffenhofen
Dingolfing
Lipno
Aigen
FRANKREICH
Épinal
St-Dié
Sélestat
Colmar
Vogesen
Elsass
Lahr
Hechingen
Rottweil
Albstadt
Ulm
Neu-Ulm
Augsburg
Landshut
Passau
Donau
Remiremont
Freiburg
Württemberg
Dachau
Mühldorf
Linz
Luxeuil-les-Bains
Feldberg
Villingen-Schwenningen
Biberach
Memmingen
MÜNCHEN
Ried
Wels
Mulhouse
(Mülhausen)
Lure
Lörrach
Ravensburg
Landsberg
Starnberg
Inn
Braunau
Oberösterreich
Vöcklabruck
Vesoul
Montbéliard
Belfort
Schaffhausen
Friedrichshafen
Kaufbeuren
Rosenheim
Traunstein
Gmunden
Baume
Basel
Konstanz
Lindau
Kempten
Murnau
Bad Tölz
Chiemsee
Salzburg
Bad Ischl
Doubs
Bodensee
Winterthur
Oberstdorf
Bregenz
Bayer. Alpen
Garmisch-Partenkirchen
Berchtesgaden
Kufstein
Besançon
Solothurn
Biel
Olten
Zug
Zürich
St. Gallen
Vorarlberg
Feldkirch
Zugspitze
Imst
Schwaz
Liezen
Jura
Neuchâtel
Aare
SCHWEIZ
LIECHT.
Vaduz
Innsbruck
Tirol
ÖSTERREICH
Bischofshofen
Steiermark
Tauern
Mittersill
Knittelfeld
Pontarlier
Bern
Luzern
Schwyz
St. Anton
40/41
36/37

44/45
48/49
50/51
32/33
RUSSLAND
LITAUEN
POLEN
WEISS-
RUSSLAND
UKRAINE
SLOWAKEI
UNGARN
RUMÄNIEN
WARSZAWA
(WARSCHAU)
BUDAPEST
WIEN
Kraków
(Krakau)
Łódź
Wrocław
(Breslau)
Poznań
(Posen)
Gdańsk
(Danzig)
Gdynia
Kaliningrad
(Königsberg)
Vilnius
(Wilna)
Kaunas
Lwiw
(Lemberg)
Bratislava
(Preßburg)
Košice
Brno
(Brünn)
Ostrava
Lublin
Białystok
Bydgoszcz
(Bromberg)
Toruń
(Thorn)
Szczecinek
Koszalin
(Köslin)
Słupsk
(Stolp)
Olsztyn
(Allenstein)
Elbląg
(Elbing)
Katowice
Częstochowa
Kielce
Radom
Rzeszów
Przemyśl
Tarnów
Opole
(Oppeln)
Kalisz
Płock
Włocławek
Grudziądz
Brest
Hrodna
Ushhorod
Miskolc
Debrecen
Nyíregyháza
Győr
(Raab)
Oradea
Satu Mare
Baia Mare
Hohe Tatra
2655
Karpaten
Beskiden
Sudeten
Danziger Bucht
Kurische Nehrung
Ostsee

Balkanhalbinsel (nördlicher Teil)

D
24
E
27
F
30
G
1
2
3
4
48
45
42
UKRAINE
MOLDAU
RUMÄNIEN
BULGARIEN
TÜRKEI
GRIECHENLAND
Karpaten
Südkarpaten
Balkan
Dobrudscha
Rhodopen
Rila
Pirin
Apuseni-Geb.
Schwarzes Meer
Marmarameer
Thrakisches Meer
Bosporus
Dnister-Liman
Jalpug-see
Razelm-see
Smijinyj
K. Kaliakra
Kap Emine
K. Igneada
Pereginske
Wolowez
Ushhorod
Mishhirja
Swaljawa
Mukatschewe
Berehowe
Chust
Wynohradiw
Tjatschiw
Nadwirna
1818
Kolomyja
Howerla
2061
Rachiw
Wyshnyzja
Berehomet
Salischtschyky
Sastawna
Snjatyn
Borschtschiw
Kamjanez-Podilskyj
Chotyn
Nowo-selyzja
Tscherniwzi (Czernowitz)
Storoshynez
Sokyrjany
Scharhorod
Tultschyn
Ladyshyn
Trostjanez
Mohyliw-Podilskyj
Jampil
Berschad
Hajworon
Pischtschanka
Kodyma
Sawran
Uljanowka
Perwomajskj
Balta
Krywe Osero
Ljubaschiwka
Domaniwka
Kotowsk
Schyrjajewe
Beresiwka
Iwaniwka
Rosdilna
ODESSA
Biljajiwka
Illitschiwsk
Owidiopol
Bilhorod-Dnistrowskyj
Sarata
Arzys
Tatarbunary
Kilija
Wylkowe
Ismajil
Reni
Bolhrad
Edineţ
Soroca
Drochia
Floreşti
Camenca
Rîbniţa
Glodeni
Bălţi
Rezina
Sîngerei
Făleşti
Orhei
Călăraşi
Dubăsari
Grigoriopol
Ungheni
Străşeni
Chişinău
Tighina (Bender)
Tiraspol
Slobozia
Hînceşti
Căuşeni
Cimişlia
Basarabeasca
Comrat
Ciadîr-Lunga
Cahul
Vulcăneşti
Prut
Răut
Dnister
Siret
Theiß
Someş
Bistriţa
Mureş
Olt
Jiu
Argeş
Ialomiţa
Donau
Iantra
Kamčija
Tundža
Mariza
Arda
Struma
Nestos
Ergene
Satu Mare
Negreşti-Oaş
Baia Mare
Carei
Sighetu Marmaţiei
Vişeu de Sus
Borşa
2303
Pietrosu
Târgu Lăpuş
Sângeorz Băi
Năsăud
Şimleu Silvaniei
Jibou
Zalău
Dej
Aleşd
Gherla
Bistriţa
Huedin
Cluj-Napoca (Klausenburg)
Turda
Câmpia Turzii
Reghin
Târgu Mureş
Gheorgheni
Praid
Toplita
Vatra Dornei
Rădăuţi
Gura Humorului
Câmpulung M.
Darabani
Săveni
Dorohoi
Botoşani
Suceava
Fălticeni
Hârlău
Târgu Neamţ
Târgu Frumos
Paşcani
Iaşi
Piatra-Neamţ
Roman
Negreşti
Bicaz
Buhuşi
Vaslui
Huşi
Bălan
Moineşti
Bacău
Leova
Odorheiu Secuiesc
Miercurea-Ciuc
Comăneşti
Bârlad
Târnăveni
Sighişoara (Schäßburg)
Oneşti
Adjud
Bereşti
Târgu Secuiesc
Baraolt
Aiud
Blaj
Câmpeni
1848
Alba Iulia
Mediaş
Brad
Tecuci
Mărăşeşti
Făgăraş
Sfântu Gheorghe
Focşani
1784
Orăştie
Sebeş
Sibiu (Hermannstadt)
Deva
Hunedoara
Cisnădie
Braşov
Moldoveanu (Kronstadt)
2544
Săcele
Galaţi
Brăila
Zărneşti
Râmnicu Sărat
Petroşani
Caransebeş
Câmpulung
Sinaia
Nehoiaşu
Brezoi
Călimăneşti
Pietroşiţa
Câmpina
Cislău
Buzău
Măcin
Tulcea
Sulina
2509
Horezu
Curtea
Făurei
401
Babadag
Teregova
Râmnicu Vâlcea
Băicoi
Ploieşti
Târgu Jiu
Târgovişte
Târgu Cărbuneşti
Piteşti
Urziceni
Ţăndărei
Hârşova
Orşova
Motru
Găeşti
Drăgăşani
Buftea
Slobozia
Drobeta-Turnu Severin
Filiaşi
Costeşti
BUCUREŞTI (BUKAREST)
Dragalina
Feteşti
Cerna-vodă
Năvodari
Constanţa
Balş
Slatina
Călăraşi
Medgidia
Eforie
Craiova
Videle
Olteniţa
Roşiori de Vede
Negru Vodă
Mangalia
Segarcea
Caracal
Alexandria
Giurgiu
Silistra
Tutrakan
Băileşti
Turnu Măgurele
Ruse
Isperih
Dulovo
245
Calafat
Corabia
Vidin
Zaječar
Lom
Kozloduj
Orjahovo
Razgrad
Dobrič
Kavarna
Balčik
Bjala Slatina
Svištov
Bjala
Novi Pazar
Knjaževac
Montana
Levski
Popovo
Šumen
Berkovica
Červen Brjag
Pleven
Targovište
Devnja
Varna
322
Vraca
Loveč
Pavlikeni
Veliki Preslav
Lukovit
Veliko Tărnovo
Pirot
Trojan
Gabrovo
Botevgrad
Botev
2376
Karlovo
Kazanlăk
Sliven
Karnobat
Nesebăr
SOFIJA (SOFIA)
Surdulica
Pernik
Burgas
Sozopol
Samokov
Ihtiman
Panagjurište
Stara Zagora
Nova Zagora
Jambol
Grudovo
Primorsko
Kjustendil
Rakovski
Carevo
Dupnica
2925
Musala
Plovdiv
Čirpan
Topolovgrad
Dimitrovgrad
Elhovo
Malko Tărnovo
Velingrad
Pazardžik
Blagoevgrad
Asenovgrad
Haskovo
Harmanli
1018
Kırklareli
Kıyıköy
Delčevo
Blansko
2914
Devin
Kărdžali
Svilengrad
Edirne
Vize
2191
Smoljan
Havsa
Saray
Goce Delčev
Babaeski
Sandanski
Ivajlovgrad
Lüleburgaz
Radoviš
Petrič
Podkova
Orestiáda
Hayrabolu
Çerkezköy
Çatalca
Şile
Chionótrypa
2232
Kato Nevrokópi
2030
Soufli
Uzunköprü
Muratlı
Çorlu
Silivri
Xánthi
Sidirókastro
Sérres
Dráma
İSTANBUL
Kartal
Gebze
Kilkís
Komotiní
Sápes
Tekirdağ
Kavála
Ávdira
Alexandroúpoli
Kesan
Malkara
Yalova
Gölcük
Nigrita
Lagkadás
Amfípoli
Thásos
Enez
Gemlik
Thessaloníki (Saloniki)
1203
Thásos
Şarköy
İznik
50/51
34/35

A
21
B
24
32/33
C
1
2
3
4
42
39
36
36/37
JUGOSLAWIEN
Montenegro
Serbien
Podgorica
Peć
Klina
Priština
Vranje
Surdulica
Đakovica
Uroševac
Gnjilane
Bosilegrad
Prizren
Preševo
2694
Tropojë
Shkodrasee
Shkodër
Bar
Drin
Kukës
Tetovo
Kriva Palanka
Kumanovo
Pukë
Skopje
Rrëshen
Korab
2764
Lezhë
Laç
Peshkopi
Gostivar
Kočani
Dečevo
Krujë
2540
Veles
Štip
Durrës
Tiranë
(Tirana)
Debar
Kičevo
Bogomila
MAZEDONIEN
Radoviš
Vardar
Kavajë
Elbasan
ALBANIEN
Struga
Ohrid
Sopotnica
1746
Prilep
Kavadarci
Strumica
Librazhd
Ohridsee
Gevgelija
Lushnjë
Gramsh
Bitola
2600
Fier
Kuçovë
Pogradec
Prespasee
Berat
Patos
Korçë
Vlorë
Vjosa
Çorovodë
Memaliaj
Ersekë
Përmet
Gjirokastër
Str. v. Otranto
Sarandë
SOFIJA
(SOFIA)
Pernik
Kjustendil
Samokov
Ihtiman
Dupnica
Rila
2925
Musala
Struma
Velingrad
Blagoevgrad
Bansko
2914
Pirin
Goce Delčev
Sandanski
Petrič
BULGARIEN
Balkan
Botev
2376
Karlovo
Gabrovo
Kazanlăk
Sliven
Panagjurište
Stara Zagora
Nova Zagora
Rakovski
Tundža
Pazardžik
Plovdiv
Čirpan
Marica
Dimitrovgrad
Topolovgrad
Asenovgrad
Haskovo
Harmanli
Svilengrad
Rhodopen
Devin
2191
Smoljan
Kărdžali
Arda
Ivajlovgrad
Podkova
2030
Sidirókastro
Káto Nevrokópi
Chionótrypa
2232
Sérres
Néstos
Dráma
Xánthi
Komotiní
Orestiáda
Souflí
Ergene
Sápes
Goumenissa
Giannitsá
Kilkís
Nigríta
Amfípoli
Kavála
Ávdira
Flórina
Édessa
Lagkadás
Kastoriá
Véroia
Thessaloniki
(Saloniki)
Thásos
1203
Alexandroúpoli
Keşan
Enez
Ptolemaïda
Kozáni
Chalkidikí
Thásos
Thrakisches Meer
Samothráki
Pindos
Siátista
Katerini
Polýgyros
Ierissós
1600
Golf von Saros
Gelibolu
2637
Kónitsa
Sérvia
2917
Olymp
Golf von Therma
Ólynthos
Karyés
Áthos
2033
Gökçeada
Eceabat
Grevená
Litóchoro
Sykiá
Ímroz
Kalpáki
Elassóna
Sithoniá
Límnos
Métsovo
Kassándra
Çanakkale
Truva
Kalampáka
Tírnavos
Kérkyra
Epirus
K. Paliouri
Mýrina
Dardanellen
Troja
Bayramiç
Kérkyra
(Korfu)
Ioánnina
Tríkala
Thessalien
Lárisa
Ezine
Kazdağı
Igoumenítsa
Palamás
Párga
Acheloos
Kardítsa
Vólos
Ágios Efstrátios
Paxoí
Filippiáda
Árta
Fársala
Miliés
Ionische Inseln
Almyrós
Míthymna
Ayvalık
GRIECHENLAND
Rentína
Préveza
Domokós
Lamía
Skópelos
Nördl.
Lésvos
Mytilíni
Polichnítos
968
Lefkáda
Lefkáda
Amfilochía
Karpenísi
Istiaia
Skýros
Skýros
Ägäisches Meer
Agrínio
Gióna
2510
Atalánti
Sporaden
Psará
Amfissa
Euböa
Karaburun
Itháki
Itháki
Mesolóngi
Náfpaktos
1743
Kými
1267
Délfoi
(Delphi)
Chalkída
Chíos
Argostóli
Kefallinía
Antírrio
Leivádia
Chíos
Çeşme
Aígio
Golf v. Korinth
Thíva
(Theben)
Káto Achaïa
Pátra
(Patras)
Achárnes
K. Kafiréas
Kyllíni
Kalávryta
2376
Kyllíni
Kiáto
Mégara
Ionisches Meer
Zákynthos
Amaliáda
Kórinthos
(Korinth)
Peiraias
(Piräus)
ATHÍNA
(ATHEN)
Kárystos
994
Zákynthos
Olympia
Mykene
Lávrio
Ándros
Ándros
Pýrgos
Levídi
Árgos
Náfplio
Aígina
Zacháro
Trípoli
Tínos
Sámos
Sámos
Ágios Kírykos
Ikaría
Südliche Sporaden
Kyparissía
Peloponnes
Keá
Ermoúpoli
Tínos
Mýkonos
Foúrni
Kýthnos
Mýkonos
Pátmos
Filiatrá
Leonídi
Ýdra
Sýros
Dílos
Kykladen
Sérifos
Páros
Léros
Kalamáta
Messíni
Spárti
(Sparta)
Myrtoisches Meer
Páros
Náxos
Náxos
Pýlos
2407
Sífnos
Kálymnos
Kálymnos
Gýtheio
Golf von Messinía
Míلos
770
Síkinos
Amorgós
Kos
Schíza
Meer
Mílos
Monemvasía
Íos
Astypálaia
Golf v. Lakonia
Folégandros
K. Tainaron
K. Maléa
Thíra
Anáfi
Thíra
(Santorin)
Kýthira
Kretisches Meer
Antikýthira
K. Spánta
Mittelmeer
Chaniá
Kastéli
Réthymno
Iráklelo
Kreta
Ídi
2456
Knossos
Ágios Nikólaos
K. Síderos
Palaiochóra
Tympáki
Pýrgos
Siteía
K. Lithino
Ierápetra
Gávdos
21
24

Schwarzes Meer
TÜRKEI
Anatolien
Pontisches Geb.
Küre-Geb.
Ilgaz-Geb.
Taurus
Bey-Geb.
Marmarameer
Bosporus
Bucht von Antalya
Bucht von Kerme
ZYPERN
Troódos
İSTANBUL
ANKARA
BURSA
İZMIR
Konya
Antalya
Eskişehir
Kütahya
Afyon
Isparta
Denizli
Aydın
Uşak
Balıkesir
Adapazarı
İzmit
Zonguldak
Karabük
Kastamonu
Çankırı
Kırıkkale
Kırşehir
Aksaray
Karaman
Alanya
Burgas
Lefkosía/Lefkoşa (Nikosia)
Lemesós (Limassol)
Lárnaka
Gazimağusa (Famagusta)
Ródos
Tuzsee
Eğridir-see
Beyşehir-see
Burdursee
Hirfanlı-stausee
Hasan Dağı 3266
Akdağ 2720
Murat 2309
Emet
Kızılırmak
Sakarya
Porsuk
Gediz
Büyük Menderes (Mäander)
Göksu
Kap Emine
İnce Burun
Kap Anamur
K. Gata
K. Arnauti
K. Kormakiti
K. Prasonisi
Kárpathos
Kastellórizo
50/51
66/67
68/69
D E F
1 2 3 4
30 33 39 36 42

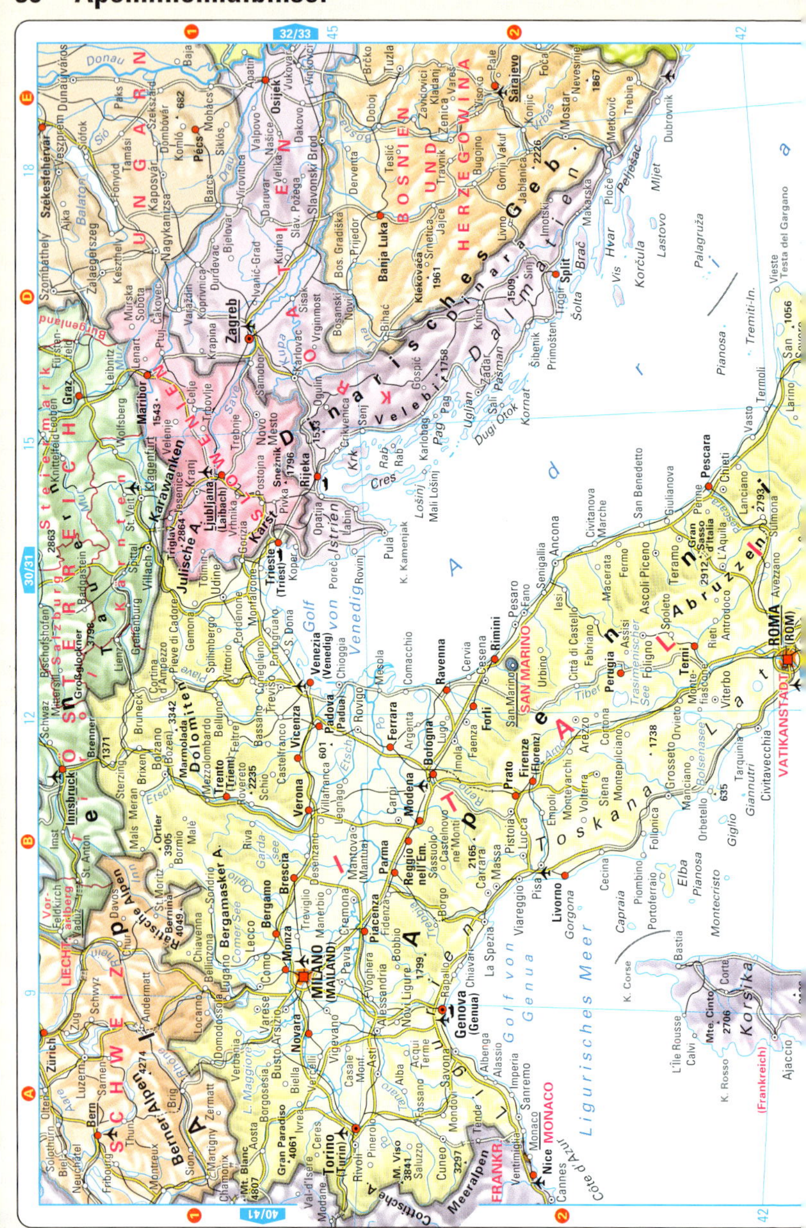
32/33
30/31
40/41
SCHWEIZ
ÖSTERREICH
UNGARN
SLOWENIEN
KROATIEN
BOSNIEN UND HERZEGOWINA
ITALIEN
SAN MARINO
VATIKANSTADT
MONACO
FRANKR.
LIECHT.
Korsika
(Frankreich)
Apennin
Toskana
Abruzzen
Dinarisches Gebirge
Dalmatien
Adria
Golf von Venedig
Golf von Genua
Ligurisches Meer
Côte d'Azur
Istrien
Dolomiten
Karawanken
Julische A.
Berner Alpen
Rätische Alpen
Bergamasker A.
Cottische A.
Meeralpen
Velebit
Steiermark
Salzburg
Tirol
Kärnten
Burgenland
ROMA
(ROM)
MILANO
(MAILAND)
Torino
(Turin)
Genova
(Genua)
Venezia
(Venedig)
Firenze
(Florenz)
Bologna
Trieste
(Triest)
Ljubljana
(Laibach)
Zagreb
Sarajevo
Innsbruck
Graz
Bern
Zürich
Nice
Pescara
Ancona
Perugia
Rimini
Ravenna
Verona
Padova
(Padua)
Rijeka
Split
Banja Luka
Osijek
Pécs
Livorno
Pisa
Elba
Mte. Cinto
2706
Gran Sasso d'Italia
2912
Triglav
2864
Großglockner
3798
Marmolada
3342
Ortler
3905
Bernina
4049
Gran Paradiso
4061
Mt. Blanc
4807
M. Viso
3841
Balaton
Donau
Save
Drau
Po
Tiber
Arno
Etsch
Garda-see
L. Maggiore
Comer See
Trasimenischer See
Bolsenasee

34/35
38/39
96/97
Kampanien
Apulien
Kalabrien
Sizilien
Sardinien
TUNESIEN
ALGERIEN
MALTA
Tyrrhenisches Meer
Ionisches Meer
Mittelmeer
Golf von Tarent
Str. v. Messina
Str. von Sizilien
Str. v. Bonifacio
Golf v. Cagliari
Golf v. Tunis
NAPOLI (NEAPEL)
Salerno
Bari
Brindisi
Lecce
Taranto (Tarent)
Potenza
Cosenza
Catanzaro
Crotone
Reggio di Cal.
Messina
Palermo
Catania
Siracusa (Syrakus)
Trapani
Marsala
Agrigento
Caltanissetta
Enna
Ragusa
Cagliari
Sassari
Nuoro
Oristano
Olbia
Tunis
Binzert
Sousse
Annaba
Valletta
Gozo
Malta
Ischia
Capri
Liparische In.
Stromboli
Lipari
Salina
Vulcano
Ustica
Ägadische In.
Pantelleria
Linosa
Pontinische In.
Asinara
S. Pietro
Djalita
Zembra
Vesuv 1277
Ätna 3323
Monti del Gennargentu 1834
Medjerda-Geb.
K. Teulada
K. Carbonara
K. San Vito
K. Passero
K. Rizzuto
K. Spartivento
K. Santa Maria di Leuca
C. Bon

A
B
C
9
6
1
2
3
4
42
39
36
K. Ortegal
Golf
Ortigueira
Ferrol
Viveiro
Ribadeo
Luarca
Avilés
K. Peñas
Gijón
A Coruña
1037
Villaviciosa
Santander
Malpica de Bergantiños
Vilalba
Grado
Oviedo
Llanes
Carballo
Betanzos
Cangas del Narcea
Asturien
Mieres
Torrelavega
Ordes
Corcubión
K. Finisterre
Lugo
Kantabrisches Gebirge
2648
Picos de Europa
Reinosa
Santiago de Compostela
Muros
Noia
Miño
Sil
Vilablino
La Pola de Gordón
Cistierna
Barruelo de Santullán
Villagarcia de Arosa
Sarria
A Estrada
Galicien
Toreno
Ribeira
Chantada
Guardo
Pontevedra
Monforte
Ponferrada
León
Villadiego
Cangas
Ourense
O Barco
Teleno
2188
Astorga
Sahagún
Pisuerga
Osorno
Redondela
Vigo
Viana do Bolo
La Bañeza
Esla
Villalón de Campos
Tui
Xinzo
Puebla de Sanabria
Mombuey
Palencia
Valença
Lobios
Verín
Benavente
Lerma
Caminha
Bragança
Medina de Rioseco
Viana do Castelo
Minho
Chaves
Barcelos
Valladolid
Braga
Miranda
Póvoa de Varzim
Zamora
Peñafiel
Guimarães
Mirandela
Vila do Conde
Vila Real
Duero
Tordesillas
Cuéllar
Santo Tirso
Fermoselle
Porto
Pêso da Régua
Almendra-Stausee
Cañizal
Medina del Campo
Vila Nova de Gaia
Torre de Moncorvo
Duoro
Lamego
São João da Madeira
La Fuente de San Esteban
Salamanca
Arévalo
1382
Ovar
Aguiar
Peñaranda de Bracamonte
Segovia
2430
São Pedro do Sul
Aveiro
Viseu
Celorico
Villacastín
Ciudad Rodrigo
Ílhavo
Gouveia
Mira
Águeda
1723
Guijuelo
Ávila
Sierra de
Santa Comba Dão
Guarda
Vilar Formoso
Béjar
Piedrahita
El Barraco
MADRID
Coimbra
Alagón
Sierra de Gredos
Covilhã
Figueira da Foz
Sa. de Gata
1991
2592
Candeleda
Móstoles
Leganés
Fundão
Hervás
Lousã
Moraleja
Coria
Pampilhosa da Serra
Navalmoral de la Mata
Talavera de la Reina
Pombal
Plasencia
SPANIEN
Torrijos
Marinha Grande
Castelo Branco
Aranjuez
Leiria
Sertã
Toledo
Ocaña
Tajo
Nazare
Garovillas
Tomar
Tejo
Belvis de la Jara
Mora
Caldas da Rainha
Entroncamento
Neukastilien
Valencia de Alcántara
Los Navalucillos
Los Yébenes
Villa
Abrantes
Peniche
1601
Santarém
1025
Cáceres
Trujillo
Madridejos
664
Ponte de Sôr
Zorita
Alcázar de San
Torres Vedras
Portalegre
Albuquerque
Guadiana
Estremadura
Miajadas
Coruche
Sintra
Vila Franca de Xira
Villanueva de la Serena
Talarrubias
C. da Roca
Elvas
Mérida
Daimiel
Lisboa (Lissabon)
Amadora
Vila Viçosa
Don Benito
Cascais
Montemor-o-Novo
Badajoz
Ciudad Real
Almada
Barreiro
Almadén
Castuera
Setúbal
Évora
Olivenza
Almendralejo
Cabeza del Buey
Puertollano
Alcácer
Zújar
Extremadura
Bucht von Setúbal
Zafra
Peñarroya-Pueblonuevo
Pozoblanco
1323
Jerez de los Caballeros
Grândola
Sierra Morena
La Carolina
Beja
Moura
Azuaga
Sines
Fregenal de la Sierra
1110
Linares
Alentejo
Gazalla de la Sierra
Córdoba
Guadalquivir
Montoro
Andújar
Serpa
Cortegana
Aljustrel
Porcuna
Mértola
Odemira
Nerva
Lora del Río
Jaén
Tharsis
Andalusien
Palma del Río
Martos
Almodôvar
Écija
Aljezur
901
Valverde del Camino
Carmona
Montilla
Baena
Alcalá la
PORTUGAL
Sevilla
Algarve
Ayamonte
Almonte
Alcalá de G.
Marchena
Puente-Genil
Priego
Genil
Lagos
Loulé
Tavira
Huelva
Dos Hermanas
Osuna
Loja
Pinos-Puente
Granada
Kap São Vicente
Sagres
Portimão
Faro
Vila Real de Santo António
Utrera
Morón de la Frontera
Antequera
Golf von Cádiz
Lebrija
Sanlúcar de Barrameda
Arcos de la Fr.
Vélez Málaga
Álora
Jerez de la Frontera
Coín
Málaga
Almuñécar
Ronda
Cádiz
1919
Marbella
San Fernando
Medina-Sidonia
Estepona
Costa del
Vejer de la Frontera
La Línea
K. Trafalgar
Algeciras
Gibraltar (brit.)
Gibraltar
Tarifa
Straße von Gibraltar
Ceuta (Sp.)
Tanger
Fnidek
MAROKKO
ATLANTISCHER OZEAN

96/97

40/41
36/37

D E F
0 3
1 2 3 4
42 39 36

Biscaya
FRANKREICH
Gascogne
Languedoc
Golfe du Lion
Pyrenäen
ANDORRA
Navarra
Aragonien
Katalonien
Serrania de Cuenca
Costa Brava
Costa Dorada
Balearen
Golf von Valencia
Valencia
Mancha
Murcia
Costa Blanca
Costa del Sol
Mittelmeer
ALGERIEN
Kabylei
Alborán

Condom
Grisolles
Graulhet
Lodève
Montpellier
Arles
Mont-de-Marsan
Aire
Toulouse
Castres
Mazamet
Pézenas
Capbreton
Dax
Adour
Auch
Gimont
Revel
Sète
Saintes Maries
Bayonne
Peyrehorade
Castelnaudary
Canal du Midi
Béziers
Biarritz
Orthez
Gave de Pau
Pau
Tarbes
Narbonne
Donostia (San Sebastián)
Irún
Oloron-Ste.-Marie
St-Gaudens
Garonne
Pamiers
Carcassonne
Bilbao
Tolosa
Lourdes
St-Girons
Lavelanet
Quillan
Durango
Roncesvalles
2504
Bagnères-de-L.
Foix
1230
Alsasua
Pierrefitte-Nestalas
Ax-les-Thermes
Millas
Perpignan
Vitoria (Gasteiz)
Pamplona (Iruña)
3404 Aneto
Vielha
Mont-Louis
Céret
Argelès
Miranda
Estella
Tafalla
Boltaña
Andorra la Vella
Puigmal
2918
Portbou
Logroño
Jaca
2077
Puigcerdà
K. Creus
La Seu d'Urgell
Figueres
Pobla de Segur
Olot
Sierra de la Demanda
Calahorra
Sádaba
Huesca
Berga
Girona
Alfaro
Ejea de los Caballeros
Barbastro
Segre
Solsona
Vic
Sant Feliu de Guíxols
Cervera
Tudela
Tarazona
Gallur
Balaguer
Manresa
Agreda
2313
Alagón
Tàrrega
Sabadell
Soria
Zaragoza
Lleida (Lérida)
Terrassa
Mataró
Burgo de Osma
Fraga
Les Borges Blanques
BARCELONA
Almazán
Quinto
Mequinenza
Duero
El Vendrell
Ariza
Ebro
Valls
Calatayud
Reus
Vilanova i La Geltrú
Medinaceli
Jalón
Daroca
Caspe
Flix
Tarragona
Sigüenza
Híjar
Alcolea del Pinar
Andorra
Alcañiz
Jadraque
Molina
Monreal del Campo
Montalbán
Tortosa
Trillo
Tajo
Amposta
K. Tortosa
Guadalajara
Alfambra
Morella
Vinaròs
Albarracín
Peñarroya 2024
Benicarló
Menorca
Teruel
Cabriel
Sarrión
Ciutadella
Huete
Cuenca
Alcúdia
Mahón
1445
Sóller
Onda
Castellón de la Plana
Carboneras de Guadazaón
Vila-real
Inca
Artà
Mentalbo
Segorbe
La Vall d'Uixo
Palma
Zancara
Turia
Manacor
Almarcha
Motilla del Palancar
Utiel
Sagunto
Quintanar de la Orden
Requena
Valencia
Llucmajor
Mallorca
Mota del Cuervo
Minglanilla
Santanyí
Villarrobledo
Torrent
Cabrera
Quintanar del Rey
Sueca
Sant Antoni de Portmany
San Juan Bautista
Tomelloso
La Roda
Júcar
Alzira
Chinchilla de Monte-Aragón
Gandia
Eivissa (Ibiza)
Albacete
Ibiza
Xàtiva
Dénia
Almansa
K. Nao
Alcoy
Formentera
Villena
1558
Alcaraz
Tobarra
Yecla
Benidorm
Elche de la Sierra
Hellín
Jumilla
Elda
Villajoyosa
Alicante
Cieza
Elche
Nerpio
Segura
Molina de S.
Orihuela
Villacarrillo
Caravaca de la Cruz
Mula
Murcia
Torrevieja
2381
Alcantarilla
Cazorla
1579
Huéscar
La Unión
Lorca
Cartagena
Baza
Vélez Rubio
Huércal-Overa
Aguilas
Guadix
Seron
2168
Sierra Nevada
Níjar
Almería
Roquetas de Mar
K. Gata
Dellys
EL-JAZA'IR (ALGIER)
Bordj Menaïel
Lakhdaria
Tizi Ouzou
Cherchell
Bou Farik
Hadjout
El-Arba
Ténès
Tablat
Isser
El-Boulaida (Blida)
Bouïra
Miliana
Sour el-Ghozlane
Aïn Defla
Lemdiyya
Beni Slimane
Ech-Cheliff
Khemis
El-Attaf
Berrouaghia
1810
Sidi Ali
Cheliff
Bou Kadir
Aïn Boucif
Ksar el-Boukhari
Sidi Aïssa
Mostaganem
1985
Aïn Tédélès
Oued Rhiou
Arzew
Ouahran (Oran)
Relizane
Tissemsilt
Birine

VEREINIGTES KÖNIGREICH
VON GROSSBRITANNIEN
UND NORDIRLAND
NIEDERLANDE
BELGIEN
LUXEMBURG
DEUTSCHLAND
Nordsee
Westfriesische In.
Irische See
Kanalinseln
Guernsey (V.K.)
Jersey
Straße von Dover
Bristolkanal
Cardigan-bucht
Seinebucht
Golf v. St-Malo
Cambrisches Geb.
Normandie
Lothringen
Ardennen
Flandern
LONDON
PARIS
Brussel Bruxelles (Brüssel)
Amsterdam
Rotterdam
's-Gravenhage (Den Haag)
Antwerpen
Luxembourg (Luxemburg)
BIRMINGHAM
Manchester
Liverpool
Sheffield
Bristol
Cardiff
Southampton
Portsmouth
Brighton
Dover
Calais
Lille
Amiens
Rouen
Le Havre
Caen
Reims
Metz
Nancy
Strasbourg (Straßburg)
Saarbrücken
Köln
Düsseldorf
Essen
Dortmund
Aachen
Liège (Lüttich)
Namur
Charleroi
Gent
Brugge (Brügge)
Eindhoven
Utrecht
Groningen
Rennes
Brest
Cherbourg
Plymouth
Exeter
Oxford
Cambridge
Norwich
Ipswich

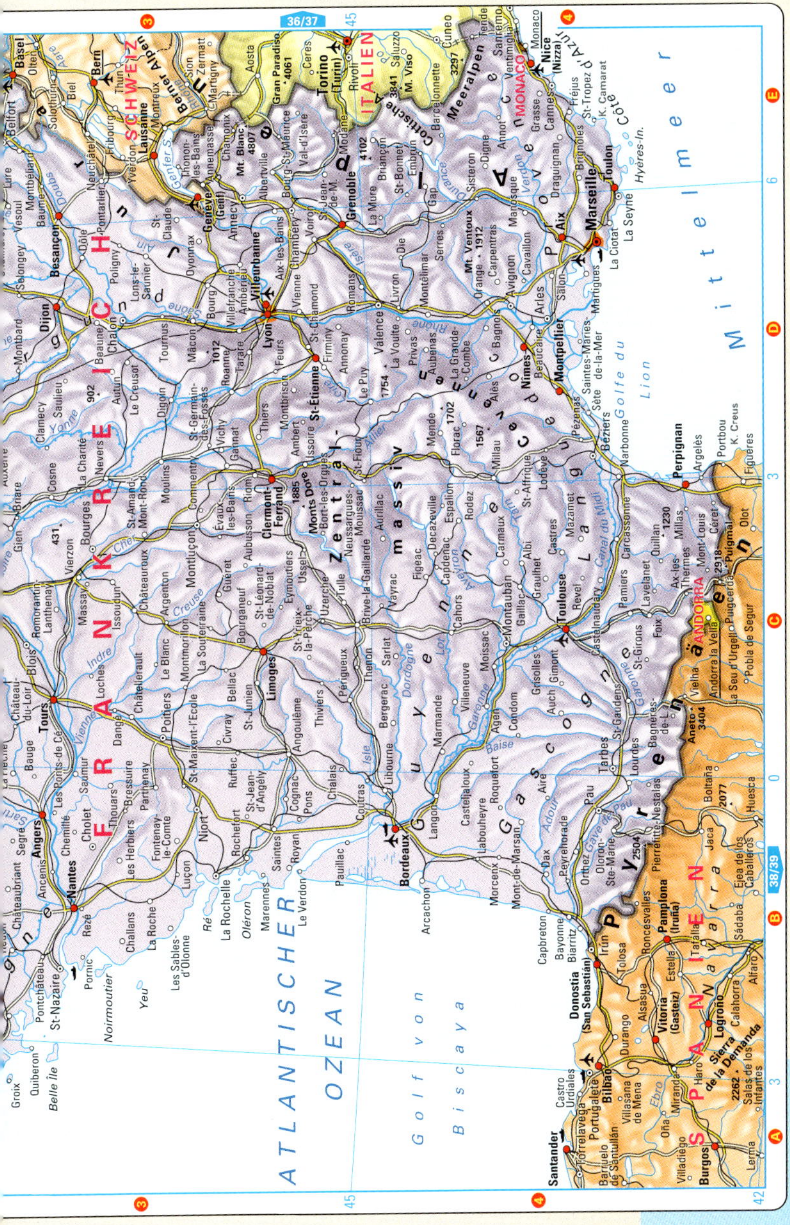

FRANKREICH
SCHWEIZ
ITALIEN
MONACO
ANDORRA
SPANIEN
ATLANTISCHER OZEAN
Golf von Biscaya
Golfe du Lion
Mittelmeer
Zentralmassiv
Pyrenäen
Gascogne
Languedoc
Provence
Meeralpen
Cottische Alpen
Berner Alpen

46/47
44/45
Shetland-In.
Unst
Yell
Mainland
Lerwick
Sumburgh
Sumburgh Head
Fair Isle
Orkney-In.
Westray
Sanday
Stronsay
Mainland
Kirkwall
Hoy
South Ronaldsay
Pentland Firth
K. Wrath
Thurso
Tongue
Wick
Helmsdale
Golspie
Tain
Moray Firth
Elgin
Banff
Fraserburgh
Peterhead
Keith
Huntly
Inverurie
Aberdeen
Nairn
Spey
Inverness
Dingwall
Ullapool
Nordwest-Hochland
Schottland
Grampian Mts.
Ben Macdhui
Ben Nevis
Fort Augustus
Kingussie
Grantown
Dee
Ballater
Stonehaven
Montrose
Arbroath
Dundee
Forfar
Pitlochry
Tay
Perth
Cupar
Kirkcaldy
Firth of Forth
Dunfermline
Edinburgh
Haddington
Berwick
Duns
Galashiels
Tweed
Selkirk
Peebles
Hamilton
Glasgow
Paisley
Kilmarnock
Prestwick
Ayr
Stirling
Falkirk
Alloa
Crien
Dumbarton
Greenock
Rothesay
Arran
Kintyre
Campbeltown
Lochgilphead
Oban
Mull
Tobermory
Fort William
Spean Bridge
Mallaig
Kyle of Lochalsh
Skye
Portree
Rhum
Coll
Tiree
Jura
Islay
Port Ellen
Firth of Lorne
Innere Hebriden
Nordminch
Stornoway
Lewis
Butt of Lewis
Kleiner Minch
Rodel
Lochmaddy
North Uist
Benbecula
South Uist
Lochboisdale
Barra
Castlebay
Hebridensee
Äußere Hebriden
St. Kilda
Malin Head
Newtown St. Boswells
Alnwick
Nordsee
VEREINIGTES KÖNIGREICH
VON
OZEAN

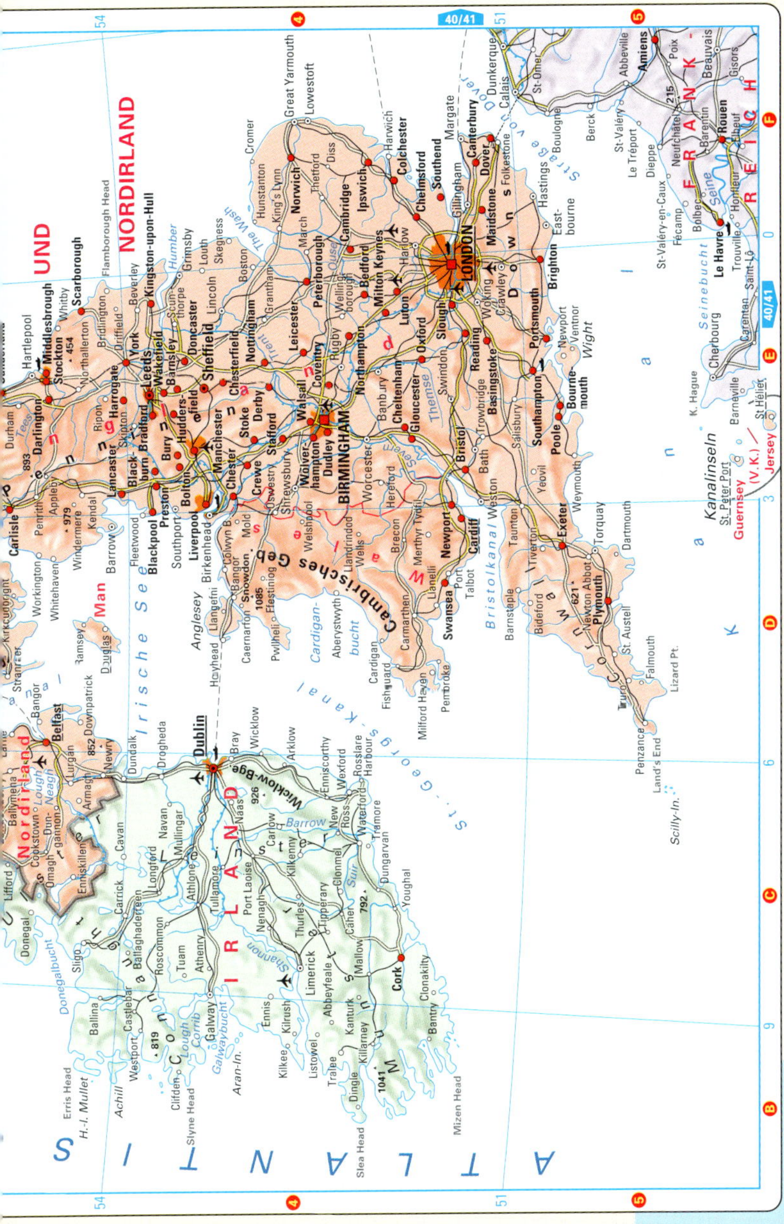

VEREINIGTES KÖNIGREICH
NORDIRLAND
IRLAND
FRANKREICH
Nordirland
Großbritannien
Wales
Cornwall
Connaught
Munster
Leinster
Downs
Kanalinseln
Guernsey (V.K.)
Jersey
St. Peter Port
St. Hélier
ATLANTISCHER OZEAN
Irische See
Man
Anglesey
Cardigan-bucht
St.-Georgs-Kanal
Bristolkanal
Kanal
Straße von Dover
Seinebucht
Galwaybucht
Donegalbucht
Lough Neagh
Lough Corrib
Wicklow-Bge.
Cambrisches Geb.
The Wash
Humber
Tees
Trent
Ouse
Themse
Severn
Shannon
Barrow
Suir
Seine
Wight
Scilly-In.
Aran-In.
H.-I. Mullet
Achill
Erris Head
Slyne Head
Slea Head
Mizen Head
Land's End
Lizard Pt.
Flamborough Head
K. Hague
LONDON
Dublin
Belfast
BIRMINGHAM
Manchester
Liverpool
Leeds
Sheffield
Bradford
Kingston-upon-Hull
Newcastle
Middlesbrough
Stockton
Hartlepool
Darlington
Durham
Carlisle
Penrith
Appleby
Kendal
Windermere
Workington
Whitehaven
Barrow
Lancaster
Blackburn
Blackpool
Fleetwood
Preston
Southport
Birkenhead
Bolton
Bury
Huddersfield
Wakefield
Barnsley
Doncaster
Harrogate
Ripon
Skipton
York
Northallerton
Whitby
Scarborough
Bridlington
Driffield
Beverley
Scunthorpe
Grimsby
Louth
Skegness
Lincoln
Boston
Chesterfield
Nottingham
Derby
Stoke
Stafford
Crewe
Chester
Mold
Colwyn B.
Bangor
Caernarfon
Holyhead
Llangefni
Snowdon 1085
Ffestiniog
Pwllheli
Aberystwyth
Cardigan
Fishguard
Milford Haven
Pembroke
Carmarthen
Llanelli
Swansea
Port Talbot
Cardiff
Newport
Merthyr Tydfil
Brecon
Llandrindod Wells
Welshpool
Oswestry
Shrewsbury
Hereford
Worcester
Wolverhampton
Walsall
Dudley
Coventry
Leicester
Rugby
Northampton
Grantham
Peterborough
March
King's Lynn
Hunstanton
Cromer
Norwich
Great Yarmouth
Lowestoft
Thetford
Diss
Cambridge
Ipswich
Harwich
Colchester
Chelmsford
Southend
Bedford
Wellingborough
Milton Keynes
Luton
Harlow
Banbury
Cheltenham
Gloucester
Oxford
Swindon
Slough
Reading
Woking
Crawley
Gillingham
Maidstone
Margate
Canterbury
Dover
Folkestone
Hastings
Eastbourne
Brighton
Portsmouth
Newport
Ventnor
Southampton
Basingstoke
Trowbridge
Bath
Bristol
Weston
Salisbury
Bournemouth
Poole
Weymouth
Yeovil
Taunton
Tiverton
Exeter
Torquay
Dartmouth
Newton Abbot
Plymouth
Barnstaple
Bideford
St. Austell
Falmouth
Truro
Penzance
621
Ramsey
Douglas
Kirkcudbright
Stranraer
Bangor
Larne
Ballymena
Cookstown
Dungannon
Omagh
Lifford
Enniskillen
Armagh
Lurgan
Newry
852
Downpatrick
Dundalk
Drogheda
Navan
Mullingar
Cavan
Longford
Athlone
Tullamore
Port Laoise
Naas
926
Bray
Wicklow
Arklow
Carlow
Kilkenny
Enniscorthy
Wexford
New Ross
Rosslare Harbour
Waterford
Tramore
Dungarvan
Clonmel
Tipperary
Caher
792
Thurles
Nenagh
Limerick
Abbeyfeale
Mallow
Cork
Youghal
Clonakilty
Bantry
Kanturk
Killarney
1041
Tralee
Dingle
Listowel
Kilrush
Kilkee
Ennis
Galway
Athenry
Tuam
Roscommon
Ballaghaderreen
Carrick
Sligo
Donegal
Ballina
Castlebar
Westport
819
Clifden
893
979
454
Dunkerque
Calais
St-Omer
Boulogne
Berck
Abbeville
Amiens
Poix
Beauvais
Gisors
St-Valéry
Le Tréport
Dieppe
Neufchâtel
215
Barentin
Rouen
Elbeuf
St-Valéry-en-Caux
Fécamp
Bolbec
Le Havre
Honfleur
Trouville
Saint-Lô
Carentan
Cherbourg
Barneville
40/41
4
5
B
C
D
E
F
54
51
0
3
6
9

A
6
B
9
C
12
D
15
1
2
3
4
60
57
54
42/43
30/31
NORWEGEN
SCHWEDEN
DÄNEMARK
DEUTSCHLAND
NIEDERL.
Førde
Jotunheim
Høyanger
Leikanger
Øvre Årdal
Sognefjord
Koppang
Lågen
Trysilelva
Särna
Västerdalälven
945
Lillehammer
Fagernes
Begna
Brumunddal
Elverum
Älvdalen
Orsa
Bollnäs
Vossevangen
Gjøvik
Raufoss
Hamar
Glomma
Mjøsa
1861
Geilo
Hallingdal
Sotra
Bergen
Lofthus
Numedalslågen
Brandbu
Siljansee
Malung
Leksand
Falun
Osøyri
Hardangervidda
Hardangerfjord
Rødberg
Hønefoss
Vansbro
Borlänge
Dalälven
Husnes
Odda
Jessheim
Kongsvinger
Torsby
Klarälven
Säter
Smedjebacken
Lervik
Bømlo
Tyrifjord
Geithus
Oslo
Ludvika
Fagersta
Etne
Haukeligrend
Rjukan
Gausta
1883
Fetsund
Sunne
Hagfors
Sauda
Drammen
Haugesund
Telemark
Kongsberg
Ski
Hällefors
Bykle
Dalen
Notodden
Askim
Arvika
Filipstad
Lindesberg
Skudeneshavn
Gvarv
Horten
Moss
Västerås
Karmøy
Ruven
1454
Stavanger
Tønsberg
Porsgrunn
Sarpsborg
Årjäng
Kil
279
Frövi
Karlstad
Kristinehamn
Skien
Oslofjord
Fredrikstad
Skoghall
Örebro
Eskilstuna
Hjälmaren
Sandnes
Drangedal
Halden
Säffle
Hallsberg
Sira
Larvik
Åmål
Nærbø
Tonstad
Kragerø
Strömstad
Laxå
Katrineholm
Vänersee
Evje
Risør
Ed
Egersund
Arendal
Mariestad
Otra
Norrköping
Flekkefjord
Mellerud
Töreboda
Motala
Lyngdal
Grimstad
Lidköping
Skövde
Vättersee
Farsund
Uddevalla
Vänersborg
Skara
Linköping
Lindesnes
Mandal
Kristiansand
Trollhättan
Mjölby
Orust
Göta Älv
Vårgårda
Falköping
Ödeshög
Tjörn
Sommen
Kungälv
Alingsås
Tranås
Skagerrak
Skagen
Göteborg
Lerum
Jönköping
Kisa
Borås
Nässjö
Mariannelund
Hjørring
Frederikshavn
Götaland
Kungsbacka
Kinna
Emån
Hultsfred
Brønderslev
Gislaved
Ätran
Vetlanda
Hanstholm
Læsø
Nissan
Värnamo
Oskarshamn
Nørresundby
Småland
Lammhult
Thisted
Ålborg
Varberg
Mönsterås
Kattegat
Thyborøn
Falkenberg
Hyltebruk
Hobro
Skive
Bolmen
Ljungby
Växjö
Nybro
Holstebro
Halmstad
Viborg
Randers
Lagan
Åsnen
Kalmar
Nordsee
Emmaboda
Grenå
Älmhult
Ringkøbing
Jütland
226
Markaryd
Herning
Silkeborg
Karlskrona
Ängelholm
Hässleholm
173
Århus
Helsingør
Karlshamn
Skjern
København (Kopenhagen)
Helsingborg
Horsens
Samsø
Eslöv
Kristianstad
Schonen
Vejle
Kalundborg
Lund
Esbjerg
Gr. Belt
Roskilde
Simrishamn
Ribe
Kolding
Odense
Slagelse
Køge
Malmö
Ystad
Rømø
Haderslev
Fünen
Ringsted
Seeland
Nyborg
Trelleborg
Nordfriesische In.
Sylt
Åbenrå
Svendborg
Næstved
Tønder
Alsen
Langeland
143
Møn
162
Bornholm
Westerland
Sønderborg
Stege
Rønne
Nexø
Nakskov
Lolland
Flensburg
Nykøbing
Falster
Schleswig
Rødby
K. Arkona
Gedser
161
Husum
Eckernförde
Deutsche Bucht
Rendsburg
Nord-Ostsee-Kanal
Burg
Saßnitz
Helgoland
Heide
Kiel
Fehmarn
Bergen
Rügen
Darłowo
Neumünster
Plön
Barth
Pommersche Bucht
Itzehoe
Bad Doberan
Stralsund
Kołobrzeg
Ostfriesische In.
Cuxhaven
Neustadt
Rostock
Usedom
Greifswald
Bad Segeberg
Wismar
Demmin
Wollin
Kamień
Koszalin
Borkum
Norderney
Elmshorn
Lübeck
Ahlbeck
Gryfice
Białogard
Wilhelmshaven
Güstrow
Anklam
Świnoujście (Swinemünde)
Świdwin
Emden
Bremerhaven
Hamburg
Schwerin
Malchin
Neubrandenburg
Groningen
Bremervörde
Geesthacht
Waren
Pasewalk
Goleniów
Węgorzyno
Złocieniec

46/47

18 F 21 G 24 H 27 J

Hudiksvall
Söderhamn
Bottnischer Meerbusen
Gävle
Gräsö
Tierp
Östhammar
Hallstavik
Uppsala
Norrtälje
Märsta
Sollentuna
Stockholm
Södertälje
Nynäshamn
Oxelösund
Åland-In.
Åland
Godby
Mariehamn
Lemland
Väddö
Björkö
Süd Kvarken
Tampere
Nokia
Pori
Vammala
Valkeakoski
Harjavalta
Kokemäki
Kokemäenjoki
Rauma
Toijala
Hämeenlinna
Lahti
Nastola
Kouvola
Wyborg
Sysmä
Päijänne
Mäntyharju
Heinola
Lappeenranta
Saimaa
Imatra
Svetogorsk
FINNLAND
Loimaa
Forssa
Riihimäki
Mäntsälä
Elimäki
Kymi
Vaalimaa
Hamina
Uusikaupunki
Mynämäki
Somero
Järvenpää
Hyvinkää
Porvoo
Kotka
Raisio
Turku/Åbo
Vihti
Kerava
Vantaa
Salo
Lohja
Helsinki/Helsingfors
Espoo
Pargas
Gogland
Moschtschny
Ekenäs
Hanko
Finnischer Meerbusen
Ust-Luga
K. Purekkari
Narvabucht
Kohtla-Järve
Iwangorod
Narva
Kunda
Loksa
Naissaar
Tallinn (Reval)
Paldiski
Keila
Tapa
Rakvere
Kiviõli
Kose
Kauksi
Slanzy
K. Tahkuna
Vormsi
Risti
Paide
Avinurme
Mustvee
RUSSLAND
Gdow
Haapsalu
Rapla
Türi
Jõgeva
Kallaste
Peipussee
Hiiumaa (Dagö)
Kärdla
Emmaste
Muhu
ESTLAND
Põltsamaa
Emajõgi
Soela-Str.
Virtsu
Suure-Jaani
Tartu (Dorpat)
Pärnu
Sindi
Viljandi
Orissaare
Mustjala
Tõstamaa
Võrtssee
Elva
Pleskauer S.
Gotska Sandön
Kilingi-Nõmme
Mõisaküla
Otepää
Põlva
Saaremaa (Ösel)
Kuressaare
Kihnu
Tõrva
Võru
Rüjiena
Antsla
Petschory
Sääre
Rigaer Bucht
Ruhnu
Ainaži
Mazsalaca
Valga
Valka
Irbestraße
K. Kolka
Kolka
Aloja
Strenči
Valmiera
Vireši
Ape
Fårösund
Fårö
Visby
Slite
Gotland
Mazirbe
Limbaži
Smiltene
Alūksne
Gulbene
Viļaka
Dundaga
Valdemārpils
Ventspils
Talsi
Cēsis
Balvi
Pytalowo
Sigulda
Gauja
Jaunpiebalga
Hemse
Piltene
Ugāle
Jūrmala
Rīga
Nītaure
Ērgļi
Madona
Lubāna
Kārsava
Sabile
Tukums
LETTLAND
Aiviekste
Varakļāni
Ludza
Kuldīga
Ogre
Pļaviņas
Jēkabpils
Viļāni
Rēzekne
Aizpute
Venta
Aizkraukle
Jelgava
Westl. Dwina (Düna)
Līvāni
Saldus
Dobele
Bauska
Liepāja (Libau)
Durbe
Auce
Viesīte
Preiļi
Priekule
Naujoji Akmenė
Biržai
Subate
Ilūkste
Krāslava
Mažeikiai
Joniškis
Pasvalys
Daugavpils (Dünaburg)
Skuodas
Kuršėnai
Pakruojis
Rokiškis
Druja
Telšiai
Šiauliai (Schaulen)
Kupiškis
Radviliškis
Zarasai
Palanga
Plungė
Panevėžys
Braslav
Kretinga
Klaipėda (Memel)
Baisogala
Anykščiai
Widsy
Gargždai
Rietavas
Kelmė
Utena
Šventoji
LITAUEN
Ignalina
Kurische Nehrung
Neringa
Šilutė
Šilalė
Raseiniai
Kėdainiai
Ukmergė
Molėtai
Pastawy
Pagėgiai
Tauragė
Širvintos
Švenčionys
Naratsch
Jurbarkas
Jonava
Pabradė
Kurisches Haff
Sowjetsk (Tilsit)
Neman
Memel
Kaišiadorys
Neris
Swir
Selenogradsk
Pionerski
Šakiai
Kaunas
Vilnius (Wilna)
Astrawjez
Wiljejka
Polessk
Bolschakowo
Prienai
Smarhon
Władysławowo
Kaliningrad (Königsberg)
RUSSLAND
Vilkaviškis
Birštonas
Trakai
Łeba
Danziger Bucht
Hel
Gwardejsk
Kybartai
Marijampolė
Aschmjany
Lębork
Baltijsk
Tschernjachowsk
Gussew
Alytus
Šalčininkai
Maladsjetschna
Słupsk (Stolp)
Gdynia
Sopot
Mamonowo
Bagrationowsk
Osjorsk
Varėna
Eišiškės
Gdańsk (Danzig)
Braniewo
Gołdap
Lazdijai
Waloshyn
Bartoszyce
Węgorzewo
Suwałki
Jurazischki
Bytów
Nowy Dwór
Lidzbark
Giżycko
Olecko
Sejny
Druskininkai
Lida
Ivje
Kościerzyna
Tczew
Elbląg (Elbing)
Kętrzyn
Augustów
Dobre Miasto
Mrągowo
Ełk
Hrodna
Schtschutschyn
WEISSRUSSLAND
Nawahrudak
Starogard
Malbork
Morąg
Olsztyn (Allenstein)
Spirdingsee
Orzysz
Grajewo
Skidal
Brda
Czersk
Kwidzyń
Ostróda
Pisz
Kuźnica
Masty
Dsjatlawa
Njaswish
Chojnice
POLEN
Ostpreußen
Tuchola
Iława
Olsztynek
Szczytno
Sokółka
Ostsee

1 2 3 4
60 54
48/49

18 F 21 G 24 H

Europäisches Nordmeer
ISLAND
Reykjavík
Akureyri
Ísafjörður
Hólmavík
Blönduós
Sauðárkrókur
Húsavík
Egilsstaðir
Seyðisfjörður
Eskifjörður
Höfn
Vatnajökull
Hekla
Öræfajökull
Selfoss
Vík
Vestmannaeyjar
Heimaey
Keflavík
Hafnarfjörður
Borgarnes
Patreksfjörður
Stykkishólmur
Faxabucht
Breiðafjord
Hunabucht
Grimsey
Fontur
Bakkabucht
Papey
Stokksnes
Reykjanes
Nördl. Polarkreis
ATLANTISCHER OZEAN
Färöer (dän.)
Streymoy
Eysturoy
Vágar
Tórshavn
Sandoy
Suðuroy
Akraberg
Europäisches Nordmeer
NORWEGEN
SCHWEDEN
Norrland
Jämtland
Lofoten
Vesterålen
Andøya
Senja
Narvik
Harstad
Bodø
Fauske
Sulitjelma
Mo
Oksskolten
Mosjøen
Sandnessjøen
Brønnøysund
Helgeland
Kvigtind
Namsos
Grong
Steinkjer
Levanger
Stjørdalshalsen
Trondheim
Trondheimsfj.
Orkanger
Kristiansund
Molde
Ålesund
Åndalsnes
Sunndalsøra
Oppdal
Ulsberg
Røros
Snøhetta
Dombås
Otta
Tynset
Femunden
Glomma
Lågen
Jotunheim
Galdhøpiggen
Jostedalsbre
Nordfjord
Sognefjord
Førde
Flora
Høyanger
Leikanger
Øvre Årdal
Fagernes
Lillehammer
Koppang
Trysilelva
Särna
Älvdalen
Östersund
Storsjön
Järpen
Strömsund
Hoting
Åsele
Vilhelmina
Storuman
Lycksele
Sollefteå
Kramfors
Härnösand
Sundsvall
Timrå
Ånge
Bräcke
Hede
Sveg
Ljusdal
Bollnäs
Hudiksvall
Söderhamn
Ljungan
Indalsälven
Faxälven
Ångermanälven
Ljusnan
Österdalälven
Vindelälven
Uddjaur
Hornavan
Arjeplog
Randijaure
Kebnekaise
Ringvassøy
Kvaløya
Andselv
Langøya
Hinnøya
Austvågøy
Vestvågøy
Svolvær
Værøy
Vestfjord
Ofotfjord
Andfjord
Dønna
Vega
Vikna
Frøya
Hitra
Smøla
Brekstad
Gurskøy
Bremangerland
Ørsta
Nordfjordeid
Kallsee
Ånn

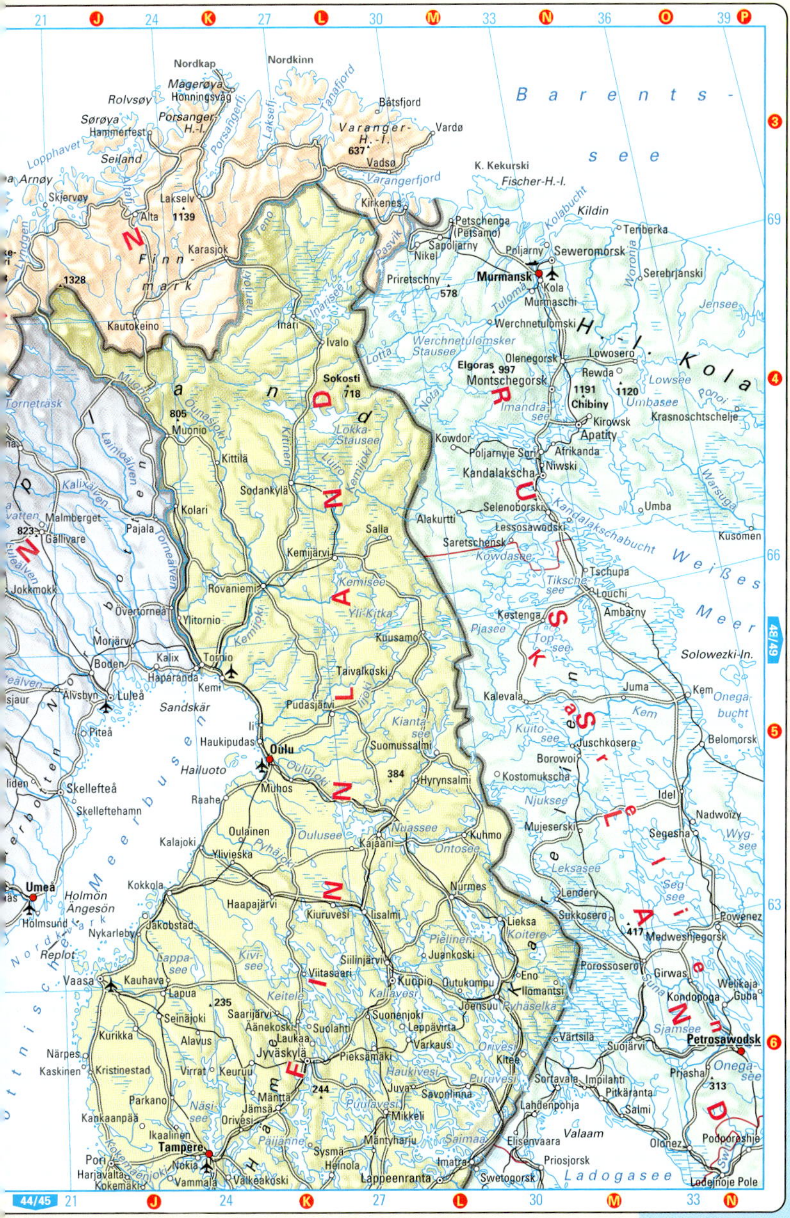

1 : 7 500 000

0 50 100 150 200 250 km

21 J 24 K 27 L 30 M 33 N 36 O 39 P

Nordkap
Nordkinn
Magerøya
Honningsvåg
Rolvsøy
Sørøya
Porsanger-H.-I.
Porsangerfj.
Laksefj.
Tanafjord
Båtsfjord
Varanger-H.-I.
Vardø
Hammerfest
637
Vadsø
Barents-see
Loppharvet
Seiland
Varangerfjord
K. Kekurski
Fischer-H.-I.
Arnøy
Skjervøy
Altafj.
Alta
Lakselv
1139
Kirkenes
Kildin
Lyngen
Teno
Petschenga (Petsamo)
Kolabucht
Teriberka
Z
Finn-mark
Karasjok
Sapoljarny
Nikel
Poljarny
Seweromorsk
Woronja
Pasvik
1328
Priretschny
Murmansk
Serebrjanski
578
Kola
Tuloma
Murmaschi
Jensee
Kautokeino
Inarijoki
Inarisee
Inari
Werchnetulomski
H.-I. Kola
Ivalo
Werchnetulomsker Stausee
Lowosero
Lotta
Olenegorsk
Elgoras
997
Rewda
Lowsee
Sokosti
718
Montschegorsk
1191
1120
Ponoi
Torneträsk
a
n
d
Notaj
Chibiny
Umbasee
Muonio
805
Ounasjoki
Imandra-see
Kirowsk
Krasnoschtschelje
Muonio
Lokka-Stausee
Apatity
Kittilä
Kitinen
Luiro
Kowdor
Afrikanda
Lainioälven
Poljarnyje Sori
Niwski
Kemijoki
Kandalakscha
Sodankylä
U
Warsuga
Kalixälven
Kolari
Selenoborski
Umba
Malmberget
Alakurtti
823
Gällivare
Pajala
Salla
Lessosawodski
Kusomen
Kandalakschabucht
Luleälven
Torneälven
Saretschensk
Kemijärvi
Kowdasee
Weißes Meer
66
Jokkmokk
Rovaniemi
Kemisee
Tschupa
Tiksche-see
Louchi
Övertorneå
Yli-Kitka
Ambarny
Ylitornio
Kestenga
Pjasee
S
Top-see
Morjärv
Kusamo
Boden
Kalix
Tornio
Solowezki-In.
Haparanda
Kemi
Taivalkoski
K
Kalevala
Juma
Kem
Onega-bucht
Älvsbyn
Luleå
Sandskär
Pudasjärvi
Iijoki
Kem
Piteå
Ii
Kianta-see
Kuito-see
Juschkosero
Belomorsk
Haukipudas
Oulu
Suomussalmi
Borowoi
Hailuoto
384
Hyrynsalmi
Kostomukscha
Skellefteå
Oulujoki
Muhos
Njuksee
Idel
Raahe
Nadwoizy
Skelleftehamn
Mujeserski
Nuasee
Kuhmo
Segesha
Wyg-see
Oulainen
Oulusee
Kalajoki
Kajaani
Ontosee
Pyhäjoki
Ylivieska
Leksasee
Kokkola
Nurmes
Seg-see
Umeå
Lendery
63
Holmön
Haapajärvi
Sukkosero
Ängesön
Kiuruvesi
Iisalmi
Lieksa
Powenez
Holmsund
Nykarleby
Koitere
417
Jakobstad
Medweshjegorsk
Pielinen
Replot
Lappa-see
Kivi-see
Juankoski
Siilinjärvi
Porossosero
Girwas
Viitasaari
Eno
Vaasa
Kauhava
Kuopio
Outukumpu
Welikaja Guba
Lapua
Keitele
Ilomantsi
Kondopoga
235
Kallavesi
Joensuu
Suna
Saarijärvi
Suonenjoki
Ryhäselkä
Seinäjoki
Äänekoski
Suolahti
Leppävirta
Sjamsee
Kurikka
Laukaa
Alavus
Värtsilä
Petrosawodsk
6
Varkaus
Suojärvi
Närpes
Jyväskylä
Pieksämäki
Orivesi
Kitee
Onega-see
Kaskinen
Kristinestad
Virrat
Keuruu
Haukivesi
Prjasha
Puruvesi
Sortavala
Impilahti
244
313
Parkano
Mänttä
Juva
Savonlinna
Pitkäranta
Näsi-see
Jämsä
Puulavesi
Lahdenpohja
Kankaanpää
Orivesi
Salmi
Mikkeli
Ikaalinen
Valaam
Päijänne
Sysmä
Mäntyharju
Saimaa
Elisenvaara
Olonez
Podporoshje
Tampere
Heinola
Priosjorsk
Pori
Nokia
Imatra
Ladogasee
Harjavalta
Kokemäki
Vammala
Valkeakoski
Lappeenranta
Swetogorsk
Lodejnoje Pole
Kokemäenjoki
Häme
Swir
Bottnischer Meerbusen
Nordkvark
Norrbotten
Finnland
Russland
Karelien
Kola
3
4
5
69
48/49

Europäisches Nordmeer
Lofoten
Vesterålen
Tromsø
Hammerfest
Jiekkevarri 1833
Lakselv
Alta
Vadsø
Kirkenes
Petschenga (Petsamo)
Narvik
Kiruna
Kebnekaise 2111
Murmansk
Seweromorsk
N O R W E G E N
S C H W E D E N
F I N N L A N D
Lappland
Karelien
Bottnischer Meerbusen
Finnischer Meerbusen
Oulu
Vaasa
Tampere
Turku/Åbo
Helsinki/Helsingfors
Uppsala
Stockholm
Sankt Peterburg (St. Petersburg)
Petrosawodsk
Onegasee
Ladogasee
Weißes Meer
Tallinn
E S T L A N D
Tartu (Dorpat)
Pskow (Pleskau)
Nowgorod
Riga
L E T T L A N D
L I T A U E N
Vilnius (Wilna)
Kaunas
Kaliningrad (Königsberg)
RUSS. LAND
P O L E N
W E I S S R U S S L A N D
Wizjebsk
Orscha
Smolensk
Twer
Moskwa (Moskau)
Jaroslawl
Rybinsk
Tscherepowez
Ostsee
Rigaer Bucht
Gotland
Saaremaa
Hiiumaa
Åland-In.

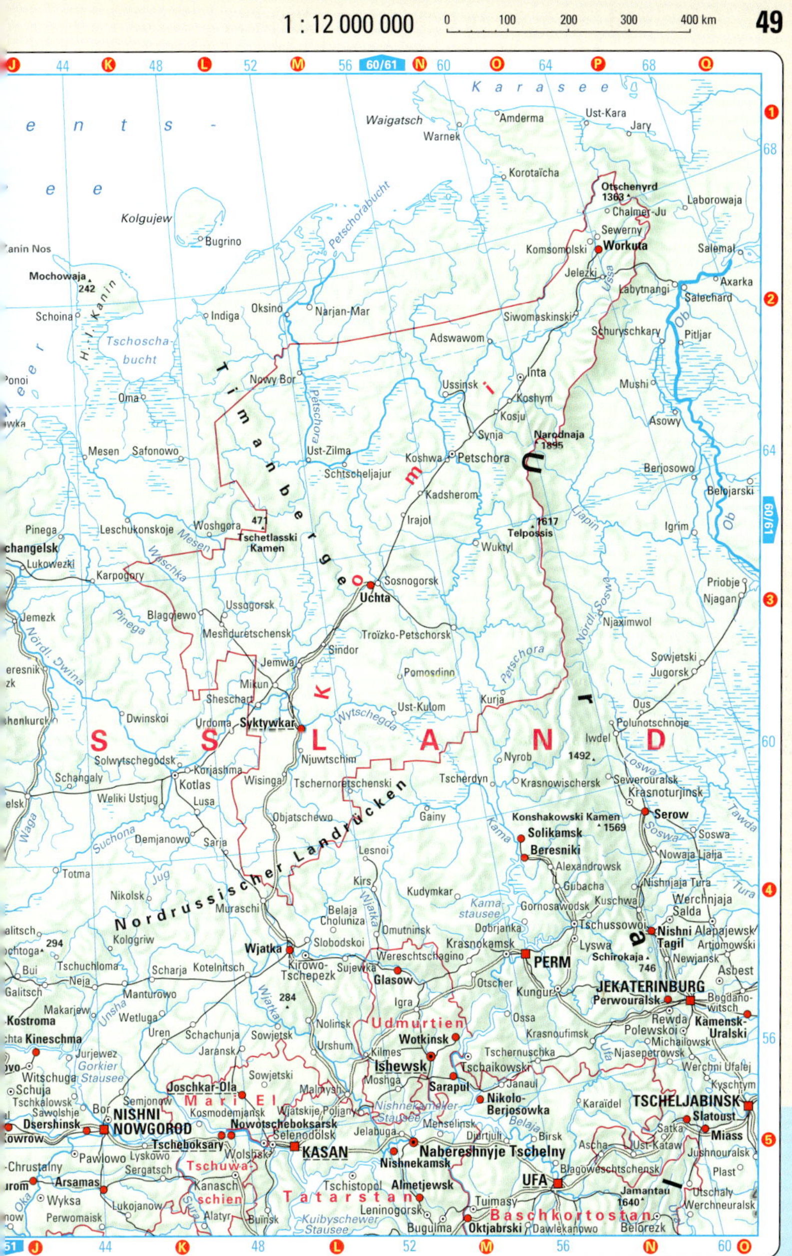
Karasee
Waigatsch
Warnek
Amderma
Ust-Kara
Jary
Korotaïcha
Otschenyrd 1363
Laborowaja
Chalmer-Ju
Sewerny
Workuta
Komsomolski
Salemal
Kolgujew
Bugrino
Petschorabucht
Kanin Nos
Mochowaja 242
H.-I. Kanin
Schoina
Indiga
Oksino
Narjan-Mar
Jelezki
Labytnangi
Axarka
Salechard
Siwomaskinski
Tschoscha-bucht
Adswawom
Schuryschkary
Pitljar
Timanberge
Nowy Bor
Inta
Ussinsk
Koshym
Mushi
Oma
Kosju
Asowy
Petschora
Synja
Narodnaja 1895
Mesen
Safonowo
Ust-Zilma
Koshwa
Schtscheljajur
Berjosowo
Kadsherom
Belojarski
Irajol
1617 Telpossis
Ljapin
Pinega
Leschukonskoje
Woshgora
471 Tschetlasski Kamen
Wuktyl
Igrim
Ob
Archangelsk
Lukowezki
Karpogory
Waschka
Sosnogorsk
Uchta
Priobje
Njagan
Blagojewo
Ussogorsk
Jemezk
Meshduretschensk
Troïzko-Petschorsk
Njaximwol
Nördl. Dwina
Sindor
Jemwa
Pomosdino
Sowjetski
Jugorsk
Mikun
Nördl. Sosswa
Sheschart
Kurja
Ust-Kulom
Wytschegda
Ous
Dwinskoi
Urdoma
Syktywkar
Polunotschnoje
Iwdel
RUSSLAND
Solwytschegodsk
Njuwtschim
Nyrob
1492
Schangaly
Korjashma
Kotlas
Wisinga
Tschernoretschenski
Tscherdyn
Krasnowischersk
Sewerouralsk
Krasnoturjinsk
Weliki Ustjug
Lusa
Losswa
Objatschewo
Gainy
Konshakowski Kamen 1569
Serow
Waga
Suchona
Demjanowo
Sarja
Kama
Solikamsk
Beresniki
Soswa
Nowaja Ljalja
Lesnoi
Alexandrowsk
Totma
Jug
Nordrussischer Landrücken
Kirs
Kudymkar
Gubacha
Nishnjaja Tura
Werchnjaja Salda
Nikolsk
Muraschi
Wjatka
Belaja Cholunitza
Kama-stausee
Gornosawodsk
Kuschwa
Tura
Omutninsk
Dobrjanka
Tschussowoi
Nishni Tagil
Alapajewsk
Artjomowski
Kologriw
294
Slobodskoi
Lyswa
Newjansk
Wjatka
Wereschtschagino
Krasnokamsk
PERM
Schirokaja 746
Asbest
Bui
Tschuchloma
Scharja
Kotelnitsch
Kirowo-Tschepezk
Sujewka
Glasow
Otscher
Kungur
JEKATERINBURG
Perwouralsk
Bogdanowitsch
Galitsch
Neja
Manturowo
284
Igra
Makarjew
Unsha
Wetluga
Rewda
Kamensk-Uralski
Kostroma
Uren
Schachunja
Sowjetsk
Nolinsk
Udmurtien
Ossa
Krasnoufimsk
Polewskoi
Michailowsk
Kineschma
Jaransk
Urshum
Wotkinsk
Tschernuschka
Jurjewez
Gorkier Stausee
Kilmes
Ischewsk
Tschaikowski
Njasepetrowsk
Ufa
Werchni Ufalej
Witschuga
Schuja
Sowjetski
Moshga
Janaul
Kyschtym
Tschkalowsk
Joschkar-Ola
Mari El
Malmysh
Sarapul
Semjonow
Nikolo-Berjosowka
Karaïdel
TSCHELJABINSK
Sawolshje
Bor
NISHNI NOWGOROD
Kosmodemjansk
Wjatskije Poljany
Nishnekamsker Stausee
Slatoust
Dsershinsk
Nowotscheboksarsk
Menselinsk
Belaja
Birsk
Satka
Miass
Kowrow
Tscheboksary
Selenodolsk
Jelabuga
Djurtjuli
Ascha
Ust-Kataw
Pawlowo
Lyskowo
Wolshsk
KASAN
Nabereshnyje Tschelny
Jushnouralsk
Chrustalny
Sergatsch
Tschuwaschien
Nishnekamsk
Blagoweschtschensk
Plast
Murom
Arsamas
Kanasch
Tschistopol
Almetjewsk
UFA
Jamantau 1640
Ural
Wyksa
Lukojanow
Tatarstan
Tuimasy
Werchneuralsk
Sura
Oka
Alatyr
Buinsk
Kuibyschewer Stausee
Leninogorsk
Baschkortostan
Perwomaisk
Bugulma
Oktjabrski
Dawlekanowo
Belorezk
60/61
51

A
24
B
28
C
32
D
36
E
1
2
3
4
5
52
48
44
40
30/31
32/33
34/35
Hrodna
Lida
Barysav
MINSK
Orscha
Serpuchow
Kaluga
Alexin
Rjasan
Tula
Ostrołęka
Łomża
Białystok
Ciechanów
Wavkawysk
Memel
Dsjarshynsk
Mahiljov
Horki
Potschinok
Kirow
Suchinitschi
Roslawl
Koselsk
Nowomoskowsk
W E I S S R U S S L A N D
Marjina Horka
Krytschav
Kaszjukowitschy
Schtschokino
Shukowka
Slonim
Baranawitschy
Assipowitschy
Sluzk
WARSZAWA
(WARSCHAU)
Pruszków
Siedlce
Brest
Kobryn
Salihorsk
Babruisk
Shlobin
Surash
Unetscha
Brjansk
Bolchow
Mzensk
293
Jefremow
Tschaplygin
Lebedjan
P O L E N
Biała
Drahitschyn
Luninjez
Pinsk
Swjetlahorsk
Shytkawitschy
Homjel
Klinzy
Nowosybkow
Orjol
Jelez
Lipezk
R
U
Radom
Puławy
Lublin
Chełm
Kamin-Kaschyrskyj
Kowel
Masyr
Retschyza
Kalinkawitschy
Choiniki
Prypjat
Semeniwka
Shelesnogorsk
Liwny
Stalowa Wola
Sandomierz
Zamość
Sarny
Nowowolynsk
Tschernihiw
Desna
Schostka
Lgow
Schtschigry
Kursk
Woronesch
Rzeszów
Luzk
Riwne
Korosten
Owrutsch
Tschornobyl
Malyn
Bachmatsch
Nishyn
Konotop
Gubkin
Stary Oskol
Obojan
Przemyśl
Krosno
Lwiw
(Lemberg)
471
Sokal
Dubno
Schepetiwka
Nowohrad-Wolynskyj
KYJIW
(KIEW)
Browary
Boryspil
Nossiwka
Romny
Sumy
Pryluky
Hadjatsch
Nowy Oskol
Liski
Belgorod
U
K
R
A
I
N
E
Drohobytsch
Kremenez
Ternopil
Starokostjantyniw
Shytomyr
Berdytschiw
Fastiw
Kaharlyk
Hrebinka
Pawlowsk
Boryslaw
Stryj
Chmelnyzkyj
Kosjatyn
Bila Zerkwa
Perejaslaw-Chmelnyzkyj
Lubny
Ochtyrka
Wowtschansk
Waluiki
Rossosch
SL.
Kalusch
Iwano-Frankiwsk
Kaniw
Tscherkassy
CHARKIW
Ushhorod
Tschortkiw
Winnyzja
Kolomyja
Merefa
Poltawa
Kupjansk
Mukatschewe
Chust
Shmerynka
Kamjanez-Podilskyj
Hajssyn
Smila
Krementschuk
Isjum
Starobilsk
Tscherniwzi
(Czernowitz)
Nowoselyzja
Storoshynez
Mohyliw-Podilskyj
Switlowodsk
Donez
Sjewerodonezk
U.
Satu Mare
Baia Mare
2303
Pietrosu
Borşa
Botoşani
Dnister
Jampil
Uman
Kirowohrad
Olexandrija
Nowo-moskowsk
Slowjansk
Lossowa
Lyssytschansk
Kramatorsk
Stachanow
M O L D A U
Nowoukrajinka
Perwomajsk
Dniprodsershynsk
DNIPROPETROWSK
Pawlohrad
Zalău
Bistriţa
Suceava
Bălţi
Ribniţa
Balta
Krywyj Rig
Saporishshja
Krasnoarmejsk
Horliwka
Cluj-Napoca
(Klausenburg)
Piatra-Neamţ
Iaşi
Wosnessensk
Nowyj Bug
Nikopol
Marganez
DONEZK
Makijiwka
Chişinău
Vaslui
Nowoschachtinsk
Alba Iulia
Târgu Mureş
Bacău
Tiraspol
Tighina
(Bender)
Mykolajiw
Sniguriwka
Tokmak
Huljajpole
Mariupol
ROSTOW
R U M Ä N I E N
Sibiu
(Hermannstadt)
Moldoveanu
2544
Sfântu Gheorghe
1784
Comrat
ODESSA
Cherson
Kachowkaer Stausee
324
Melitopol
Taganrog
Asow
Brașov
(Kronstadt)
Bârlad
Prut
Râmnicu Vâlcea
Focşani
Bilhorod-Dnistrowskyj
Illitschiwsk
Dnepr
Nowa Kachowka
Berdjansk
Jejsk
Galaţi
Târgovişte
Buzău
Brăila
Ismajil
Kilija
Skadowsk
Henitschessk
Asowsches Meer
Primorsko-Achtarsk
Piteşti
Tulcea
Karkinitbucht
Craiova
Slatina
Ploieşti
Donau
K. Tarchankut
Tichorezk
Timaschewsk
BUCUREŞTI
(BUKAREST)
Slobozia
Călăraşi
Jewpatorija
K r i m
Kertsch
Slawjansk
Ust-Labinsk
Alexandria
Giurgiu
Simferopol
Feodossija
Krymsk
Kuban
Krasnodar
Maikop
Ruse
Constanţa
Sewastopol
Roman-Kasch
1545
Jalta
Anapa
Noworossijsk
Razgrad
Pleven
K. Sarytsch
Chadyshensk
Loveč
Veliko Tărnovo
Dobrič
B a l k a n
2376
Šumen
Varna
Tuapse
Kazanlăk
Pazardžik
Sliven
Plovdiv
Stara Zagora
Burgas
S c h w a r z e s   M e e r
Sotschi
B U L G A R I E N
Haskovo
2191
Kărdžali
Edirne
Kırklareli
Komotini
Babaeski
GRIECHEN-LAND
Ergene
Tekirdağ
Çorlu
İSTANBUL
Zonguldak
Bartın
İnce Burun
Sinop
Thásos
Keşan
Marmara-meer
Gebze
İzmit
Adapazarı
Karabük
Kastamonu
Bafra
Samsun
Límnos
Bandırma
Yalova
Düzce
Bolu
2546
Tosya
P o n t i s c h e s   G e b i r g e
Ordu
Trabzon
Troja
Çanakkale
BURSA
Bilecik
Çankırı
İskilip
Merzifon
Yeşilırmak
Edremit
2543
Sakarya
İnegöl
Çorum
Amasya
Giresun
Lesvos
Balıkesir
Eskişehir
ANKARA
Kırıkkale
Hattuşaş
Turhal
Niksar
Tokat
2789
Gümüşhane
Şebinkarahisar
Mytilini
Bergama
T
Ü
R
K
E
I
Yozgat
Sorgun
Yıldızeli
Bayburt
Akhisar
Kütahya
Polatlı
Sivas
Erzincan
Chíos
Manisa
A n a t o l i e n
Simav
Euphrat
Turgutlu
Uşak
2309
Kırşehir
Şarkışla
Çeşme
İZMIR
Salihli
Afyon
Bolvadin
Kulu
Kızılırmak
Divriği
Ödemiş
Tunceli
Keban-Stausee
Sámos
1440
Ephesos
Akşehir
Tuz-see
Nevşehir
Kayseri
Nazilli
Menderes
Dinar
Ägäisches Meer
Aydın
Denizli
Aksaray
Erciyes
3917
Elâzığ

Kasachstan
Kaspisches Meer
Wolgograd
Astrachan
Samara
Saratow
Orenburg
Atyrau
Aktau
Baki (Baku)
Tbilisi (Tiflis)
Eriwan
Machatschkala
Grosny
Elista
Oral
Aktöbe
Aserbaidschan
Armenien
Georgien
Turkmenistan
Usbekistan
Iran
Kalmykien
Dagestan
Mordwinien
Baschkortostan
Adsh. Adsharien
Ing. Inguschetien
K.-B. Kabardinien-Balkarien
K.-Tsch. Karatschai-Tscherkessien
N.-Oss. Nordossetien

Asien im Überblick

① Nordpassage

② Aralsee

③ Jordanien

④ Hochland von Tibet

⑤ Taj Mahal, Agra/Indien

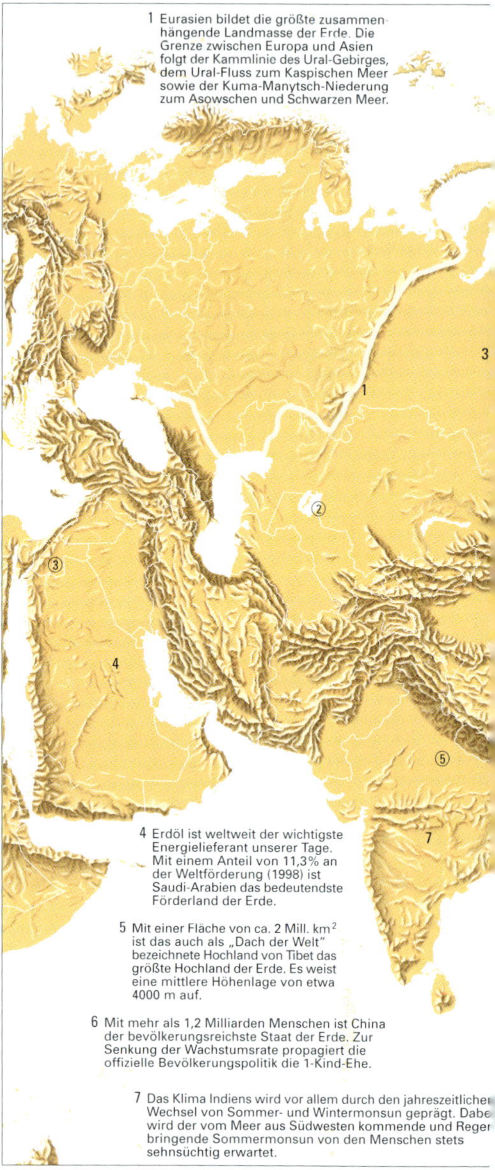

1 Eurasien bildet die größte zusammenhängende Landmasse der Erde. Die Grenze zwischen Europa und Asien folgt der Kammlinie des Ural-Gebirges, dem Ural-Fluss zum Kaspischen Meer sowie der Kuma-Manytsch-Niederung zum Asowschen und Schwarzen Meer.

4 Erdöl ist weltweit der wichtigste Energielieferant unserer Tage. Mit einem Anteil von 11,3% an der Weltförderung (1998) ist Saudi-Arabien das bedeutendste Förderland der Erde.

5 Mit einer Fläche von ca. 2 Mill. km^2 ist das auch als „Dach der Welt" bezeichnete Hochland von Tibet das größte Hochland der Erde. Es weist eine mittlere Höhenlage von etwa 4000 m auf.

6 Mit mehr als 1,2 Milliarden Menschen ist China der bevölkerungsreichste Staat der Erde. Zur Senkung der Wachstumsrate propagiert die offizielle Bevölkerungspolitik die 1-Kind-Ehe.

7 Das Klima Indiens wird vor allem durch den jahreszeitlichen Wechsel von Sommer- und Wintermonsun geprägt. Dabei wird der vom Meer aus Südwesten kommende und Regen bringende Sommermonsun von den Menschen stets sehnsüchtig erwartet.

2 Kap Deshnjow, nach einem russischen Entdeckungsreisenden des 17. Jh. benannt, ist der östlichste Punkt des asiatischen Festlandes (169° 40′ westl. Länge).

s Taiga bezeichnet man die Nadelwaldzone biriens. Sie erstreckt sich vom Ural bis zu en Randgebirgen des Pazifischen Ozeans nd ist das größte zusammenhängende /aldgebiet der Erde.

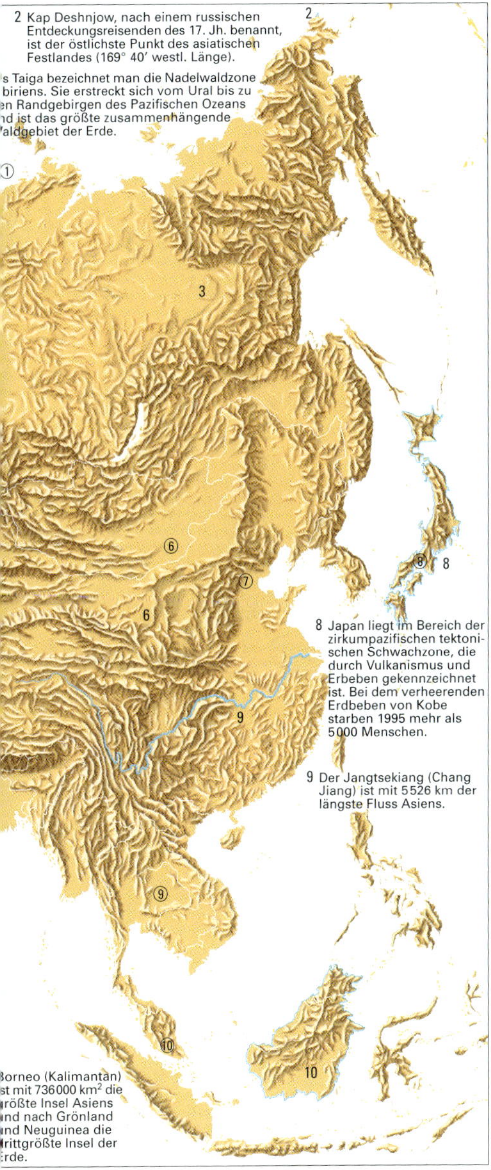

①

2

3

⑥

⑦

6

⑧ 8

9

⑨

⑩

10

8 Japan liegt im Bereich der zirkumpazifischen tektonischen Schwachzone, die durch Vulkanismus und Erbeben gekennzeichnet ist. Bei dem verheerenden Erdbeben von Kobe starben 1995 mehr als 5000 Menschen.

9 Der Jangtsekiang (Chang Jiang) ist mit 5526 km der längste Fluss Asiens.

3orneo (Kalimantan) st mit 736000 km² die rößte Insel Asiens ınd nach Grönland ınd Neuguinea die lrittgrößte Insel der :rde.

⑥ Gobi

⑦ Peking

⑧ Kobe

⑨ Thailand

⑩ Malaysia

ATLANTISCHER OZEAN
Nordmeer
Europäisches Nordmeer
Nordpolarmeer
Nordpol
Grönland (dän.)
KANADA
VEREINIGTE STAATEN
Alaska
Golf von Alaska
Beringmeer
Bering-Str.
Tschuktschensee
Ostsibirische See
Laptewsee
Karasee
Barentssee
Weißes M.
Ochotskisches Meer
Schwarzes Meer
Aralsee
Nordsee
Ostsee
RUSSLAND
KASACHSTAN
TÜRKEI
Jakutien
Mandschurei
Sachalin
Kurilen
Hokkaidō
ISLAND
Reykjavík
Jan Mayen und Svalbard (norw.)
Longyearbyen
Bären-I. (norw.)
Färöer (dän.)
Britische In.
IRLAND
Dublin
GROSSBRITANNIEN
LONDON
Glasgow
NORWEGEN
Oslo
SCHWEDEN
Stockholm
FINNLAND
Helsinki
DÄN.
KOPENHAGEN
NIEDERLANDE
BELGIEN
LUX.
FRANKREICH
PARIS
DEUTSCHLAND
BERLIN
HAMBURG
MÜNCHEN
SCHW.
POLEN
WARSCHAU
Krakau
TSCH.
PRAG
ÖST.
WIEN
SLOW.
U.
BUDAPEST
SL.
KR.
Zagreb
B.-H.
JUGO-SL.
BELGRAD
RUMÄNIEN
BUKAREST
M.
BULG.
SOFIA
MAZ.
GR.
A.
IT.
ESTL.
Tallinn
LETTLAND
Riga
LIT.
Vilnius
WEISSRUSSLAND
MINSK
UKRAINE
KIEW
ODESSA
CHARKIW
DONEZK
MOSKAU
ST. PETERSBURG
Petrosawodsk
Murmansk
Archangelsk
Nordkap
Syktywkar
Jaroslawl
NISHNI NOWGOROD
KASAN
Woronesh
WOLGOGRAD
ROSTOW
Astrachan
SAMARA
UFA
PERM
JEKATERINBURG
TSCHELJABINSK
Orenburg
Workuta
Chanty-Mansijsk
OMSK
NOWOSIBIRSK
Nowokusnezk
Krasnojarsk
Norilsk
Bratsk
Irkutsk
Tschita
Jakutsk
Werchojansk
Magadan
Anadyr
Petropawlowsk-Kamtschatski
Chabarowsk
Wladiwostok
Jushno-Sachalinsk
SAPPORO
Sendai
HARBIN
QIQIHAR
Ulan-Bator
Astana
Karaganda
ISTANBUL
ANKARA
IZMIR
GEORG.
TIFLIS
Anchorage
Juneau
Nome
Kodiak
Kap Deschnjow
K. Pr. of Wales
Nuuk
Upernavik
Tasiilaq
Kap Farvel
Dänemarkstraße
Baffin Bay
Baffininsel
Victoria-Insel
Banks-I.
Devon-I.
Ellesmere-I.
Queen-Elizabeth-In.
Parry-In.
Gr. Bärensee
Beaufortsee
Mackenzie
Yukon
Nowaja Semlja
Franz-Joseph-Land
Sewernaja Semlja
Neusibirische Inseln
Kolyma
Indigirka
Lena
Aldan
Amur
Songhua
Jenissej
Untere Tunguska
Angara
Ob
Obbusen
Irtysch
Wolga
Ural
Dnepr
Rhein
Baikalsee
Nördl. Polarkreis

CHINA
INDIEN
INDONESIEN
MALAYSIA
MYANMAR
THAILAND
LAOS
VIETNAM
KAMBODSCHA
PHILIPPINEN
TAIWAN
KOREA
SÜD-KOREA
NEPAL
BH.
BANGLADESH
SRI LANKA
MALEDIVEN
PAKISTAN
AFGHANISTAN
TADSCHIKISTAN
KIRGISISTAN
TURKMENISTAN
IRAN
IRAK
SAUDI-ARABIEN
JEMEN
OMAN
V.A.E.
SOMALIA
ÄTH.
BRUNEI
SEYCHELLEN
MADAGASKAR
AUSTRALIEN
Osttimor
Brit. Territorium im Indischen Ozean
Tschagos-In.
Diego Garcia
Weihnachts-I. (austr.)
Kokos-In. (austr.)
Ashmore- und Cartier-In. (austr.)
INDISCHER OZEAN
Arabisches Meer
Golf von Bengalen
Andamanensee
Südchinesisches Meer
Ostchinesisches Meer
Gelbes Meer
Javasee
Celebessee
Sulusee
Bandasee
Molukkensee
Makassarstr.
Golf von Thailand
Golf von Aden
G. v. Oman
Persischer Golf
Rotes Meer
Nördl. Wendekreis
Äquator
PEKING
SEOUL
TAIPEH
MANILA
HONGKONG
Macau
HANOI
Vientiane
BANGKOK
Phnom Penh
HO CHI MINH
KUALA LUMPUR
SINGAPUR
JAKARTA
SURABAYA
UJUNG PANDANG
DAVAO
Cebu
Bandar Seri Begawan
RANGUN
Mandalay
DHAKA
KALKUTTA
Thimphu
Kathmandu
New Delhi
DELHI
MUMBAI (BOMBAY)
CHENNAI (MADRAS)
BANGALORE
HYDERĀBĀD
Colombo
Malé
KARĀCHI
LAHORE
Islāmābād
Kābul
TASCHKENT
Duschanbe
Bischkek
Aschgabat
TEHERAN
BAGDAD
Kuwait
RIAD
Manama
Doha
Abu Dhabi
Maskat
Sanaa
Aden
Mekka
JIDDAH
URUMTSCHI
Lhasa
CHONGQING
CHENGDU
WUHAN
SHANGHAI
KANTON

ATLANTISCHER
OZEAN
Grönland
Gunnbjørn Fjeld 3700
Island
Reykjavik
Europäisches Nordmeer
Spitzbergen
Jan Mayen
Nordpolarmeer
Nordpol
Franz-Joseph-Land
Nowaja Semlja
Sewernaja Semlja
Barentssee
Karasee
Laptewsee
Ostsibirische See
Neusibirische Inseln
Wrangel-Insel
Tschuktschensee
Beringstr.
Beringmeer
Golf von Alaska
Alaskakette
Mt. McKinley 6194
Brookskette
Mackenzie-Geb.
Beaufortsee
Victoria-Insel
Banks-I.
Baffininsel
Baffin Bay
Ellesmere-I.
Devon-I.
Queen-Elizabeth-In.
Parry-In.
Skandinavien
Ostsee
Nordsee
Britische In.
Irland
Großbritannien
LONDON
PARIS
BERLIN
HAMBURG
KOPENHAGEN
STOCKHOLM
Oslo
Helsinki
ST. PETERSBURG
MOSKAU
WARSCHAU
PRAG
WIEN
BUDAPEST
BUKAREST
BELGRAD
SOFIA
ISTANBUL
ANKARA
KIEW
MINSK
Alpen
Karpaten
Schwarzes Meer
Kaukasus
Elbrus 5642
TIFLIS
Kaspische Senke
Wolga
Ural
Westsibirisches Tiefland
Mittelsibirisches Bergland
Sibirien
Jakutsk
Werchojansker Geb.
Tscherski-Geb.
Kolyma-Geb.
Korjaken-Geb.
Kamtschatka
Kljutschewskaja Sopka 4750
Ochotskisches Meer
Sachalin
Stanowoi-Geb.
Dshugdshur
Jablonowy-Geb.
Baikalsee
Irkutsk
Ostsajan
Westsajan
Altai
NOWOSIBIRSK
Krasnojarsk
OMSK
JEKATERINBURG
TSCHELJABINSK
Astana
Karaganda
Aralsee
Großer Chingan
Mandschurei
HARBIN
Chabarowsk
Wladiwostok
Sichote-Alin
Hokkaido
SAPPORO
Kurilen
Magadan
Norilsk
Jenissei
Ob
Lena
Amur
Taimyr-H.-I.
Putorana-Geb.
Narodnaja 1895

Höhenschichten
4000 m
2000 m
1000 m
500 m
200 m
0 m
Depression
Inlandeis, Gletscher
Meerestiefen
200 m
2000 m
4000 m
6000 m
8000 m
INDISCHER OZEAN
Arabisches Meer
Golf von Bengalen
Südchinesisches Meer
Ostchinesisches Meer
Philippinen
Himalaya
Tibet
Kunlun
Karakorum
Hindukusch
Tienschan
Transhimalaya
Vorderindien
Hinterindien
Dekkan
Westghats
Arabien
Borneo (Kalimantan)
Sumatra
Celebes (Sulawesi)
Java
Ceylon
Malediven
Seychellen
Madagaskar
Persischer Golf
Golf von Aden
Rotes Meer
Nördl. Wendekreis
Äquator
PEKING
SHANGHAI
HONGKONG
KALKUTTA
MUMBAI (BOMBAY)
CHENNAI (MADRAS)
DELHI
KARACHI
TEHERAN
BAGDAD
RIAD
MANILA
SINGAPUR
JAKARTA
BANGKOK
HANOI
RANGUN
DHAKA
Mt. Everest
8850

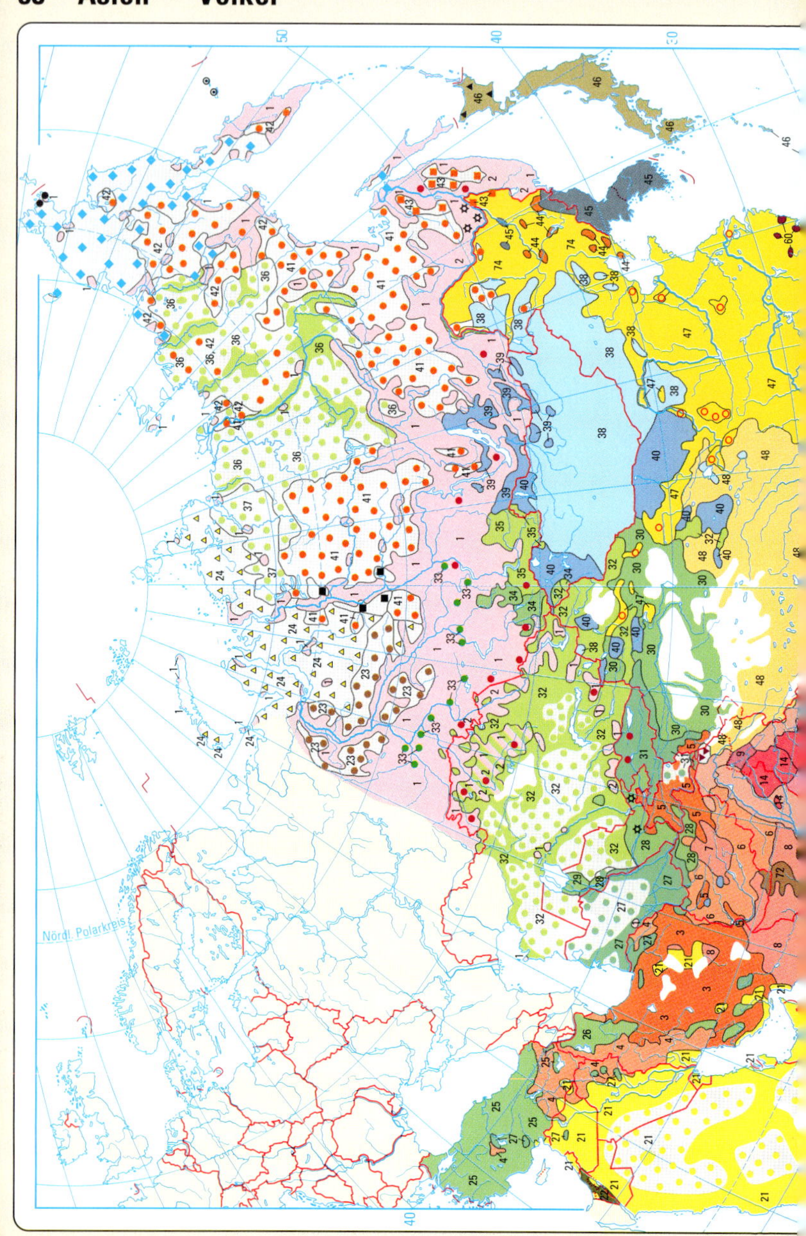
Nördl. Polarkreis

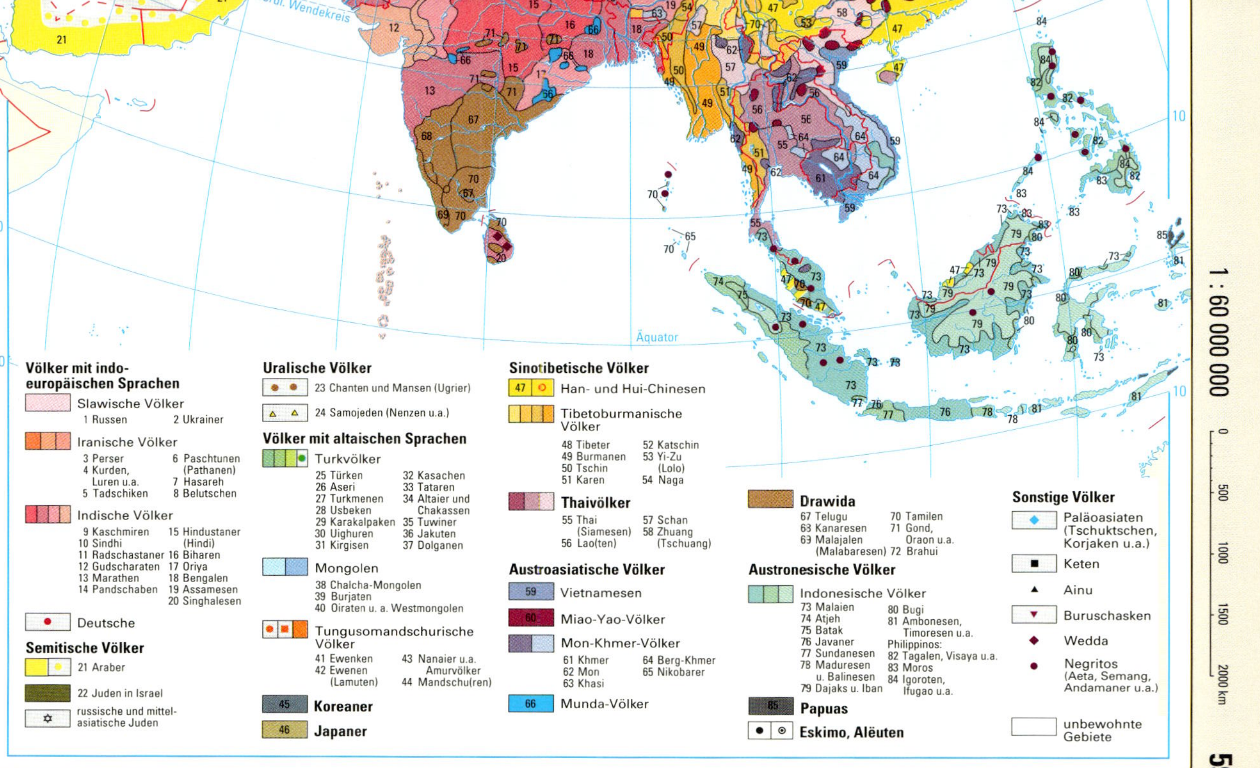

Völker Kaukasiens und Zyperns: siehe Seite 28/29

Nordpolarmeer
Barents-see
Karasee
Spitzbergen (Norw.)
Bären-I. (Norw.)
Franz-Joseph-Land
Nowaja Semlja
NORWEGEN
SCHWEDEN
FINNLAND
Lappland
Murmansk
Archangelsk
Petrosawodsk
Weißes Meer
H.-I. Kola
H.-I. Jamal
Kolgujew
Waigatsch
Workuta
Timanberge
Nordrussischer Landrücken
Ural
RUSS
Westsibir Tief
NISHNI NOWGOROD
KASAN
PERM
SAMARA
UFA
JEKATERINBURG
TSCHELJABINSK
OMSK
Orenburg
KASACHSTAN
Wolga
Ob
Irtysch
Petschora
Nördl. Dwina
Surgut
Tjumen
Tobolsk
Kurgan
Magnitogorsk
Syktywkar
Kotlas
Wologda
Kostroma
Iwanowo
Wjatka
Ishewsk
Simbirsk
Pensa
Toljatti
Sysran
Engels
Oral
Salechard
Labytnangi
Uchta
Inta
Petschora
Narjan-Mar
Nishnewartowsk
Neftejugansk
Chanty-Mansijsk
Nishni Tagil
Serow
Solikamsk
Beresniki
Slatoust
Miass
Petropawl
Kostanai
Rudny

Laptewsee
Taimyr
Byrranga-Geb.
Mittel-sibirisches Bergland
Sacha
Werchojansker Geb.
Putorana-Geb.
Ostsajan
Westsajan
Baikalsee
Norilsk
Tomsk
Krasnojarsk
Irkutsk
Bratsk
Ust-Ilimsk
Ulan-Ude
Kemerowo
Atschinsk
Kansk
Abakan
Minussinsk
Lena
Jenissei
Untere Tunguska
Angara
Nördl. Polarkreis
Sewernaja Semlja
Komsomolez
Oktoberrevolutions-I.
Bolschewik
Tixi
Chatanga
Dudinka
Igarka
Turuchansk
Tura
Mirny
Lensk
Wiljuisk
Shigansk
Werchojansk
Ust-Kut
Sewerobaikalsk
Angarsk
Nowosibirsk

62/63
72/73

60/61
72/73
Nor
Laptewsee
Taimyrsee
Norilsk
Dudinka
Talnach
Igarka
Wolotschanka
Chatanga
Noworybnaja
Nordwik
Große Begitschew-I.
Belkowski
Kotelny
Stolbowoi
Ljachow
Putorana-Geb.
1701
Turuchansk
Mittel-sibirisches Bergland
Jessej
905
Ust-Olenjok
Tit-Ary
524
Tixi
Janabucht
Nishnejansk
Olenjok
Siktjach
Sewerny
1289
Werchojansker Gebirge
Utschami
Tura
Ekonda
888
Nördl. Polarkreis
Shigansk
2389
Batagai
Werchojansk
2185
1768
727
Baikit
Strelka-Tschunja
Wanawara
Jerbogatschon
Tschernyschewski
Wiljui-Stausee
Mirny
Njurba
Wiljuisk
Sangar
2295
Suntar
Sacha
RUSSLAND
Ust-Ilimsk
946
Lensk
369
Jakutsk
Tschandyga
Pokrowsk
Nishni Bestjach
Shelesnogorsk-Ilimski
Ust-Kut
Kirensk
Witim
1702
Oljokminsk
Lena
Amga
Allach-Jun
Witimski
Artjomowski
Perewos
Bodaibo
Ust-Maja
Sewerobaikalsk
2578
2572
Nowy Uojan
Obere Angara
Tommot
Aldan
Brindakit
Baikalsee
2840
Kurumkan
Ust-Bargusin
1958
Taximo
2999
Nowaja Tschara
Bolschoi Nimnyr
Tschagda
Judoma
Burjatien
Romanowka
2007
Tschulman
Nerjungri
Nelkan
Nagorny
Stanowoigebirge
Tynda
2412
1906
Dshugdshur
Ajan
Chilok
1702
Jablonowygebirge
Tschita
Bukatschatscha
Mogotscha
Jerofej Pawlowitsch
Seja-Stausee
Schantar-In.
Skoworodino
Seja
Tschumikan
Nertschinsk
Sretensk
Schilka
Amur
Mohe
Magdagatschi
Tygda
Aginskoje
Balej
Olowjannaja
Onon
Argun
1530
2384
Ekimtschan
Borsja
Schimanowsk
Selemdsha
Nikolajewsk-na-Amur
Krasnokamensk
Fewralsk
Maiski
Sofijsk
Amgun
Kerulen
Manzhouli
Yitulihe
Jagdaqi
Swobodny
Belogorsk
Bureja
Beresowy
Tschegdomyn
Tschojbalsan
Hailar
Hailar He
Hulun Nur
Yakeshi
Heihe
Blagoweschtschensk
Sawitinsk
2010
2640
De-Kastri
Baruun-Urt
Großer Chingan
Komsomolsk
Piwan
Amursk
MONGOLEI
CHINA
Tamsagbulag
Yirxie
Nenjiang
1081

Polarmeer
Neusibirien
Wrangel-I.
1096
Ostsibirische See
Tschuktschensee
De-Long-Str.
Alaska
VEREINIGTE STAATEN
Kotzebue
Kotzebuesund
Beringstraße
Seward-H.-I.
Kap Deshnjow
Uelen
Kap Prince of Wales
Wankarem
Kap Schelagski
Ajon
Pewek
Bären-In.
Tschuktschenbergland
1843
Tschuktschen-H.-I.
1158
Prowidenija
Kap Tschukotski
St.-Lorenz-I.
Amguema
Tschokurdach
Indigirka
Alaseja
Ambartschik
Tscherski
Bilibino
Kl. Anjui
1853
Anjuigebirge
1775
Gr. Anjui
1797
Anadyr
Anadyrbucht
Anadyr
Beringowski
Kolyma
Omolon
Srednekolymsk
Jukagirenhochland
1185
Markowo
Main
Welikaja
Kap Nawarin
2533
Moma
Pobeda
3147
Syrjanka
Kolymabergland
Penshina
1503
Kamenskoje
Korjakengebirge
2562
Ledjanaja
Beringmeer
D
Oimjakon
Sejmtschan
Sussuman
Jagodnoje
2586
Merenga
Ewensk
Omolon
Penshinabucht
1045
Pachatschi
Korf
Oljutorski-bucht
Kap Oljutorski
Gishiga-bucht
Schelichowbucht
1962
Ilpyrski
Karaginski-bucht
Karaginski
Palana
Magadan
Motyklej
Kap Tolstoi
Ochotsk
Zentralgebirge
Kamtschatka
2618
Tigil
Ust-Kamtschatsk
Bering-I.
Kupfer-I.
Kommandeur-In.
Aleuten
Attu
Near-In.
VEREINIGE STAATEN
Kljutschi
4750
Kljutschewskaja Sopka
Ochotskisches Meer
Milkowo
Kirowski
Kronozkaja Sopka
3456
PAZIFISCHER OZEAN
Petropawlowsk-Kamtschatski
Kap Jelisaweta
Ocha
Oktjabrski
Osernowski
2339
1. Kurilen-Str.
Nogliki
Sachalin
Sewero-Kurilsk
Paramuschir
1609
Alexandrowsk-Sachalinski
Onekotan
Kurilen
Smirnych
Schiaschkotan
110/111

48/49 50/51 66/67

60/61
72/73
70/71
Westsibirisches Tiefland
Surgut
Nishnewartowsk
Streshewoi
Larjak
Wach
Nefteugansk
Tym
Wasjugan
Kargassok
Nowy Wasjugan
Ob
Kolpaschewo
Ket
Worogowo
Sewero-Jenissejski
Jarzewo
Jenaschimski Polkan
1104
Jushno-Jenissejski
Jenissejsk
Lessosibirsk
Angara
Jenissei
Ust-Ilimsk
Ust-Kut
Shelesnogorsk-Ilimski
Karabula
Tschuna
Birjussa
Bratsk
Bratsker Stausee
Nishnjaja Poima
Kansk
Taischet
Tulun
Nishneudinsk
Sima
Tscheremchowo
Angarsk
Tschulym
Teguldet
Atschinsk
Krasnojarsk
Assino
Tomsk
Anshero-Sudshensk
Kemerowo
Tom
Leninsk-Kusnezki
Belowo
Kisseljowsk
Prokopjewsk
Nowokusnezk
Chakassien
Abakan
Minussinsk
Artjomowsk
Ostsajan
2922
Pik Grandiosny
Burjatien
Munku-Sardyk
3491
Turt
Chöwsgöl
Toora-Chem
Großer Jenissei
Kl. Jenissei
Schuschenskoje
Westsajan
Abasa
Turan
Kysyl
Tuwa
Mörön
Samagaltai
Tara
Tjukalinsk
Kalatschinsk
Tatarsk
Barabinsk
Tschulym
166
NOWOSIBIRSK
OMSK
Tscherepanowo
Talmenka
Tscherlak
Karassuk
Kamen
Barnaul
Ertis
Taschtagol
Bijsk
Bija
Gorno-Altaisk
Kysyl Taiga
3121
Ak-Dowurak
Tschadan
Uws Nuur
Ulaangom
Alejsk
Kulunda
Pawlodar
Michailowski
Rubzowsk
Smeinogorsk
Altai
Katun
Aktasch
Belucha
4506
Nogoonnuur
Chjargas Nuur
Uliastaj
MONGOLEI
Ekibastus
Astana
Irtysch
Semej
Leningor
Öskemen
Syrjan
4374
Ölgii
Chowd
Char-Us Nuur
Altaj
Schar
Saissansee
Irtysch
Altay
Fuyun
4362
Burqin
Ulungursee
Karaghandy
Karaghaily
Aksoran
1566
KASACHSTAN
Atassu
Ajaköz
Tarbagatai
2992
Saissan
Tacheng
Urdshar
Dsungarei
Balkasch
Sajak
Balchaschsee
Alakol
Karamay
Hami/Kumul
Sarkand
Dostyk
Ebinur
Chihozi
5445
Kuytun
Changji
ÜRÜMQI (URUMTSCHI)
Turpan (Turfan)
-154
Turfansenke
Taldykorghan
Tekeli
Ili
Saryösek
Yining (Gulja)
Shuiding
Sharkent
Schu
Kapschagai
Tschilik
ALMATY
Yanqi
Bostensee
Anxi
Korla
Aksay
Bischkek
Ysyk-Köl
Karaköl
Balyktschy
Pik Pobeda
7439
Kuqa
Lop Nur
KIRGISISTAN
Tienschan
Naryn
Aksu
Tarim
Xorkol
Namangan
Andishon
Osch
Farghona
Sinkiang
Ruoqiang/Qarkilik
Qarqan
Altun Shan
Qiemo/Qarqan
Sary-Tasch
Kashi (Kaschgar)
Taklimakan
Pik Kommunismus
7495
TADSCHIKISTAN
Pamir
Berg-Badachschan
Shache/Yarkant
7719
Kongur
Yecheng/Kargilik
CHINA
7720
Muztag Feng
7723
Kunlun
Hotan
Chorugh
7282
Karakorum
7690
Tirich Mir
Chitral
Gilgit
8611
K 2
Indus
(von China verwaltet, von Indien beanspr.)
Nanga Parbat
8125
Skardu
PAKISTAN
INDIEN

Schwarzes Meer
Mittelmeer
Rotes Meer
BULGARIEN
ITALIEN
ALB.
GRIECHENLAND
TÜRKEI
ZYPERN
SYRIEN
LIBANON
ISRAEL
JORDANIEN
IRAK
SAUDI-ARABIEN
LIBYEN
ÄGYPTEN
SUDAN
TSCHAD
ERITREA
ÄTHIOPIEN
DSCHIBUTI
JEMEN
GEORGIEN
ARM.
RUSSLAND
ZENTRALAFR. REP.
Bari
Taranto
Reggio
Tiranë (Tirana)
Vlorë
Kérkyra
Skopje
Bitola
Plovdiv
Burgas
Edirne
Kavála
Komotini
Kozáni
Thessaloníki (Saloníki)
Çanakkale
Ioánnina
Lárisa
Karditsa
Pátra
Kórinthos
ATHÍNA (ATHEN)
Kalamáta
Chíos
Chaniá
Irákleio
Kreta
ISTANBUL
İzmit
Zonguldak
Sinop
Samsun
Trabzon
Suchumi
Kutaïssi
Poti
Batumi
TBILISI
Naltschik
Gümri
ERIWAN
BURSA
Edremit
Balıkesir
Eskişehir
ANKARA
Adapazarı
Çankırı
Kırıkkale
Çorum
Amasya
Sivas
Erzurum
Kars
Ararat 5165
Manisa
Uşak
İZMIR
Ephesos
Aydın
Denizli
Afyon
Tuzsee
Kızılırmak
Konya
Kayseri
Niğde
Malatya
Elâzığ
Vansee
Van
Khvoy
Isparta
Antalya
Kahramanmaraş
Diyarbakır
Siirt
Batman
Orūmiyeh
ADANA
Gaziantep
Şanlıurfa
Mersin
Tarsus
İskenderun
Taurus
Kurdistan
HALAB
Al-Hasakah
Al-Mawsil
Arbil
As-Sulaymānīyah
Kirkūk
Bākhtarān
Sāmarrā
Baqūbah
BAGHDAD
Ar-Ramādī
Karbalā
Al-Hillah
Babylon
An-Najaf
An-Nāsirīyah
Mesopotamien
Euphrat
Tigris
Lefkosía/Lefkoşa (Nikosia)
Lemesós
Al-Lādhiqīyah
Ar-Raqqah
Dayr az-Zawr
Hamāh
Tarābulus
Hims
BAYRŪT (BEIRUT)
DIMASHQ (DAMASKUS)
Hefa (Haifa)
Irbid
Tel Aviv-Yafo
Ammān
Yerushalayim/Al-Quds (Jerusalem)
Beer Sheva
Maān
Al-Aqabah
Arar
Sakākah
Rafhā
Banghāzī (Bengasi)
Al-Beydā
Al-Marj
Darnah
Tubruq
Große Syrte
Sulūq
As-Sider
Cyrenaica
Ajdābiyā
Salûm
Matrûh
EL-ISKANDARÎYA (ALEXANDRIA)
Damanhûr
Tanta
Dumyât
Bûr Saîd
Gaza
Suez-Kanal
Ismâilîya
Kattarasenke
EL-QÂHIRA (KAIRO)
EL-GÎZA
Es-Suweis
Helwân
El-Faiyûm
Beni Suef
Siwa
Awjilah
Al-Jaghbūb
Zaltan
Bawiti
El-Minya
Sinai
Elat
G. v. Suez
G. v. Akaba
2637
2350
Tabūk
An-Nafūd
Libysche Wüste
Tāzirbū
Asyût
Sohâg
El-Qasr
Qenâ
Hurghada
Quseir
El-Khârga
El-Uqsur (Luxor)
Theben
Idfu
Nil
Aswân (Assuan)
Nassersee
Al-Khufrah
Nördl. Wendekreis
Jabal al-Uwaynāt 1893
Hāil
Buraydah
Unayzah
Nedschd
AR-RIYĀD (RIAD)
Al-Wajh
Hedschas
Al-Madīnah (Medina)
Yanbu
Halaib
JIDDAH
Makkah (Mekka)
At-Tāif
Jabal Tuwayq
Wādi Halfa
Nubische Wüste
Auda 2259
Abu Hamed
Dongola
Port Sudan
Suakin
Merowe
Berber
Ed-Damer
Atbara
Tokar
Shendi
Wādi Howar
Wādi el Milk
Fada
Ennedi
OMDURMAN
Khartoum North
Khartoum (Khartum)
Kassala
Akurdet
Massawa
Asmara
Al-Bāhah
Khamīs Mushayt
Abhā
Najrān
Jīzān
Asir
Kamarān
Nabi Shuayb 3620
Sanā (Sanaa)
Marib
Al-Hudaydah
Dhamār
Al-Mukhā
Taizz
Adan (Aden)
Bab el-Mandeb
J. Mun 1309
El-Fasher
El-Geneina
J. Marra 3088
Nyala
En-Nahud
El-Obeid
Ed-Dueim
Sennar
Wad Medani
Gedaref
Kosti
Singa
1413 Ed-Dair
Aksum
Adwa
Mekele
Ras Dashen 4620
Gonder
Birao
El-Muglad
Kadugli
Weißer Nil
Blauer Nil
Ed-Damazin
Bahir Dar
Tanasee
Desē
Aseb
Obock
Djibouti (Dschibuti)
34/35
50/51
98/99

KASACHSTAN
Kunghirot
Nukus
USBEKISTAN
Kysylkum
KAS
Schymkent
Arys
Tienschan
KIRGISISTAN
Aksu
TOSCHKENT (TASCHKENT)
Naryn
Namangan
Andishon
Osch
Kukon
Chudshand
Farghona
Kashi (Kaschgar)
Syr-Darja
Urgantsch
Turtkul
Daschchowus
Amu-Darja
Kaspisches Meer
Machatschkala
Derbent
Sumqayıt
BAKI (BAKU)
Türkmenbaschi
Karakum
Shissach
Nawoi
Samarkand
Buchoro
Duschanbe
TADSCHIKISTAN
Wachsch
Pik Kommunismus 7495
Kongur 7719
Shache/Yarkant
CHINA
TURKMENISTAN
Nebitdag
Gysylarbat
Tschardshou
Karschi
Kurghonteppa
Pamir
Chorugh
Yecheng/Kargilik
Astara
Ardabīl
Kopetdag
Aschgabat
2942
Mary
Kerki
Termis
Feyzābād
Tāloqān
Hindukusch
Karakorum
K2 8611
Jammu
Gilgit
Skardu
Rasht
Sārī
Gonbad-e Kāvūs
Gorgān
Sabzevār
Elburs
5671
Demavend
Emāmshahr
MASHHAD
Mazār-e Sharīf
Kunduz
Baghlān
7690
Chitrāl
8125
Nanga Parbat
und
Qazvīn
Karaj
TEHRAN (TEHERAN)
Torbat-e Heydarīyeh
Guschgy
Meymaneh
Asadābād
Leh
Srīnagar
Kābul
Jalālābād
Islāmābād
Kaschmir
Indus
Qom
Qaleh-ye Now
5143
Peshāwar
Rawalpindi
Hamadān
Große Salzwüste
Herāt
Hari Rud
Ghaznī
Gardez
Bannu
Jhelum
Jammu
Himachal Pradesh
Arāk
Kāshān
AFGHANISTAN
Gujrānwāla
Sialkot
Borūjerd
IRAN
Helmand
Sargodha
Amritsar 6248
Khorramābād
ESFAHĀN (ISFAHAN)
Bīrjand
Kalāt
Dera Ismāīl Khān
LAHORE
Jalandhar
Zard Kūh 4548
Dezfūl
Farāh
Kandahār
FAISALĀBĀD
P.
Shimla
LUDH.
Masjed-e Soleymān
Yazd
Lashkar Gāh
Jhang
Chandigarh
Hāmūn-e Sāberī
Zaranj
Chaman
Multān
Sāhīwāl
Karnāl
Ahvāz
Zabol
Dera Ghāzī Kh.
Gangānagar
Hisār
Khorramshahr
Ābādān
Quetta
Bahāwalpur
Sutlej
H.
DELHI
New Delhi
Kermān
1264
Khānpur
158
KUWAIT
Al-Kuwayt (Kuwait)
Persepolis
Zāhedān
2457
Kalāt
Thar
Sīkar
Mina Saud
SHĪRĀZ
Sīrjān
Bam
Kūh-e Taftān 4042
Rahīmyār Khān
Bīkāner
Bandar-e Būshehr
Fasā
Sukkur
Khairpur
Phalodi
Rajasthan
Persischer Golf
Lār
Furgun 3280
Īrānshahr
Belutschistan
Lārkāna
Ajmer
JAIPUR
Jodhpur
Tonk
Al-Jubayl
Bandar-e Langeh
Bandar-e Abbās
Zābolī
Nawābshāh
Bārmer
975
Beāwar
Kota
Dammām
Al-Manāmah (Manama)
Golf
Str. v. Hormuz
Bela
Hyderābād
Mīrpur Khas
INDIEN
Dhahran
BAHRAIN
(zu Oman)
Sharjah
KATAR
Gwādar
KARĀCHI
Pātan
Udaipur
Ratlām
Ujjain
Al-Hufūf
Ad-Dawhah (Doha)
Dubai
Golf von Oman
Gujarat
Gāndhīnagar
AHMADĀBĀD
INDORE
M. Pr.
Abu Dhabi
Suhār
Bhuj
Kandla
Godhra
Haradh
VEREINIGTE ARAB. EMIRATE
Masqat (Maskat)
2980
Golf v. Kutch
Rājkot
VADODARA
Bharūch
Jāmnagar
Kathiawar
Nizwa
Sūr
Ras al-Hadd
Porbandar
Bhāvnagar
Jalgaon
Mālegaon
Jūnāgadh
1117
SŪRAT
Daman
Silvassa
Diu
D.
Daman und Diu
N.
1646
KALYĀN
MUMBAI (BOMBAY)
PUNE
Masirah
OMAN
Sātāra
Mahārāshtra
Sāngli
Ratnāgiri
Kolhāpur
Arabisches Meer
Dhofar
1463
Kuria-Muria-In.
Salālah
Goa
Panaji
Kartnātaka
Sayūn
Hadramaut
Al-Ghaydah
Al-Mukallā
Golf von Aden
Qādib
Sokotra
Amindiven
Lakshadweep
Lakkadiven
Kavaratti
K. Guardafui
Hafun
SOMALIA
50 H 55 J 60 K 65 L 70 M 75 N 80
1 40 2 35 3 30 4 25 5 20 6 15 7 10 8

64/65
70/71

A
B
34/35
32
36
1
2
3
98/99
T Ü R K
Taurus
Perge
Aspendos
Side
Serik
Antalya
Elmalı
3069
Bey-Geb.
Manavgat
Bucht von Antalya
Alanya
Akdağ
2720
Hadım
Ermenek
Göksu
Mut
Tarsus
Mersin
ADANA
Ceyhan
İskenderun
Erdemli
Karataş
B. v. İskenderun
Kırıkhan
Amik-see
Silifke
İncekum Burnu
Antakya
Samandağı
Orontes
Idlib
Gazipaşa
Anamur
Kap Anamur
Kaş
Kumluca
Finike
Yardımcı Burnu
Kastellórizo
GRIECHENLAND
K. Andreas
Dipkarpaz
K. Kormakíti
Girne
Lefkosía/Lefkoşa
(Nikosia)
Güzelyurt
K. Arnauti
Pólis
Troódos
Gazimağusa
(Famagusta)
Ólympos
1953
K. Greco
Lárnaka
Páfos
Lemesós (Limassol)
K. Gata
ZYPERN
Jisr ash-Shaghur
Al-Lādhiqīyah
(Latakia)
Jablah
Jabal as-Sāhilīyah
Bāniyās
1385
Masyāf
Ar-Rastān
Tartūs
Safita
Tall Kalakh
Tarābulus
(Tripoli)
Libanon
3083
LIBANON
Balabakk
Jūniyah
BAYRŪT
(BEIRUT)
Zahlah
Az-Zabdānī
Saydā
(Sidon)
DIMASHQ
(DAMASKUS)
Dūmā
Hermon
2814
Qatanā
Litani
Sūr
Al-Qunaytirah
Mittelmeer
Akko
Hefa
(Haifa)
Teverya
See Genezareth
Izra
As-Suwaydā
Nazerat
(Nazareth)
Ar-Ramtha
Darā
Caesarea
Jordan
Irbid
Netanya
Jenin
Al-Mafraq
Nāblus
Jarash
Tel Aviv-Yafo
Holon
Petah Tiqwa
As-Salt
Az-Zarqā
Ariha
(Jericho)
Ammān
Ramla
Ashdod
Yerushalayim/Al-Quds
(Jerusalem)
Ashqelon
Bet Lehem
Madaba
Totes Meer
Gaza
Al-Khalīl
(Hebron)
-401
Khân Yûnis
981
Al-Qatrānah
Beér Sheva
(Beersheba)
Al-Karak
Dimona
At-Tafīlah
Negev
1082
1035
1736
Petra
Al-Jafr
Wādī Mūsā
Maān
Ras an-Naqb
Elat
Tâba
Jabal Ramm
1754
Al-Aqabah
Al-Mudawwarah
G. v. Akaba
Haql
ISRAEL
JORDANIEN
Baltîm
Rashîd
(Rosetta)
Burullus-See
Dumyât
(Damietta)
Abû Qîr
EL-ISKANDARÎYA
(ALEXANDRIA)
Shirbîn
El-Manzala
Bûr Saîd
(Port Said)
Disûq
Kafr el-Sheikh
Kafr el-Dauwâr
Damanhûr
El-Mansûra
El-Arîsh
Hôsh Isa
El-Mahalla el-Kubra
El-Simbillâwein
Românî
Kafr el-Zaiyât
Zifta
El-Qantara
Suez-Kanal
Tanta
Fâqûs
Nasr
Zagazig
Ismâilîya
Shibîn el-Kôm
Benha
Bilbeis
Fâyid
1094
Wadi el-Arish
Shubrâ el-Khayma
Shibîn el-Qanâtir
Gr. Bittersee
ÄGYPTEN
EL-GÎZA
EL-QÂHIRA
(KAIRO)
El-Suweis
(Suez)
Wüste El-Tih
Pyramiden
Helwân
Nakhl
Saqqâra
Arabische Wüste
El-Aiyat
El-Saff
Sudr
Qarunsee
Golf von Suez
Sinnûris
H.-I. Sinai
Nil
Ibshawâi
El-Faiyûm
El-Wasta

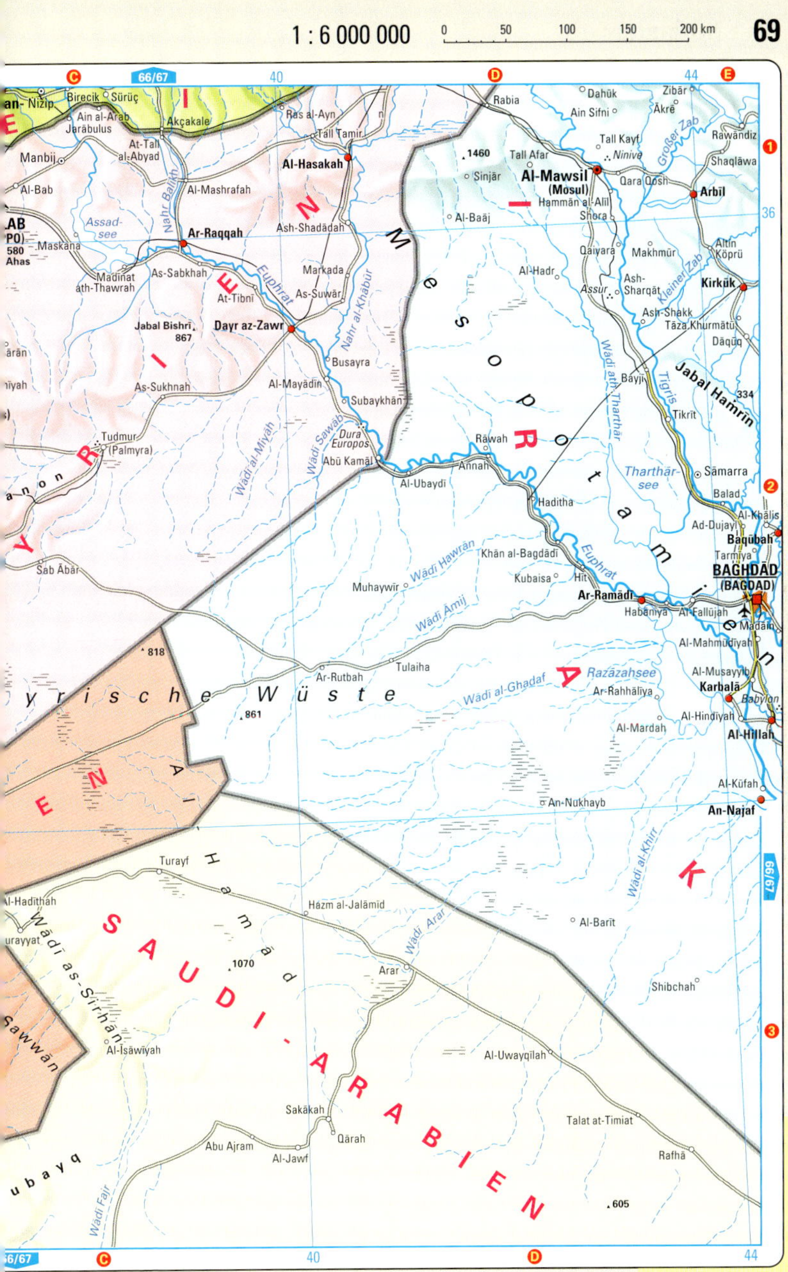
Syrische Wüste
Mesopotamien
SAUDI-ARABIEN
Al-Mawsil
(Mosul)
BAGHDĀD
(BAGDAD)
Arbīl
Kirkūk
Ar-Raqqah
Dayr az-Zawr
Al-Hasakah
Ar-Ramādī
Karbalā
Al-Hillah
An-Najaf
Baqūbah
Euphrat
Tigris
Großer Zab
Kleiner Zab
Tharthār-see
Razāzahsee
Assad-see
Jabal Hamrīn
Jabal Bishrī
Tudmur
(Palmyra)
Dura Europos
Ninive
Assur
Babylon
Sakākah
Al-Jawf
Arar
Turayf
Rafhā
Hazm al-Jalāmīd
Talat at-Timiat
Al-Uwayqīlah
Shibchah
Al-Barīt
An-Nukhayb
Ar-Rutbah
Tulaiha
Wādī Hawrān
Wādī Āmij
Wādī al-Ghadaf
Wādī al-Khirr
Wādī Arar
Wādī as-Sirhān
Wādī Fajr
Wādī Sawāb
Wādī al-Miyāh
Wādī ath-Tharthār
Nahr al-Khābūr
Nahr Balīkh
Hamād
Sawwān
66/67

IRAN
TEHRAN (TEHERAN)
MASHHAD
ESFAHAN (ISFAHAN)
SHIRAZ
Große Salzwüste
AFGHANISTAN
Kabul
Herat
Kandahar
PAKISTAN
Islamabad
Lahore
Karachi
Hyderabad
Quetta
Belutschistan
KUWAIT
BAHRAIN
KATAR
VEREINIGTE ARAB. EMIRATE
SAUDI-ARABIEN
OMAN
JEMEN
SOMALIA
Persischer Golf
Golf von Oman
Nördl. Wendekreis
Arabisches Meer
Golf von Aden
Sokotra
Lakshadweep
MALEDIVEN
INDISCHER

72/73
74/75
C H I N A
Tibet
Kunlun
Transhimalaya
Himalaya
Hotan
Muztag Feng 7723
Golmud
5730 Madoi
Ngoringsee
Linxia
5020
Baoji
Tianshui
Min Xian
Hanzhong
Wudu
Guangyuan
Zoigê
4720
Tuotuoheyan
6800
Huang He (Gelber Fluss)
Jangtsekiang
Yalong Jiang
Jialing Jiang
Yushu
Bazhong
Mianyang
Nanchong
Suining
CHENGDU
Hechuan
Neijiang
Ya'an
Kangding
Leshan
Zigong
Yibin
Luzhou
Gongga Shan 7556
Nganglong Kangri 6596
Gêrzê
6300
6230
Naggu
Salween
Qamdo
Garzê
Batang
Mekong
Gar
Kangrinboqê (Kailasch) 6714
6355
7111
7755
Paryang
Saga
Xigazê
Lhasa
Nyingchi
Brahmaputra
Gyangzê
Junlian
Zhaotong
Zhongdian
Xichang
Lijiang
Panzhihua
Panxian
Qujing
Xingyi
4816
Jianchuan
Dali
KUNMING
Chuxiong
Yiliang
Baoshan
Yuxi
Lincang
Shiping
Kaiyuan
Yuanjiang
Gejiu
Mengzi
Simao
Phongsali
3143
VIETNAM
Dien Bien
Lao Cai
Dehra Dun
Saharanpur
Moradabad
Rampur
Bareilly
Shahjahanpur
Sitapur
Aligarh
New Delhi
LUCKNOW
Faizabad
KANPUR
Jaunpur
Gorakhpur
Uttar Pradesh
Ganges
Yamuna
Allahabad
Mirzapur
Varanasi (Benares)
Ara
Patna
Gaya
Bihar
Darbhanga
Katihar
Muzaffarpur
Munger
Bhagalpur
Rajshahi
Baharampur
Dhanbad
Asansol
Ranchi
Barddhaman
Jamshedpur
West-bengalen
CALCUTTA (KALKUTTA)
Kharagpur
Raurkela
Murwara
Jabalpur
BHOPAL
Shahdol
Madhya Pradesh
Bilaspur
Gondia
Raipur
Sambalpur
Mahanadi
Bhilainagar
NAGPUR
Wardha
Orissa
Bhubaneshwar
Cuttack
Puri
Baleshwar
Chandrapur
Jagdalpur
Brahmapur
Nanded
Nizamabad
Warangal
Godavari
1680
Devodi Munda
Vizianagaram
Visakhapatnam
Rajahmundry
Yanam Pondicherry
Vijayawada
Guntur
Machilipatnam
Krishna
Andhra Pradesh
Proddatur
Nellore
CHENNAI (MADRAS)
Kolar
Vellore
Pondicherry Pondicherry
Karaikal Pondicherry
Thanjavur
Tiruchchirappalli
Tamil Nadu
Madurai
Palk-Str.
Jaffna
Trincomalee
G. v. Mannar
Tuticorin
Anuradhapura
Batticaloa
Kandy
SRI LANKA
Negombo
2524 Pidurutalagala
Colombo
Sri Jayawardenepura
Ceylon
Galle
Matara
K. Dondra
NEPAL
Mustang
Dhaulagiri 8167
Pokhara
Mt. Everest 8850
Kathmandu
Biratnagar
Sikkim
Gangtok
Punakha
BHUTAN
Thimphu
Itanagar
Arunachal Pradesh
Tinsukia
Dibrugarh
Jorhat
Tezpur
Nagaland
Guwahati
Shiliguri
Assam
Dispur
Shillong
Meghalaya
Kohima
Imphal
Manipur
Rangpur
Sylhet
Mymensingh
BANGLADESCH
DHAKA
Tripura
Agartala
Comilla
Khulna
Mizoram
Aizawl
CHITTAGONG
Cox's Bazar
Putao
Singkaling Hkamti
Myitkyina
Bhamo
Katha
Lashio
Kalemyo
Ye-u
Shwebo
Falam
Monywa
Mandalay
Myingyan
Keng Tung
2604
Arakan-Geb.
MYANMAR
Taunggyi
Loi-Kaw
Sittwe
Kyaukpyu
Ramree
Cheduba
Thandwe
Pyinmana
Toungoo
Irrawaddy
Pyay
Henzada
Bago (Pegu)
Thaton
Pathein
YANGON (RANGUN)
Mawlamyine (Moulmein)
G. v. Martaban
K. Negrais
Ye
LAOS
Mekong
Xam Nua
Louangphrabang
Phou Bia 2817
Chiang Rai
Phayao
Chiang Mai
Viangchan (Vientiane)
Lampang
Nong Khai
Udon Thani
Hot 2012
Thanon Thong Chai
Phitsanulok
Khon Kaen
Tak
THAILAND
Nakhon Sawan
Bua Yai
Nakhon Ratchasima
Chao Phraya
Sara Buri
KRUNG THEP (BANGKOK)
Dawei
1679
Phetchaburi
Chanthaburi
Mergui
Chang
Mergui-Inseln
Prachuap Khiri Khan
Golf von Thailand
Chumphon
Phangan
Samui
Surat Thani
Nakhon Si Thammarat
Phuket
Trang
Hat Yai
Pattani
Kangar
Alor Setar
Pinang
MALAYSIA
Taiping
Ipoh
Straße v. Malakka
MEDAN
Langsa
Sumatra
Sigli
Banda Aceh
INDONESIEN
Meulaboh
Leuser 3404
Golf von Bengalen
Andamanen
732
Port Blair
Andamanensee
Andamanen und Nikobaren
Katchall
Nikobaren
Great Nicobar
OZEAN
80
85
90
95
100
105
H
J
K
L
M
N
G
30
25
20
15
10
5
2
3
4
5
6
7
8

A
B
C
D
E
F
G
64/65
60/61
70/71
74/75
Leningor
Öskemen
Syrjan
KASACHSTAN
Aktasch
Belucha
4506
4374
Tschadan
Kysyl
Kl. Jenissej
Munku-Sardyk
3491
Angarsk
Irkutsk
Baikalsee
Ulan-Ude
Tschita
Samagaltai
Chöwsgöl
Turt
Sljudjanka
Sakamensk
Kjachta
Chilok
Olowjannaja
Ulaangom
Uws Nuur
Nogoonnuur
Ölgij
Altay
Saissansee
Irtysch
Chowd
Chjargas Nuur
Mörön
Süchbaatar
2523
Manzhou
Hulun Nur
Char-Us Nuur
Dsawchan
Uliastaj
Selenga
Bulgan
Erdenet
Darchan
2751
Fuyun
4362
3905
Zezerleg
Ulaanbaatar
(Ulan-Bator)
Onon
Tschojbalsan
Karamay
Kerulen
Öndörchaan
Altaj
Arwajcheer
Kuytun
Shihezi
ÜRÜMQI
(URUMTSCHI)
Mandalgow
Turpan
(Turfan)
Turfansenke
-154
Yanqi
Korla
Hami/Kumul
Karlik
4925
3957
Gobi-Altai
Sajnschand
Dalandsadgad
Erenhot
Xilinhot
Tarim
Gaxunsee
Sonid Youqi
Lop-Nur
2792
Ejin Qi
Bayan Obo
2250
Ruoqiang/Qarkilik
Anxi
Wüste Badain Jaran
Linhe
BAOTOU
Jining
Zhangjiakou
Altun Shan
5400
Aksay
Xorkol
Yumen
Jiuquan
Hohhot
Xuanhua
BEIJING
(PEKING)
DATONG
TIANJIN
Chengde
Qaidambecken
5808
5934
Zhangye
2149
Wuhai
Huang He (Gelber Fluss)
Muztag Feng
7723
Qilian Shan
Yinchuan
Jinchang
Wuwei
Lingwu
Yulin
Baoding
Xinzhou
SHIJIAZHUANG
Kunlun
Golmud
Qinghai
Gantang
Haiyan
Xining
Zhongning
Suide
TAIYUAN
Yangquan
Huangyuan
Jingyuan
LANZHOU
Yan'an
Pingyao
Xingtai
Dezhou
HANDAN
JINAN
5730
Madoi
Linxia
Dingxi
Pingliang
Changzhi
Anyang
Houma
Puyang
Tongchuan
Jiaozuo
2359
Xinxiang
Tuotuoheyan
Ngoringsee
5020
Tianshui
Wei
Xianyang
Kaifeng
6800
Jangtsekiang
Huang He (Gelber Fluss)
Min Xian
Baoji
Sanmenxia
ZHENGZHOU
Tibet
Yushu
Yalong Jiang
3767
XI'AN
LUOYANG
Zoigê
Jialing Jiang
Wudu
Qin Ling
Pingdingshan
Xuchang
Suzhou
6230
Nanyang
Luohe
Fuyang
Nagqu
Hanzhong
Guangyuan
4720
Ankang
Shiyan
Queshan
HUAINAN
Salween
Qamdo
7111
Garzê
Mekong
Min Jiang
Mianyang
Bazhong
Xiangfan
Xinyang
HEFEI
Transhimalaya
Xigazê
Nanchong
Jingmen
Xiaogan
Lhasa
CHENGDU
Wanxian
1751
Anqing
Batang
Ya'an
Suining
Yichang
WUHAN
Nyingchi
7755
Kangding
Hechuan
Shashi
Huangshi
Gyangzê
Brahmaputra
Gongga Shan
7556
Leshan
Neijiang
Enshi
Jianli
Punakha
Jinshi
Jiujiang
BHUTAN
Arunachal Pradesh
Zigong
Fuling
Dayong
Dongtingsee
Poyangsee
Thimphu
Itanagar
Yibin
CHONGQING
Changde
NANCHANG
Dibrugarh
Zhongdian
Luzhou
Tinsukia
INDIEN
Tezpur
Brahmaputra
Assam
Xichang
Junlian
Tongzi
Yuanling
Yiyang
CHANGSHA
Jorhat
Putao
Zunyi
Huaihua
Xiangtan
Yichun
Guwahati
Dispur
4816
Lijiang
Zhaotong
1835
Loudi
Zhuzhou
Linchu
N.
Meghalaya
Shillong
Singkaling Hkamti
Shaoyang
Kohima
Jianchuan
Panzhihua
GUIYANG
Zhenyuan
Hongjiang
Hengyang
Ji'an
Mym.
Myitkyina
Jing Xian
BANGLA-
Sylhet
Dali
Anshun
Kaili
Leiyang
Man.
Imphal
Panxian
Quanzhou
DHAKA
KUNMING
Qujing
Duyun
Guilin
Chenzhou
Dayu
Ganzhou
Tr.
Aizawl
Baoshan
Chuxiong
Xingyi
Rong'an
Comilla
Agartala
Katha
1929
Longyan
Miz.
Bhamo
Lincang
Yuxi
Yiliang
Hechi
Lipu
Shaoguan
DESCH
Kalemyo
Nanpan Jiang
Yishan
Hexian
Meizhou
Ye-u
Lashio
Shiping
Kaiyuan
Liuzhou
Zhangzhou
Falam
Yuanjiang
Gejiu
Bose
Wuzhou
Longchuan
Chaozhou
Shwebo
Roter Fl.
Mengzi
Binyang
CHITTAGONG
Monywa
Salween
Simao
Litang
Zhaoqing
GUANGZHOU
(KANTON)
Shantou
Myingyan
Mandalay
Lao Cai
NANNING
Yulin
Xi Jiang
Foshan
Cox's Bazar
3143
Thai Nguyên
Pingxiang
Qinzhou
Jiangmen
Shenzhen
MYANMAR
2604
Phôngsali
Schw. Fl.
Phu Tho
Lang Son
Beihai
Maoming
Aomen
(Macau)
XIANGGANG
(HONGKONG)
Irrawaddy
Keng Tung
Điên Biên
VIETNAM
HA NÔI
(HANOI)
Golf von Tonking
Sittwe
Taunggyi
LAOS
Hai Phong
Zhanjiang
Kyaukpyu
Pyinmana
Loi-Kaw
Mekong
Xam Nua
H.-I. Leizhou
Südchinesisches Meer
Ramree
Chiang Rai
THAILAND
2499
Nam Đinh
Cheduba
Pyay
Xuwen
Haikou
Thandwe
Toungoo
Phayao
Louangphrabang
Thanh Hoa
Hainan
Ulaanbaatar
MONGOLEI
Changai
Altai
Gobi
Innere
CHINA
RUSSLAND

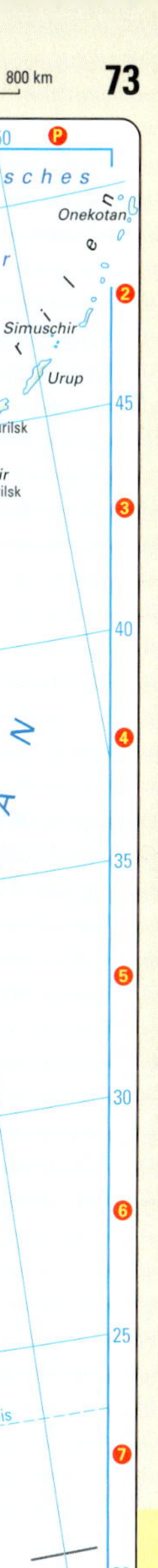

MYANMAR
Kyaukpyu
Ramree
Cheduba
Thandwe
Pyinmana
Loi-Kaw
Toungoo
Pyay
Irrawaddy
Salween
Henzada
Bagu (Pegu)
Pathein
YANGON (RANGUN)
Thaton
G. v. Martaban
K. Negrais
Mawlamyine (Moulmein)
Ye
Dawei
Andamanen
732
Mergui-Inseln
Mergui
INDIEN
Katchall
Nikobaren
Andamanensee
Chiang Rai
Phayao
Chiang Mai
Lampang
Thanon-Thong Chai
Hot
2012
Tak
Phitsanulok
Udon Thani
Nong Khai
Nakhon Phanom
THAILAND
Khon Kaen
Nakhon Sawan
Chao Phraya
Bua Yai
Ubon Ratchathani
Nakhon Ratchasima
Sara Buri
KRUNG THEP (BANGKOK)
Phetchaburi
Chanthaburi
Chang
Prachuap Khiri Khan
Golf v. Thailand
Chumphon
Phangan
Samui
Surat Thani
Nakhon Si Thammarat
Phuket
Trang
Hat Yai
Pattani
Mekong
Xam Nua
Louangphrabang
Phou Bia
2817
Viangchan (Vientiane)
LAOS
Khanthabouli
Pakxé
Phumi Sâmraông
Angkor
Siĕmréab
Tônlé Sap
Stoeng Trêng
Bătdâmbâng
1679
KAMBODSCHA
Krâchéh
1813
Pouthisăt
Phnum Penh (Phnom Penh)
Kâmpôt
Kâmpóng Saôm
Long Xuyên
Rach Gia
Cân Tho
Tra Vinh
Ca Mau
K. Ca Mau
Côn Đao
HÀ NÔI (HANOI)
2499
Hai Phong
Nam Đinh
Thanh Hoa
Golf von Tonking
Vinh
Đông Hơi
Truong Son
Huê
Đă Nâng
Ngoc Linh
2598
Quang Ngai
VIETNAM
Quy Nhơn
Sông Câu
Buôn Ma Thuôt
Đa Lat
Nha Trang
Cam Ranh
Biên Hoa
Phan Thiêt
HÔ CHI MINH (SAIGON)
My Tho
Zhanjiang
H.-I. Leizhou
Xuwen
Haikou
Hainan
Dongfang
Wuzhi Shan
1867
Wanning
Sanya
CHINA
Paracel-In. (China)
Südchinesisches Meer
Puerto Princesa
Palawan
2085
K. Buliluyan
Balabac
K. Sempang Mangayau
Kota Kinabalu
Kinabalu
4101
Labuan
Bandar Seri Begawan
BRUNEI
Sapulut
Tawau
Miri
Bintulu
Sibu
Kuching
Rajang
Iran-Geb.
Tanjungredeb
2988
Kalimantan (Borneo)
Samarinda
Bukit Raya
2278
Nangapinoh
Sukadana
Ketapang
Pontianak
Singkawang
Tambelan-In.
Natuna Besar
Natuna-In.
Subi Besar
Anambas-In.
Mahakam
Balikpapan
Muarateweh
Palangkaraya
Tanjung
Sampit
1892
Kotabaru
Banjarmasin
Südkap
Laut
MALAYSIA
Kota Baharu
H.-I. Malakka
Kuala Terengganu
Kangar
Alor Setar
Pinang (George Town)
Taiping
Ipoh
Tahan
2187
Kuantan
KUALA LUMPUR
Kelang
Seremban
Melaka
Str. v. Malakka
Johor Baharu
Riau-In.
SINGAPUR
SINGAPORE (SINGAPUR)
Bengkalis
Banda Aceh
Sigli
Meulaboh
Langsa
Leuser
3404
MEDAN
Simeulue
Pematangsiantar
Toba-see
Rantauprapat
Banyak-In.
Sibolga
Nias
Sumatra
Pini
Tanahmasa
Batu-In.
Tanahbala
Siberut
Muarasiberut
Sipora
Pagai Utara
Pagai Selatan
Mentawai-In.
Pekanbaru
Bukittinggi
Padang
Solok
Rengat
Indragiri
Kelume
Lingga-In.
Kerinci
3805
Barisan-Geb.
Jambi
Bangka
Pangkalpinang
Karimata-In.
Karimata-Str.
Tanjungpandan
Belitung
Kap Sambar
PALEMBANG
Tebingtinggi
Bengkulu
Baturaja
Manna
Enggano
Krui
Bandar Lampung
K. Rata
Merak
813
Rakata (Krakatau)
K. Cangkuang
JAKARTA
Bogor
Sukabumi
Cirebon
BANDUNG
Tegal
Cilacap
3428
Peka-longan
SEMARANG
Karimunjawa-In.
Magelang
Yogyakarta
Surakarta
Madiun
Kediri
Malang
3676
Semeru
SURABAYA
Probolinggo
Madura
Sumenep
Bawean
Javasee
Masalembo Besar
Kangean-In.
Bali
Banyuwangi
Denpasar
Lombok
3726
Mataram
Sumbawa
UJUNG PANDANG (MAKASSAR)
Sabalana
Makassar
INDONESIEN
Java
Kokosinseln (austr.)
Weihnachtsinsel (austr.)
INDISCHER OZEAN
Cala
72/73
70/71

Philippinen-meer
PHILIPPINEN
Luzon
MANILA
Mindanao
DAVAO
Cebu
Samar
Negros
Panay
PALAU
Karolinen
MIKRONESIEN
Nördliche Marianen (USA)
Guam (USA)
Agaña
PAZIFISCHER OZEAN
Marianen
Saipan
Tinian
Rota
Okino Tori (Jap.)
Ulithi-Atoll
Yap-In.
Colonia
Ngulu-Atoll
Ngcheangel
Babeldaob
Oreor (Koror)
Pulo Anna
Tobi
Helenriff
Halmahera
Morotai
Ternate
Molukkensee
Seramsee
Seram
Ambon
Buru
Bandasee
Arafurasee
Timorsee
Sawusee
Osttimor
Dili
Flores
Kupang
Timor
Sulawesi (Celebes)
Manado
Gorontalo
Doberai
Manokwari
Sorong
Biak
Yapen
Jayapura
Maoke-Geb.
Puncak Jaya
4884
Neuguinea
PAPUA-NEUGUINEA
Merauke
Aru-In.
Tanimbar-In.
Kai-In.
Melville-I.
Darwin
AUSTRALIEN
Kap Wessel
Kap Arnhem
Äquator
INDONESIEN
Celebessee
Floressee
Sulusee
Zamboanga
Cotabato
General Santos
Kap San Agustin
Talaud-In.
Sangihe
Misool
Salawati
Waigeo
Bacan
Obi
Wetar
Alor
Lomblen
Sawu
Roti
Yos Sudarso
Vanimo
Fly
Digul
Mamberamo
84/85
86/87

Australien und Ozeanien im Überblick

1 Kap York ist mit 10° 40′ südlicher Breite der nördlichste Punkt des australischen Festlandes.

2 Der Kakadu-Nationalpark im Arnhemland Nordaustraliens ist reich an Felsmalereien der Aborigines zur Geister- und Ahnenverehrung.

3 Westaustralien wird mitunter auch als Bergbaustaat bezeichnet. Eine diesbezüglich besonders stürmische Entwicklung setzte mit der Ausweitung des Eisenerzbergbaus in der Pilbara-Region in den 60er Jahren des 20. Jh. ein.

4 Die Besiedlung Australiens durch die Aborigines begann bereits vor 50000 Jahren. Heute liegt ihr Bevölkerungsanteil bei etwa 1,5%.

5 Mit seinen 2500 km Länge ist das Great Barrier Reef das längste und größte Korallenriff der Erde. Schmale, aber tiefe Rinnen gestatten der Schiffahrt den Zugang zur Küste.

6 Das Outback Australiens wird mitun auch als sein Totes Herz bezeichnet Zur medizinischen Versorgung der Outback lebenden Menschen wurd 1928 der Royal Flying Doctor Servic ins Leben gerufen, der durch den Einsatz von Flugzeugen bei ernster Erkrankungen eine schnelle ärztlich Hilfe möglich macht.

7 Alice Springs mit seinen heute mehr als 20000 Einwohnern ist das Herz des australischen Outbacks.

⑤ Ayers Rock

⑥ Zentralaustralien

⑦ Känguru

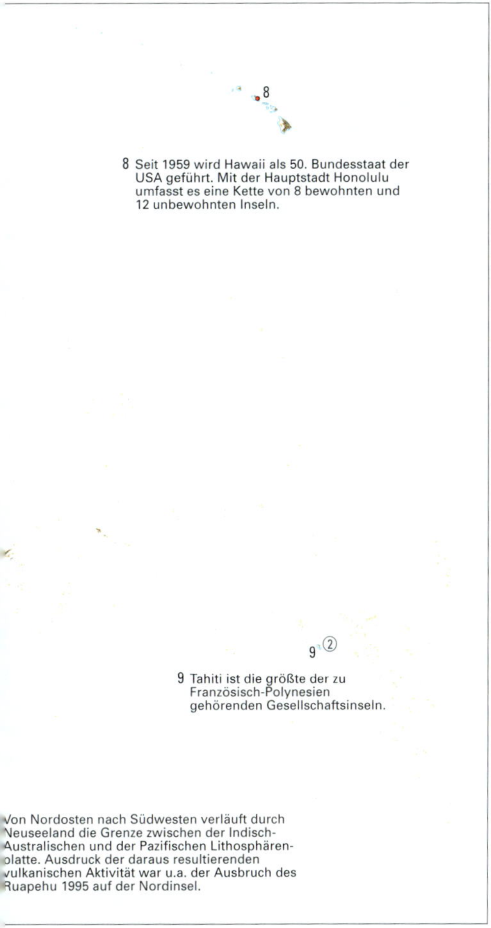

8 Seit 1959 wird Hawaii als 50. Bundesstaat der USA geführt. Mit der Hauptstadt Honolulu umfasst es eine Kette von 8 bewohnten und 12 unbewohnten Inseln.

9 ②

9 Tahiti ist die größte der zu Französisch-Polynesien gehörenden Gesellschaftsinseln.

Von Nordosten nach Südwesten verläuft durch Neuseeland die Grenze zwischen der Indisch-Australischen und der Pazifischen Lithosphärenplatte. Ausdruck der daraus resultierenden vulkanischen Aktivität war u.a. der Ausbruch des Ruapehu 1995 auf der Nordinsel.

① Regenwald

② Tahiti

③ Maori Marae, Rotorua

④ Geothermalfeld Weirakei

Schaffarm

⑨ Sydney

⑩ Canterbury Plain

CHINA
FUZHOU
TAIPEH
Taiwan-Str.
Ryukyu-In.
Naha
JAPAN
Daito-In.
Bonin-In.
Vulkan-In.
(Japan)
Minami Tori (Marcus-I.)
Xi Jiang
KANTON
Shantou
TAIWAN
HONGKONG
Macau
Okino Tori (Japan)
Hainan
Nördliche Marianen (USA)
Paracel-In. (China)
Südchinesisches Meer
MANILA
Luzon
Saipan
Agaña
Guam (USA)
PAZIFIK
PHILIPPINEN
Mindoro
Samar
Panay
Cebu
Negros
Palawan
Mindanao
DAVAO
Sulusee
Zamboanga
Sulu-In.
Yap-In.
Palau-In.
Koror
PALAU
Chuuk-In.
Weno
Pohnpei
Palikir
MARS
Enew At
Mikronesien
Karolinen
MIKRONESIEN
Kosr
Bandar Seri Begawan
BRUNEI
MALAYSIA
Sangir-In.
Manado
Molukkensee
Halmahera
Melanesien
Biak
Admiralitäts-In.
Borneo (Kalimantan)
Samarinda
Makassar-Str.
Celebes (Sulawesi)
Molukken
Seram
Ambon
Buru
Jayapura
Neuguinea (Irian)
Sepik
Bismarck-archipel
Rabaul
Neuirland
Banjarmasin
INDONESIEN
PAPUA-NEUGUINEA
Bougainville
Choiseul
Kai-In.
Aru-In.
Neubritannien
Lae
Salomonensee
Salomonen
Santa Isa
Buton
UJUNG PANDANG
Bandasee
Javasee
Tanimbar-In.
Fly
Port Moresby
Honiara
Guadalcanal
SEMARANG
Madura
SURABAYA
Kleine Sunda-Inseln
Dili
Osttimor
Yos Sudarso
Arafurasee
Torresstr.
Kap York
Java
Bali
Denpasar
Flores
Sumba
Timor
Melville-I.
Louisiade-Arch.
K. Arnhem
Kap-York-H.-I.
Ashmore- und Cartier-In. (austr.)
Darwin
Timorsee
Carpentariagolf
Groote Eylandt
Korallenmeer
Es
Cairns
Korallenmeer-In. (austr.)
Derby
Fitzroy
Townsville
Chesterfield-In.
Flinders
Mount Isa
Mackay
Port Hedland
Neukaledor
Rockhampton
Nordwestkap
Alice Springs
Fraser-I.
AUSTRALIEN
Cooper
BRISBANE
Carnarvon
Gold Coast
INDISCHER OZEAN
Lord-Howe-I. (Austr.)
Port Augusta
Broken Hill
Darling
Geraldton
Ceduna
Newcastle
SYDNEY
Wollongong
Große Australische Bucht
ADELAIDE
Murray
PERTH
Canberra
Känguru-I.
Geelong
MELBOURNE
Kap Leeuwin
Albany
Tasmansee
King-I.
Bass-Str.
Tasmanien
Hobart
Südostkap
Stewart
Südwestkap
Auc
110 120 130 150 160
100 110 120 130 140 150 160
20 10 0 10 20 30 40

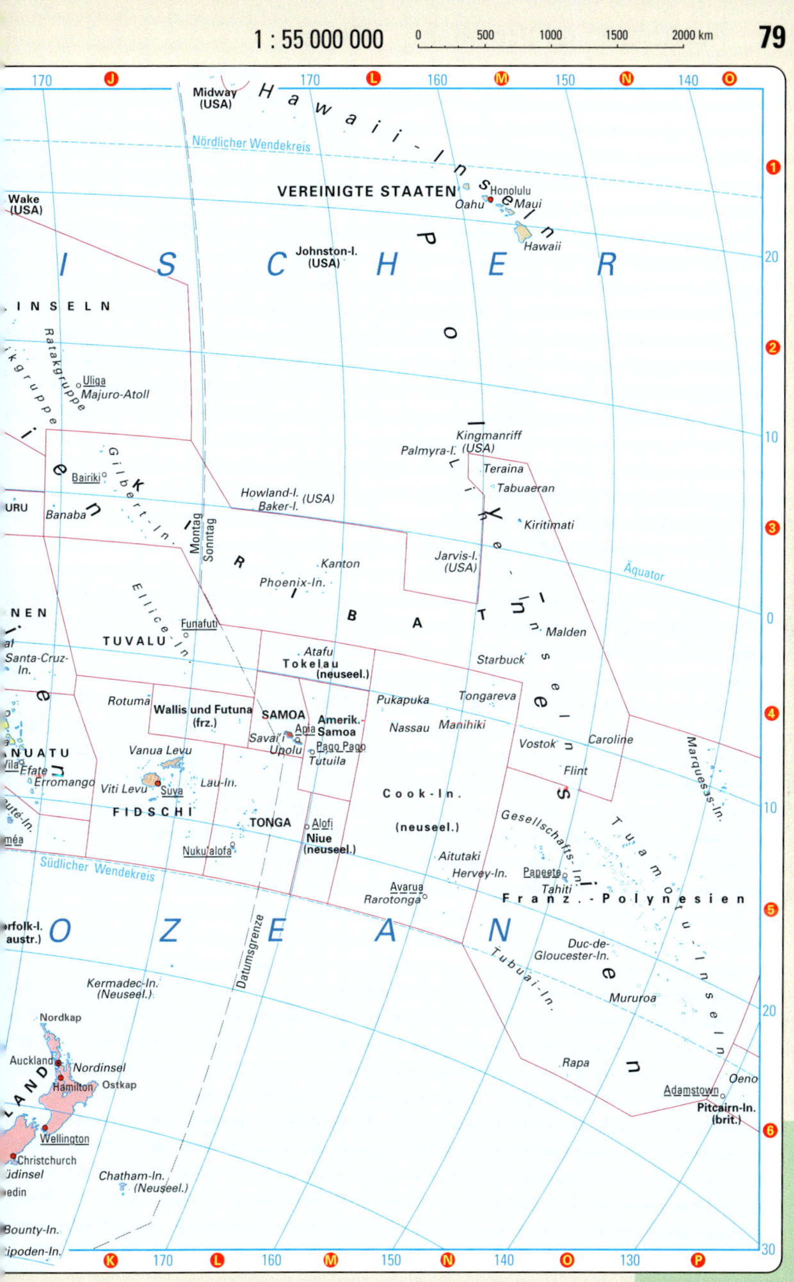
Midway (USA)
Hawaii-Inseln
Nördlicher Wendekreis
VEREINIGTE STAATEN
Honolulu
Oahu
Maui
Hawaii
Wake (USA)
Johnston-I. (USA)
INSELN
Ratakgruppe
Uliga
Majuro-Atoll
Kingmanriff (USA)
Palmyra-I.
Teraina
Tabuaeran
Gilbert-In.
Bairiki
Howland-I. (USA)
Baker-I.
URU
Banaba
Montag
Sonntag
Kiritimati
Line-Inseln
Kanton
Jarvis-I. (USA)
Phoenix-In.
Äquator
KIRIBATI
Ellice-In.
Funafuti
TUVALU
Malden
Atafu
Tokelau (neuseel.)
Starbuck
Santa-Cruz-In.
Rotuma
Wallis und Futuna (frz.)
SAMOA
Amerik.-Samoa
Pukapuka
Tongareva
Apia
Savai'i
Upolu
Pago Pago
Tutuila
Nassau
Manihiki
Vostok
Caroline
Marquesas-In.
VANUATU
Vila
Efate
Erromango
Vanua Levu
Viti Levu
Suva
Lau-In.
Flint
Cook-In. (neuseel.)
FIDSCHI
TONGA
Alofi
Niue (neuseel.)
Gesellschafts-In.
Tuamotu-Inseln
Südlicher Wendekreis
Nuku'alofa
Aitutaki
Hervey-In.
Papeete
Tahiti
Avarua
Rarotonga
Franz.-Polynesien
Norfolk-I. (austr.)
PAZIFISCHER OZEAN
Datumsgrenze
Duc-de-Gloucester-In.
Tubuai-In.
Kermadec-In. (Neuseel.)
Mururoa
Nordkap
Auckland
Nordinsel
Hamilton
Ostkap
Rapa
Oeno
Adamstown
Pitcairn-In. (brit.)
NEUSEELAND
Wellington
Christchurch
Südinsel
Dunedin
Chatham-In. (Neuseel.)
Bounty-In.
Antipoden-In.
170 160 150 140 130
J K L M N O P
1 2 3 4 5 6
20 10 0 10 20 30

FUZHOU
TAIPEH
Ryukyu-In.
Naha
Daito-In.
Bonin-In.
Vulkan-In.
Minami Tori (Marcus-I.)
KANTON
Shantou
3952
Taiwan (Formosa)
HONGKONG
Macau
Okino Tori
Hainan
1879
Luzon
2929
Paracel-In.
MANILA
Mindoro
Saipan
Guam
Witjas-Tiefe 11035
Südchinesisches Meer
Philippinen
Samar
10497
Panay
Cebu
Negros
Palawan
Sulusee
Zamboanga
Apo 2954
DAVAO
Mindanao
Yap-In.
Palau-In.
Chuuk-In.
Pohnpei
Enewetak Atoll
Kinabalu 4101
Bandar Seri Begawan
Sulu-In.
Sangir-In.
Manado
Halmahera
Biak
Borneo
2988
2278 Samarinda
(Kalimantan)
Banjarmasin
Makassar-Str.
3311
Celebes (Sulawesi)
3455
Molukkensee
Molukken
Seram
Buru
Ambon
Buton
UJUNG PANDANG
Bandasee
Kai-In.
Aru-In.
Tanimbar-In.
Yos Sudarso
Arafurasee
Jayapura
Admiralitäts-In.
Bismarck-Archipel
Rabaul
Neuirland
Sepik
Puncak Jaya 4884
Maoke-Geb.
Neuguinea (Irian)
Mt. Wilhelm 4509
Lae
Neubritannien
Fly
Mt. Victoria 4073
Port Moresby
Torres-Str.
Kap York
Salomonensee
9140
2685
Bougainville
Choiseul
Santa Isabel
Guadalcanal
2331
Salomonen
Louisiade-Archipel
Javasee
SEMARANG
Madura
Kleine Sunda-Inseln
SURABAYA
Semeru
3676
3726
2851
Java
Bali
Denpasar
Flores
Kupang
Timor
Sumba
Melville-I.
Darwin
Kap Arnhem
Carpentariagolf
Kap-York-H.-I.
Timorsee
Arnhemland
Groote Eylandt
Großes Barriereriff
Korallenmeer
Cairns
1622
Derby
Fitzroy
Flinders
Townsville
Mount Isa
Mackay
Chesterfield-In.
Neukaledonien
Port Hedland
Rockhampton
1531
Macdonnellkette
Alice Springs
Nordwestkap
Great Dividing Range
1253
Ayers Rock
867
1435
Fraser-I.
Cooper
BRISBANE
Gold Coast
Carnarvon
Eyresee -12
Gr. Victoriawüste
1615
Lord-Howe-I.
Broken Hill
1189
Darling
Geraldton
Nullarborebene
Ceduna
Port Augusta
Newcastle
SYDNEY
Wollongong
Große Australische Bucht
Murray
Canberra
PERTH
ADELAIDE
Mt. Kosciusko 2228
Austral. Alpen
Känguru-I.
Geelong
MELBOURNE
Kap Leeuwin
Albany
Tasmansee
King-I.
Bass-Str.
5671
5267
1617
Tasmanien
Hobart
Südostkap
INDISCHER OZEAN
PAZIFIK
Mikronesien
Karolinen
Melanesien
Stewart
Südwestkap
Auckland

Midway-In.
Hawaii-Inseln
Nördlicher Wendekreis
Honolulu
Oahu
Maui
Mauna Kea
4205
Hawaii
Wake
Johnston-I.
Marshall-inseln
Ratakgruppe
Majuro-Atoll
Gilbert-In.
Banaba
Howland-I.
Baker-I.
Montag
Sonntag
Kanton
Phoenix-In.
Kingmanriff
Palmyra-I.
Teraina
Tabuaeran
Kiritimati
Jarvis-I.
Line-Inseln
Äquator
Malden
Starbuck
Ellice-In.
Funafuti-Atoll
Atafu
Tokelau-In.
Santa-Cruz-In.
Rotuma
Wallis-In.
Futuna
Nördl. Cook-In.
Pukapuka
Tongareva
Nassau
Manihiki
Vostok
Caroline
Flint
1858
Savai'i
Upolu
Samoa-In.
Tutuila
Suwarrow
Marquesas-In.
Neue Hebriden
Vanua Levu
Erromango
Viti Levu
Suva
Lau-In.
Fidschi-In.
Tonga- (Freundschafts-) In.
Niue
Gesellschafts-In.
Tuamotu-Inseln
Südl. Cook-In.
Aitutaki
Hervey-In.
Papeete
2241
Tahiti
Südlicher Wendekreis
5303
10882
Rarotonga
6041
7316
7686
6325
PAZIFISCHER OZEAN
Datumsgrenze
Duc-de-Gloucester-In.
Tubuai-In.
Mururoa
Kermadec-In.
10047
1088
Nordkap
Auckland
Nordinsel
Hamilton
Ostkap
Ruapehu
2797
Wellington
Christchurch
Südinsel
Chatham-In.
Rapa
Bass-In.
Oeno
Pitcairn
Maria-Theresa-Riff
Bounty-In.
Norfolk-I.
Höhenschichten
4000 m
2000 m
1000 m
500 m
200 m
0 m
Depression
Meerestiefen
200 m
2000 m
4000 m
6000 m
8000 m
Korallenriff

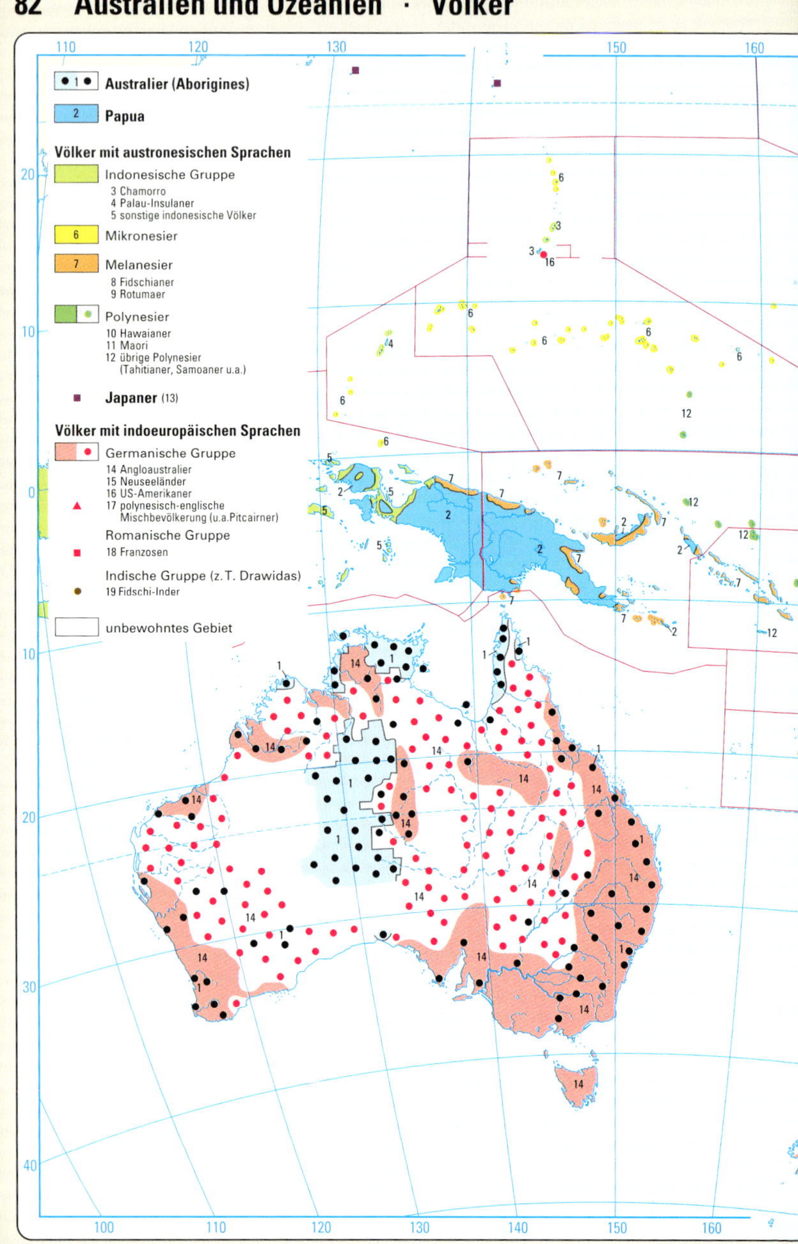
1 Australier (Aborigines)
2 Papua
Völker mit austronesischen Sprachen
Indonesische Gruppe
3 Chamorro
4 Palau-Insulaner
5 sonstige indonesische Völker
6 Mikronesier
7 Melanesier
8 Fidschianer
9 Rotumaer
Polynesier
10 Hawaianer
11 Maori
12 übrige Polynesier (Tahitianer, Samoaner u.a.)
Japaner (13)
Völker mit indoeuropäischen Sprachen
Germanische Gruppe
14 Angloaustralier
15 Neuseeländer
16 US-Amerikaner
17 polynesisch-englische Mischbevölkerung (u.a.Pitcairner)
Romanische Gruppe
18 Franzosen
Indische Gruppe (z.T. Drawidas)
19 Fidschi-Inder
unbewohntes Gebiet

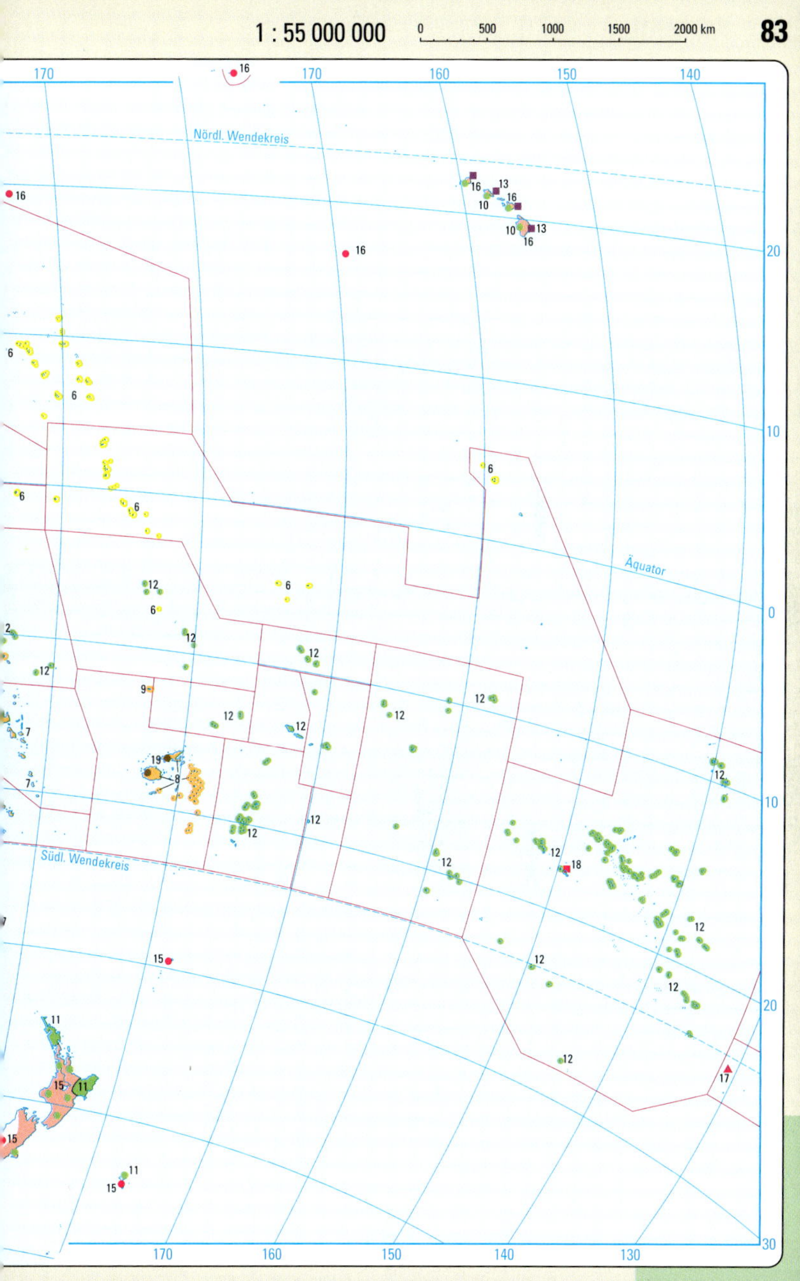
0
500
1000
1500
2000 km
170
170
160
150
140
Nördl. Wendekreis
Äquator
Südl. Wendekreis
20
10
0
10
20
30
170
160
150
140
130
16
13
10
18
17
15
11
12
6
9
19
8
7
2

74/75
INDONESIEN
Timor
Kupang
Sumba
Sawu
Roti
Ashmore- und Cartier-In. (austr.)
Ashmore
Timor-see
Melville
Bathurst-I.
Darwin
Kap Londonderry
Joseph-Bonaparte-Golf
Pine Creek
Wyndham
Kap Lévêque
Kimberley
Mount Wells
970
Derby
Broome
Fitzroy
Halls Creek
Tanami
Port Hedland
Dampier
Barrow
Roebourne
Marble Bar
Onslow
Nordwestkap
Große Sandwüste
Mackaysee
West-
Hamersley-Geb.
1253
Ashburton
Newman
Gibsonwüste
AUSTR
Südl. Wendekreis
Carnarvon
Gascoyne
Carnegiesee
Kap Inscription
Denham
Wiluna
661
Meekatharra
australien
Murchison
Mount Magnet
Laverton
Mullewa
Leonara
Große Victoriawüst
Barleesee
Menzies
Geraldton
Dongara
Moore-see
Nullarborebene
Coolgardie
Kalgoorlie
Rawlinna
Moora
Eucla
PERTH
Northam
Meeredin
Norseman
Narrogin
Collie
Bunbury
Katanning
Esperance
Große Australische Bucht
1110
Augusta
Kap Leeuwin
Cranbrook
Albany
INDISCHER OZEAN

1 : 25 000 000

0 200 400 600 800 km

74/75
84/85
Äquator
Halmahera
Waigeo
Sorong
Manokwari
Biak
Salawati
Doberai
2970
Yapen
Misool
Obi
Serui
Seramsee
Sarera-
bucht
Amahai
Binaiya
1490
Fakfak
Maniwori
Seram
Ambon
Nabire
Kaimana
1490
Enarotali
Adi
Maoke-Gebirge
Puncak Jaya
4884
K. D'Urville
Mamberamo
Jayapura
Vanimo
Schouten-In.
Ninigo-In.
Kaniet-In.
Admiralitäts-In.
St.-Matthias-In.
Manus
Lorengau
Rambutyo
Neu-
hannover
Lou
Bismarck-Archipel
Kavieng
Neuirland
Bismarcksee
Namatanai
Rabaul
Wewak
Sepik
PAPUA-NEUGUINEA
Karkar
2063
INDONESIEN
Neuguinea
Amamapare
Oksibil
Tual
Kai-In.
Dobo
Wokam
Kobroor
Aru-In.
Trangan
Long I.
Madang
Kimbe
Neubritannien
Umboi
4509
Mt. Wilhelm
Mount Hagen
Goroka
Lae
Damar-In.
Yamdena
Tanimbar-In.
Saumlaki
Babar
Leti-In.
Selaru
Yos
Sudarso
Digul
Fly
Kikori
Salomonen
Trobriand-
Kiriwi
Kerema
Papuagolf
Popondetta
Woodlar
Fergusso
D'En
Merauke
Daru
Mt. Victoria
4073
Owen-Stanley-Kette
Port Moresby
Arafurasee
Torres-Str.
Badu
Moa
Kap York
Bamaga
Esa'ala
Norma
Alotau
Abau
Samarai
Melville-I.
Croker-I.
Bathurst-I.
Wessel-In.
K. Wessel
Prince-of-Wales-I.
Kap-York-H.-I.
AUSTRALIEN
Wallis-In.
Mata'utu
1858
Savai'i
Upolu
Apia
Wallis und Futuna
Futuna
(frz.)
SAMOA
Samoa-In.
Pago Pago
Manu'a-In.
Tutuila
Amerik.-
Samoa
(USA)
Suwarrow
PAZIFISCHER
Labasa
Vanua Levu
1031
Taveuni
Mt. Victoria
1322
Lautoka
Viti Levu
Suva
FIDSCHI
Lau-Inseln
Lakeba
Moala
Kadavu
Vava'u-In.
TONGA
Ha'apai-In.
Alofi
Niue
(neuseel.)
Cookinseln
Palmerston
(neuseel.)
Ono-i-Lau
Tuvana-i-Colo
Nuku'alofa
Tongatapu
Eua
PAZIFISCHER
Asuncion
Agrihan
Pagan
Guguan
Nördliche
Marianen
(USA)
Sarigan
Anatahan
Marianen
Susupe
Saipan
Tinian
Rota
Agaña
Guam
(USA)
OZEAN
VANUATU
Torres-In.
Banks-
In.
Neue Hebriden
Maewo
1879
Luganville
Espíritu Santo
Pentecost
Ambrym
Malekula
Épi
PAZIFISCHER
Éfaté
Port Vila
Surprise
Erromango
OZEAN
Chesterfield-In.
Belep-In.
Tanna
Loyauté-In.
Ouvéa
Anatom
Mont Panié
1628
Koné
Neukaledonien
Lifou
Wé
Neukaledonien
(frz.)
La Foa
Maré
Nouméa
Île des Pins
Südl. Wendekreis

Pazifischer Ozean
Nuguria-In.
Nissan
Takuu-In.
Nukumanu-In.
Tulun-In.
Ontong-Java-In.
Mt. Balbi 2685
Bougainville
Arawa
Choiseul
Salomonen
Santa Isabel
Sikaiana
Gizo
Buala
Auki
New Georgia
Malaita 1433
Tulaghi
Honiara
2331
Guadalcanal
Kirakira
San Cristóbal
Rossel
Tagula
Rennell
Salomonen
Nordkap
Kaitaia
Whangarei
Great Barrier Island
Tasman-see
Auckland
Paeroa
Plenty-bucht
Nordinsel
Tauranga
Hamilton
1754
Ostkap
Opotiki
Taumarunui
Rotorua
Waitara
Gisborne
Ruapehu 2797
Wairoa
New Plymouth
Napier
Stratford
Hawkebucht
Wanganui
Hastings
K. Farewell
Cook-Str.
Levin
Palmerston North
Nelson
Westport
Wellington
Greymouth
Kaikoura
Südinsel
Mount Cook 3764
Christchurch
Haast
Südliche Alpen
Ashburton
Timaru
Cromwell
Oamaru
Te-Anau-See
Dunedin
Invercargill
Milton
Südwestkap
Stewart
Neuseeland
Pazifischer Ozean
Desappointement-In.
Ahe
Tuamotu-Inseln
Pukapuka
Rangiroa
Ozean
Rotoava
Raraka
Fakarava
Makemo
Gesellschaftsinseln
Tahaa
Uturoa
Tahanea
Marutea
Raiatéa
Tatakoto
Moorea
Papeete
Anaa
Amanu
2241
Tahiti
Marokau
Hao
Reao
Franz.-Polynesien
Manuae
Ahunui
Mauke
Duc-de-Gloucester-In.
Tureia
Midway (USA)
Pearl- und Hermes-Riff
Pazifischer Ozean
Hawaii-Inseln
Lisianski
Laysan
Gardner Pinnacles
Hawaii
Tern
La Perouse Pinnacle
Necker
Nördl. Wendekreis
Vereinigte Staaten
Nihoa
Kauai
Niihau
Lihue
Oahu
1227
Molokai
Honolulu
Wailuku
Lanai
Maui
Kahoolawe 3055
Mauna Kea 4205
Hilo
Mauna Loa 4169
Hawaii (Big I.)

Afrika im Überblick

① Oase Tinerhir, Marokko

② Ahaggar

③ Dornsavanne

④ Tropischer Regenwald

⑤ Namib

1 Mit seiner geographischen Lage auf 17° 30′ westlicher Länge ist das Kap Verde der westlichste Punkt des afrikanischen Festlandes.

2 Die Sahara ist die größte und bekannteste Wüste der Erde. Sie bedeckt rund ein Viertel des afrikanischen Kontinents. Heute und mehrfach in der Vergangenheit extrem trocken, war die Sahara bis ungefähr vor 10000 bis 7000 Jahren eine von Seen und Sümpfen geprägte Region und bis etwa vor 4000 Jahren das Reich der neolithischen Viehzüchter.

3 Den Übergangssaum zwischen der Sahara und den südlich anschließenden Savannenräumen bezeichnet man als Sahelzone. Ausgedehnte Perioden mit extrem niedrigen Niederschlägen führten in Verbindung mit der anthropogenen Übernutzung des Landes zur Desertifikation und in unserem Jahrhundert bereits wiederholt zu verheerenden Dürrekatastrophen.

4 Der im Dreiländereck Uganda–Kenia–Tansania gelegene Victoriasee ist mit 69484 km² der größte Binnensee Afrikas. Im Gegensatz zu den langgestreckten, schmalen Grabenseen Ostafrikas weist er jedoch nur eine mittlere Tiefe von rund 40 m auf.

5 In den Victoriafällen stürzen die Wassermassen des Sambesi mit ohrenbetäubendem Lärm 110 m in die Tiefe und bilden eines der eindrucksvollsten Naturschauspiele der Erde.

6 Südlich von Kapstadt erhebt sich das Kap der Guten Hoffnung als 620 m hohes Vorgebirge. Der südlichste Punkt des afrikanischen Festlandes aber ist das Kap Agulhas (Nadelkap), auf 34° 50′ S etwa 150 km östlich vom Kap der Guten Hoffnung gelegen.

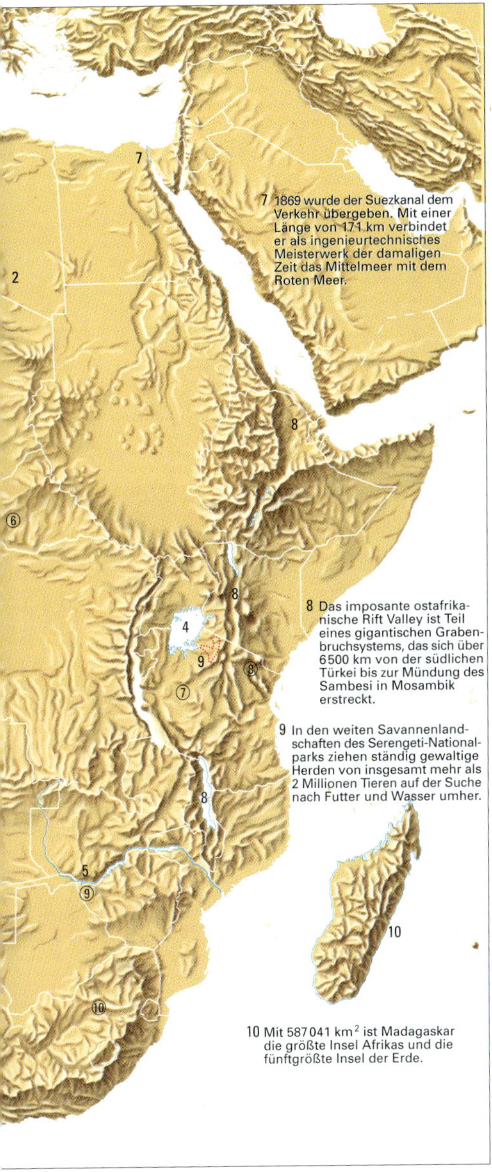

7 1869 wurde der Suezkanal dem Verkehr übergeben. Mit einer Länge von 171 km verbindet er als ingenieurtechnisches Meisterwerk der damaligen Zeit das Mittelmeer mit dem Roten Meer.

8 Das imposante ostafrikanische Rift Valley ist Teil eines gigantischen Grabenbruchsystems, das sich über 6500 km von der südlichen Türkei bis zur Mündung des Sambesi in Mosambik erstreckt.

9 In den weiten Savannenlandschaften des Serengeti-Nationalparks ziehen ständig gewaltige Herden von insgesamt mehr als 2 Millionen Tieren auf der Suche nach Futter und Wasser umher.

10 Mit 587041 km² ist Madagaskar die größte Insel Afrikas und die fünftgrößte Insel der Erde.

⑥ Feuchtsavanne

⑦ Trockensavanne

⑧ Kilimandscharo (im Hintergrund)

⑨ Victoriafälle

⑩ Johannesburg

ATLANTISCHER OZEAN
Azoren (Port.)
Madeira (Port.)
Kanarische In. (Spanien)
Golf von Biscaya
Nordsee
Ostsee
Mittelmeer
Schwarzes Meer
Kaspisches Meer
Aralsee
Rotes Meer
Persischer Golf
Golf v. Aden
Str. v. Gibraltar
IRLAND
GROSS-BRITANNIEN
DÄN.
NIEDERLANDE
BELGIEN
LUX.
DEUTSCHLAND
POLEN
FRANKREICH
SCHWEIZ
ÖSTERR.
TSCH. REP.
SLOWAKEI
UNGARN
SLOW.
KROATIEN
B.-H.
JUGOSLAWIEN
ALB.
MAZ.
GRIECHENLAND
ITALIEN
S.M.
MON.
AND.
SPANIEN
PORTUGAL
WEISSRUSSLAND
LIT.
UKRAINE
MOLD.
RUMÄNIEN
BULGARIEN
TÜRKEI
Anatolien
ZYPERN
RUSSLAND
KASACHSTAN
USBEKISTAN
TURKMENISTAN
GEORGIEN
ARM.
ASERB.
IRAN
IRAK
SYRIEN
LIB.
ISRAEL
JORD.
KUWAIT
BAHRAIN
KATAR
V.A.E.
OMAN
SAUDI-ARABIEN
Hedschas
Nedschd
JEMEN
ERITREA
DSCHIBUTI
ÄTHIOPIEN
SUDAN
Nubien
Kordofan
Darfur
ÄGYPTEN
Sinai
LIBYEN
Cyrenaica
Tripolitanien
Fezzan
TUNESIEN
MALTA
ALGERIEN
MAROKKO
Westsahara
MAURETANIEN
MALI
NIGER
TSCHAD
Wadai
NIGERIA
BURKINA FASO
GHANA
TOGO
BENIN
CÔTE D'IVOIRE
SENEGAL
GAMBIA
GUINEA-BISSAU
GUINEA
SIERRA LEONE
ZENTRALAFRIKANISCHE
Nördlicher Wendekreis
Dublin
LONDON
BIRMINGHAM
Land's End
PARIS
Brüssel
Amsterdam
BERLIN
HAMBURG
MÜNCHEN
Bern
WIEN
PRAG
BUDAPEST
WARSCHAU
Krakau
Vilnius
MINSK
KIEW
Lemberg
Chişinău
ODESSA
BUKAREST
SOFIA
BELGRAD
Zagreb
Tirana
ATHEN
ROM
NEAPEL
MAILAND
Turin
Palermo
Lyon
Marseille
Bordeaux
Toulouse
BARCELONA
MADRID
Valencia
Sevilla
LISSABON
Kap Finisterre
Kap São Vicente
Gibraltar (brit.)
Tanger
RABAT
CASABLANCA
Fez
Oujda
Marrakech
Agadir
Oran
ALGIER
Constantine
Annaba
Biskra
Touggourt
Ouargla
Béchar
Adrar
In Salah
Tamanghist
Tindouf
Tunis
Sfax
Tripolis
Misrātah
Bengasi
Surt
Sabhā
Al-Khufrah
ALEXANDRIA
KAIRO
Pt. Said
Suez
Asyūt
Luxor
Assuan
Nassersee
Siwa
ISTANBUL
ANKARA
IZMIR
Konya
Nikosia
BEIRUT
DAMASKUS
ALEPPO
AMMAN
Jerusalem
BAGDAD
Mosul
Basra
TEHERAN
ISFAHAN
SHĪRĀZ
Ahvāz
TĀBRIS
TIFLIS
ERIWAN
BAKU
Aschgabat
SAMARA
Orenburg
Aktöbe
WOLGOGRAD
Saratow
ROSTOW
Krasnodar
Astrachan
Tula
Krim
RIAD
Manama
Doha
Abu Dhabi
JIDDAH
Mekka
Medina
Buraydah
Tabūk
Sanaa
Aden
Al-Mukallā
Abhā
Port Sudan
Atbara
Khartum
Wad Medani
El-Obeid
Nyala
Malakal
Asmara
Gonder
Desē
ADDIS ABEBA
Dirē Dawa
Hargeysa
Berbera
Jima
Abéché
N'Djamena
Moundou
Bilma
Agadès
Maradi
Niamey
Kano
Zaria
Maiduguri
Abuja
IBADAN
LAGOS
Ogbomosho
Tamale
Kumasi
Ouagadougou
Bobo Dioulasso
Bouaké
Yamoussoukro
Timbuktu
Gao
Bamako
Kayes
Taoudenni
Atâr
Nouâdhibou
Nouakchott
El-Aaiún
Ad-Dakhla
St. Louis
DAKAR
Kap Verde
Banjul
Bissau
CONAKRY
Freetown
Monrovia
Las Palmas
Sta. Cruz
Nil
Blauer Nil
Weißer Nil
Atbara
Euphrat
Tigris
Niger
Senegal
Gambia
Benue
Komoé
Schari
Wolga
Don
Dnepr
Dnister
Donau
Rhein
Loire
Balearen
Korsika
Sardinien
Sizilien
Kreta
Kl. Syrte
Gr. Syrte
C. Bon
Ägäisches M.
Adria

ATLANTISCHER OZEAN
INDISCHER OZEAN
Golf von Guinea
Äquator
Südlicher Wendekreis
Ascension
St. Helena (brit.)
Tristan da Cunha
Gough
ÄQUATORIAL-GUINEA
Bata
SÃO TOMÉ UND PRÍNCIPE
São Tomé
K. Lopez
GABUN
Libreville
Ogowe
KONGO
Pointe Noire
Brazzaville
Sangha
Cabinda (zu Angola)
DEM. REP. KONGO
KINSHASA
Matadi
Mbandaka
Kongo
Kisangani
Kasai
Kwilu
Kananga
Mbuji-Mayi
Lualaba
Shaba
Lubumbashi
Kalemie
Bukavu
Kivusee
Albertsee
Mwerusee
Luapula
Luvua
ANGOLA
LUANDA
Malanje
Cuango
Huambo
Benguela
Lubango
Namibe
Cubango
Cuando
Okavango
NAMIBIA
Windhuk
Grootfontein
Swakopmund
Lüderitz
BOTSUANA
Gaborone
Francistown
SAMBIA
Lusaka
Livingstone
Kitwe
Ndola
Kabwe
Kafue
Sambesi
Kariba-Stausee
SIMBABWE
HARARE
Bulawayo
Gweru
Limpopo
Save
MOSAMBIK
Maputo
Beira
Quelimane
Nampula
Nacala
MALAWI
Lilongwe
Blantyre
Malawisee
SÜDAFRIKA
Pretoria
Johannesburg
Mbabane
SWASILAND
Transvaal
Kimberley
Bloemfontein
Vaal
Oranje
Maseru
LESOTHO
Pietermaritzburg
Durban
East London
Port Elizabeth
Kapland
Kapstadt
Kap der Guten Hoffnung
K. Agulhas (Nadelkap)
TANSANIA
DARESSALAM
Dodoma
Tabora
Mwanza
Mbeya
Tanga
Sansibar
Mtwara
Ruvuma
Tanganyikasee
BURUNDI
Bujumbura
RUANDA
Kigali
UGANDA
Kampala
Victoriasee
KENIA
NAIROBI
Kisumu
Mombasa
Tana
Juba
Mogadischu
Kismaayo
KOMOREN
Moroni
Mayotte (frz.)
Aldabra
Str. v. Moçambique
MADAGASKAR
ANTANANARIVO
Toamasina
Mahajanga
Fianarantsoa
Toliara
C. d'Ambre
Kap Sainte Marie

ATLANTISCHER OZEAN
Azoren
Madeira
Kanarische In.
Teide 3718
Las Palmas
Golf von Biscaya
Britische Inseln
Nordsee
Ostsee
Mittelmeer
Schwarzes Meer
Kaspisches Meer
Aralsee
Rotes Meer
Persischer Golf
Golf v. Aden
Sokotra
Adria
Ägäisches M.
Sahara
Libysche Wüste
Arabische Wüste
Nubische Wüste
Tibesti
Emi Koussi 3415
Ahaggar
Tamanghist
Tassili der Adjer
Ténéré
Aïr
Alpen
Hoher Atlas
Toubkal 4165
Küstenatlas
Saharaatlas
Fezzan
Cyrenaica
Tripolitanien
Hamada el Hamra
Westl. Gr. Erg
Östl. Gr. Erg
Plateau von Tademaït
Tanezrouft
Adrar des Iforas
Erg Iguidi
Erg Chech
Nördlicher Wendekreis
Sudan
Darfur
J. Marra 3071
Kordofan
Wadai
Borkou
Ennedi
Bodélé
Kanem
Bornu
Adamaua
Bongo-berge
Fouta Djallon
Hochland von Äthiopien
Ras Dashen 4620
Somali
Ogaden
Nedschd
Hedschas
Rub al-Khālī
Syrische Wüste
An-Nafūd
Mesopotamien
Zagrosgebirge
Elburs
Kaukasus
Elbrus 5642
Ararat 5165
Anatolien
Karpaten
Balkan
Pyrenäen
Tiefland von Turan
Ustjurt-Plateau
Kaspische Senke
Nil
Niger
Senegal
Gambia
Blauer Nil
Weißer Nil
Atbara
Tschad
Donau
Rhein
Wolga
Ural
Don
Dnepr
Dnister
Euphrat
Tigris
Loire
Krim
Zypern
Kreta
Sizilien
Sardinien
Korsika
Balearen
Malta
LONDON
PARIS
MADRID
LISSABON
ROM
BERLIN
WIEN
PRAG
WARSCHAU
BUDAPEST
BELGRAD
BUKAREST
SOFIA
ATHEN
ISTANBUL
ANKARA
KAIRO
ALEXANDRIA
ALGIER
RABAT
CASABLANCA
Marrakech
Tunis
Tripolis
Bengasi
DAMASKUS
BEIRUT
ALEPPO
BAGDAD
TEHERAN
ISFAHAN
SHIRAZ
RIAD
Mekka
JIDDAH
Medina
Khartum
ADDIS ABEBA
Asmara
Dschibuti
Aden
Sanaa
DAKAR
CONAKRY
Freetown
Monrovia
Bamako
Niamey
Ouagadougou
Timbuktu
Kano
IBADAN
N'Djamena
Maiduguri
Kap Verde
Kap Nouadhibou
Nouakchott
El-Aaiún
Kap Finisterre
Kap São Vicente
Str. v. Gibraltar

1 : 50 000 000

0 500 1000 1500 2000 km

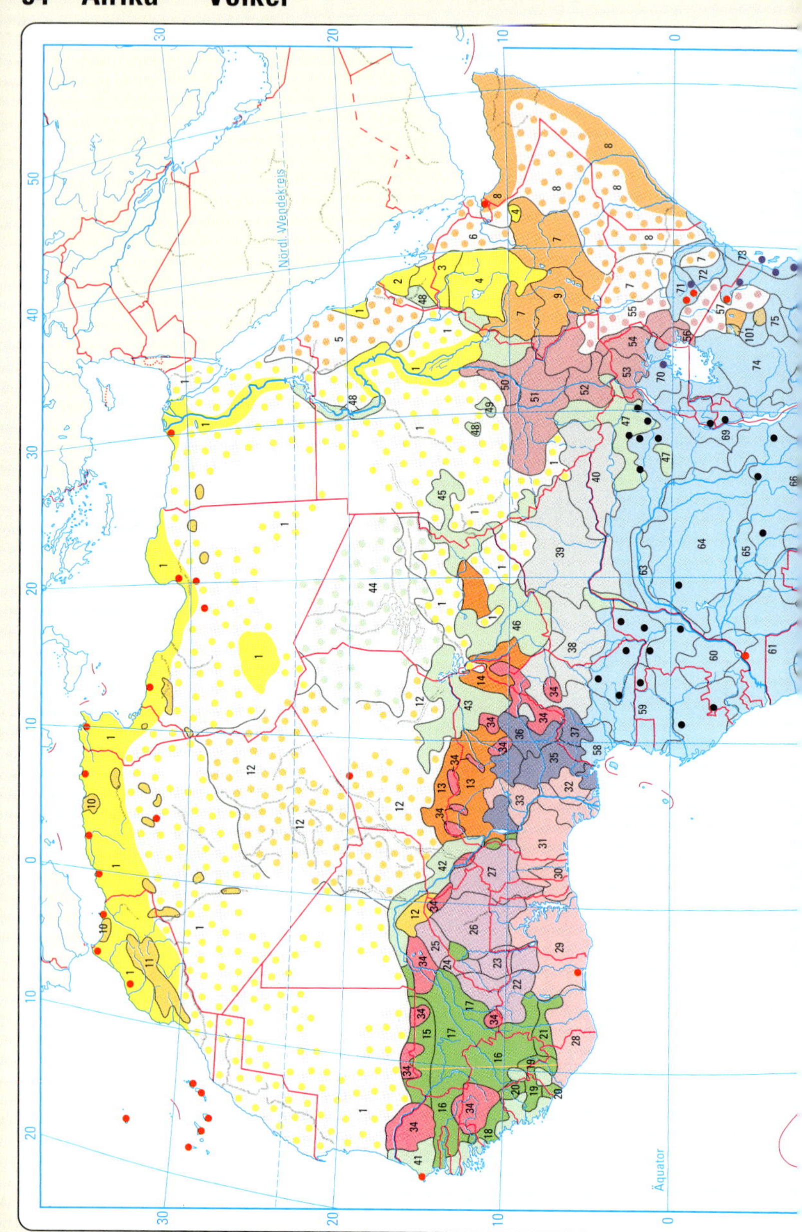
Nördl. Wendekreis
Äquator

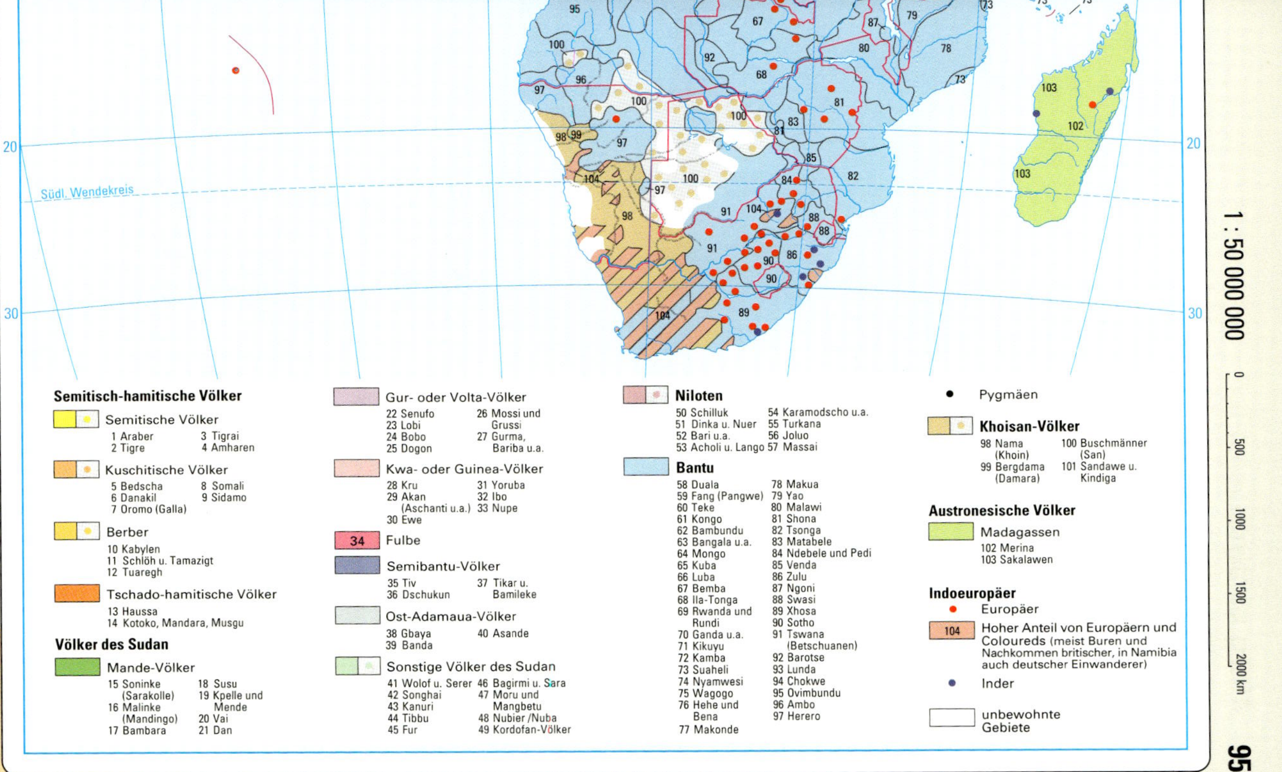
1 : 50 000 000
0 500 1000 1500 2000 km
20
30
Südl. Wendekreis
Semitisch-hamitische Völker
Semitische Völker
1 Araber
2 Tigre
3 Tigrai
4 Amharen
Kuschitische Völker
5 Bedscha
6 Danakil
7 Oromo (Galla)
8 Somali
9 Sidamo
Berber
10 Kabylen
11 Schlöh u. Tamazigt
12 Tuaregh
Tschado-hamitische Völker
13 Haussa
14 Kotoko, Mandara, Musgu
Völker des Sudan
Mande-Völker
15 Soninke (Sarakolle)
16 Malinke (Mandingo)
17 Bambara
18 Susu
19 Kpelle und Mende
20 Vai
21 Dan
Gur- oder Volta-Völker
22 Senufo
23 Lobi
24 Bobo
25 Dogon
26 Mossi und Grussi
27 Gurma, Bariba u.a.
Kwa- oder Guinea-Völker
28 Kru
29 Akan (Aschanti u.a.)
30 Ewe
31 Yoruba
32 Ibo
33 Nupe
34 Fulbe
Semibantu-Völker
35 Tiv
36 Dschukun
37 Tikar u. Bamileke
Ost-Adamaua-Völker
38 Gbaya
39 Banda
40 Asande
Sonstige Völker des Sudan
41 Wolof u. Serer
42 Songhai
43 Kanuri
44 Tibbu
45 Fur
46 Bagirmi u. Sara
47 Moru und Mangbetu
48 Nubier /Nuba
49 Kordofan-Völker
Niloten
50 Schilluk
51 Dinka u. Nuer
52 Bari u.a.
53 Acholi u. Lango
54 Karamodscho u.a.
55 Turkana
56 Joluo
57 Massai
Bantu
58 Duala
59 Fang (Pangwe)
60 Teke
61 Kongo
62 Bambundu
63 Bangala u.a.
64 Mongo
65 Kuba
66 Luba
67 Bemba
68 Ila-Tonga
69 Rwanda und Rundi
70 Ganda u.a.
71 Kikuyu
72 Kamba
73 Suaheli
74 Nyamwesi
75 Wagogo
76 Hehe und Bena
77 Makonde
78 Makua
79 Yao
80 Malawi
81 Shona
82 Tsonga
83 Matabele
84 Ndebele und Pedi
85 Venda
86 Zulu
87 Ngoni
88 Swasi
89 Xhosa
90 Sotho
91 Tswana (Betschuanen)
92 Barotse
93 Lunda
94 Chokwe
95 Ovimbundu
96 Ambo
97 Herero
Pygmäen
Khoisan-Völker
98 Nama (Khoin)
99 Bergdama (Damara)
100 Buschmänner (San)
101 Sandawe u. Kindiga
Austronesische Völker
Madagassen
102 Merina
103 Sakalawen
Indoeuropäer
Europäer
104 Hoher Anteil von Europäern und Coloureds (meist Buren und Nachkommen britischer, in Namibia auch deutscher Einwanderer)
Inder
unbewohnte Gebiete

PORTUGAL
Cádiz
Str. v. Gibraltar
Tanger
Tétouan
El-Ksar el-Kbir
Kénitra
RABAT
DAR AL-BEIDA
(CASABLANCA)
Safi
Khouribga
Beni-Mellal
Essaouira
Marrakech
4165
Hoher Atlas
Kap Rhir
Agadir
Ouarzazate
2531
Antiatlas
Ifni
Dra
MAROKKO
1847
Porto Santo
Madeira
(Port.)
Selvagens
(Port.)
Santa Cruz de la Palma
La Palma
Kanarische Inseln
(Sp.)
Teide
3718
Santa Cruz de T.
Arrecife
Lanzarote
Fuerteventura
Hierro
(Ferro)
Tenerife
(Teneriffa)
Gran Canaria
Las Palmas
Tarfaya
Laâyoune
(El-Aaiún)
Smara
Tindouf
Erg Iguidi
Westsahara
Nördl. Wendekreis
Ad-Dakhla
Zouérat
Taoudenni
Kap Nouadhibou
Nouâdhibou
Atâr
Kap Timirist
Akjoujt
Tidjikja
MAURETANIEN
Nouakchott
Rosso
Senegal
Kiffa
Ayoûn el-Atroûs
Néma
Kaédi
Tombouctou
(Timbuktu)
Saint-Louis
Linguère
SENEGAL
Thiès
Kap Verde
DAKAR
Diourbel
Kaolack
Nioro
Kayes
Mopti
Banjul
GAMBIA
Tambacounda
Gambia
Kita
Ségou
Bani
Ziguinchor
GUINEA-BISSAU
Bissau
1538
Fouta Djallon
Bamako
Koulikoro
San
Ouagadougou
Koudougou
Bissagos-In.
Labé
Siguiri
Niger
Sikasso
Bobo-Dioulasso
BURKINA FASO
Bolgatanga
Kindia
Kankan
GUINEA
CONAKRY
Bintimani
1948
Makeni
Koidu
Kissidougou
Odienné
Korhogo
Guékédou
SIERRA LEONE
Freetown
Bo
Kenema
Nimba-Geb.
1752
Nzérékoré
Katiola
CÔTE D'IVOIRE
Komoé
Schw. Volta
Bouaké
Sunyani
Sanniquellie
Tubmanburg
Daloa
Abengourou
Yamoussoukro
Monrovia
Harbel
LIBERIA
Buchanan
Gagnoa
ABIDJAN
Asamankese
Cape Coast
Greenville
Sassandra
Grand-Bassam
Harper
K. Palmas
K. Three Points
Santo Antão
Mindelo
São Nicolau
Kapverdische In.
Boa Vista
Santiago
Fogo
2829
Praia
KAP VERDE
ATLANTISCHER OZEAN
MALI
S a

39 G 0 H 5 J 10 36/37 K 15 L 20 M 34/35

SPANIEN Almería EL-JAZA'IR (ALGIER) Béjaïa Skikda Annaba Binzert Karthago Palermo Catania Siracusa ITALIEN Pátra (Patras) Kórinthos Kalamáta ATHINA (ATHEN) GRIECHENLAND

Ouahran (Oran) Mostaganem Küste Atlas 1985 Sidi bel Abbès Tilimsan (Tlemcen) Sétif Qacentina (Constantine) Béja Tunis Cap Bon Ragusa Sizilien Sousse Kairouan Batna Mahdia Valletta MALTA Chaniá Kreta

Dj. Chelia 2328 Djelfa Biskra Gafsa Sfax Schott ech-Chergui Schott Melghir -40 Laghouat Saharaatlas El-Oued Tozeur Schott el-Djerid Gabès Djerba Kleine Syrte Mittelmeer TUNESIEN

Aïn Sefra 2236 Figuig Béchar Ghardaïa Touggourt Médenine Zuwārah Tarābulus (Tripolis) Al-Khums Az-Zāwiyah Gharyān 723 Misrātah Al-Baydā Darnah Banghāzī (Bengasi) Al-Marj Tubruq Suluq

Westl. Großer Erg Ouargla Hassi Messaoud Jabal Nefusa Große Syrte Surt Adjdābiyā Cyrenaica Beni Abbès El-Goléa Tripolitanien As-Sider

Timimoun Östl. Großer Erg Ghadāmis Hun Zaltan Awjilah

ALGERIEN Adrar In Salah Bordj Omar Driss Edjeleh Jabal as-Sawdā 804 Zillah LIBYEN

Reggane Sebkha Mekerrhane Illizi Awbārī Sabhā Fezzan Murzuq Tāzirbū Wāw al-Kabīr

Ghāt Al-Qatrūn Djanet Sahara Al-Khufrah Libysche Wüste

Tanezrouft Ahaggar 2918 Tamanghist Ténéré Madama Tibesti 3265 Bardaï Zouar 3415 Emi Koussi

Tessalit Adrar des Iforas 853 Kidal Iférouane 1800 Aïr Arlit Bilma Faya

NIGER Agadèz Gao Ménaka Fada 1450 Ennedi Koro-Toro

Tillabéri Téra Niamey Tahoua Nguigmi Mao TSCHAD J. Mun 1309 Abéché Tschad Maradi Zinder Diffa Ati El-Geneina

Dosso Sokoto Nguru Katsina Gusau Kano Bornu Hadejia N'Djamena Mongo SUDAN

Kandi Dapaong Natitingou Zaria Jos Maiduguri Chari Am-Timan Bousso Djougou BENIN NIGERIA Kaduna Bauchi Maroua Bongor Birao Kainji-Stausee Sokodé Parakou Minna Jos Shere Hill 1780 plateau Kumo Garoua Pala Laï Logone J. Ngaja 1388

Blitta Ilorin Abuja Yola Moundou Sarh Doba Ndélé TOGO Niger Benue Dimlang 2042 Ogbomosho Oshogbo Iwo Ife Akure Abomey Abeokuta Makurdi Hochland v. Adamaua

Porto Novo IBADAN Enugu Ngaoundéré Kaga Bandoro Lomé Cotonou LAGOS Benin City Onitsha Bamenda ZENTRALAFRIKANISCHE REPUBLIK Bossangoa Bria ACCRA Bucht von Benin 2740 Bafoussam Bouar Aba Calabar KAMERUN Sibut Bambari Bangassou

Port Harcourt Nkongsamba Kamerunberg 4095 Berbérati Ubangi Bucht v. Biafra Bioko Buea DOUALA Sanaga Bertoua Bangui Bondo Golf von Guinea ÄQU.-GUINEA 3008 Malabo Edéa Yaoundé (Jaunde) KONGO DEM. REP. KONGO

H 5 J 10 K 15 100/101 L 20 M

Tarābulus (Tripolis)
Mittelmeer
TUNESIEN
Misrātah
Banghāzī (Bengasi)
EL-ISKANDARÎYA (ALEXANDRIA)
EL-QÂHIRA
Große Syrte
Cyrenaica
Tripolitanien
Jabal Nefusa
Jabal as-Sawdā
LIBYEN
ÄGYPTEN
Fezzan
Sahara
Libysche Wüste
ALGERIEN
Östl. Großer Erg
Ahaggar
Nördl. Wendekreis
Ténéré
Tibesti
Emi Koussi
Aïr
NIGER
TSCHAD
Ennedi
Tschad
N'Djamena
Bornu
NIGERIA
Jos-plateau
Abuja
SUDAN
Jebel Marra
ZENTRALAFRIKANISCHE REPUBLIK
Bangui
Hochland v. Adamaua
KAMERUN
Yaoundé (Jaunde)
DOUALA
ÄQUATORIAL-GUINEA
SÃO TOMÉ UND PRÍNCIPE
Golf von Guinea
ATLANTISCHER OZEAN
Libreville
GABUN
KONGO
DEM. REP. KONGO
Kisangani
Niger
Benue
Chari
Logone
Sanaga
Ubangi
Kongo
96/97
100/101

SAUDI-ARABIEN
ÄTHIOPIEN
SOMALIA
JEMEN
ERITREA
KENIA
UGANDA
IRAN
IRAK
OMAN
JORDANIEN
SYRIEN
LIBANON
ISRAEL
KUWAIT
BAHRAIN
KATAR
VEREINIGTE ARAB. EMIRATE
DSCHIBUTI
AR-RIYĀD (RIAD)
JIDDAH
Makkah (Mekka)
Al-Madīnah (Medina)
Yerushalayim/Al-Quds (Jerusalem)
Ammān
ESFAHAN (ISFAHAN)
Sanā (Sanaa)
Adan (Aden)
Asmara
Djibouti (Dschibuti)
ĀDĪS ĀBEBA (ADDIS ABEBA)
Muqdisho (Mogadischu)
Kampala
Khartoum North
Dubai
Abu Dhabi
Ad-Dawhah (Doha)
Al-Manāmah (Manama)
Rotes Meer
Persischer Golf
Golf von Aden
Arabisches Meer
INDISCHER OZEAN
Rub al-Khali
Nedschd
Hedschas
Ad-Dahna
An-Nafūd
Hadhramaut
Dhofar
Sokotra
Bab el-Mandeb
Nubische Wüste
Turkanasee
Tanasee
Victoriasee
Äquator

98/99
GABUN
KONGO
DEM. REP. KONGO
ANGOLA
SAMBIA
NAMIBIA
BOTSUANA
SIMBABWE
SÜDAFRIKA
LESOTHO
ATLANTISCHER OZEAN
Port-Gentil
Lambaréné
Masuku
Mouila
Tchibanga
Owando
Djambala
Brazzaville
KINSHASA
Loubomo
Nkayi
Pointe-Noire
Cabinda (Ang.)
Boma
Matadi
Mbanza-Ngungu
Soyo
M'Banza Congo
N'Zeto
Uíge
Caxito
LUANDA
N'Dalatando
Malanje
Cuanza
Dondo
Porto Amboim
Sumbe
Lobito
Benguela
Bailundo
Kuito
Huambo
Luena
Lubango
Namibe
Kap Albina
Serra da Chela
Chiange
Menongue
N'Giva
Baynes Mts.
Oshakati
Ondangwa
Cuangar
Rundu
Okavango
Etoscha-pfanne
Tsumeb
Otavi
Grootfontein
Outjo
Otjiwarongo
Brandberg
Karibib
Okahandja
Swakopmund
Windhoek (Windhuk)
Walvis Bay
Rehoboth
Gobabis
Auasberge
Mariental
Keetmanshoop
Lüderitz
Seeheim
Karasburg
Alexander Bay
Port Nolloth
Springbok
Oranje
Bitterfontein
St. Helena Bay
Saldanha
Cape Town (Kapstadt)
Tafelberg
Bellville
Kap der Guten Hoffnung
Kap Agulhas (Nadelkap)
Mai-Ndombe-See
Bandundu
Kasai
Kwilu
Kikwit
Lukenie
Sankuru
Ilebo
Lodja
Kindu
Kasongo
Lusambo
Kananga
Mbuji-Mayi
Tshikapa
Gandajika
Kabalo
Mwene-Ditu
Kaniama
Manono
Kamina
Bukama
Lunda
Lucapa
Saurimo
Cuango
Lulua
Shaba (Katanga)
Dilolo
Kolwezi
Likasi
Lubumbashi
Kirundu
Lomami
Lualaba
Tshuapa
Goma
Bukavu
Kivusee
Uvira
Bujumbura
Kalemie
Tanganjikasee
Pweto
Mitumba-Geb.
Kilwa
Mwerusee
Bangweulusee
Kasama
Mansa
Solwezi
Chingola
Mufulira
Kitwe
Ndola
Luanshya
Kabwe
Lusaka
Cahora-Bassa
Kafue
Kariba-Stausee
Choma
Kariba
Mongu
Sambesi
Cuando
Cubango
Cunene
Sesheke
Livingstone
Kasane
Hwange
HARARE
Kadoma
Kwekwe
Gweru
Bulawayo
Masvingo
Gwanda
Okavangobecken
Maun
Makarikari
Francistown
Selebi-Pikwe
Serowe
Limpopo
Ghanzi
Kalahari
Mahalapye
Molepolole
Mochudi
Gaborone
Kanye
Lobatse
Tshabong
Nossob
Messina
Giyani
Ellisras
Phalaborwa
Pietersburg
Transvaal
Nylstroom
Mmabatho
Pretoria
Nelspruit
Johannesburg
Soweto
Benoni
Germiston
Vereeniging
Klerksdorp
Vryburg
Welkom
Vaal
Warrenton
Upington
Kimberley
Newcastle
Ladysmith
Bethlehem
Thabana-Ntlenyana
Maseru
Bloemfontein
Pietermaritzburg
Umlazi
Drakensberg
Prieska
De Aar
Kokstad
Maclear
Umtata
Calvinia
Victoria West
Middelburg
Beaufort West
Kompasberg
Queenstown
Cradock
Bisho
East London
Grahamstown
Kapland
Gr. Karru
Worcester
Oudtshoorn
George
Mosselbaai
Port Alfred
Port Elizabeth
Kap Recife

KENIA
NAIROBI
Nakuru
Nyeri
Machakos
SOMALIA
Kismaayo
Lamu
Malindi
Mombasa
Kilimandscharo 5892
Voi
Moshi
Arusha
Serengeti
Natronsee
Musoma
Eyasisee
Hanang 3417
Singida
Tanga
Pemba
Chake Chake
Zanzibar (Sansibar)
Sansibar
Dodoma
Morogoro
DAR ES SALAAM (DARESSALAM)
2646
Mafia
Iringa
Rufiji
Kilwa Kivinje
Rungwe 2961
Ndjombe
Lindi
Mtwara
K. Delgado
Songea
Ruvuma
Malawisee
Mocímboa da Praia
Lichinga
Montepuez
Pemba
Lilongwe
Mangochi
Guamba
Zomba
Gurué
Blantyre
3002
Nampula
Nacala
Moçambique
Angoche
Mocuba
Quelimane
Caia
Marromeu
Chinde
Sambesi
Beira
Dondo
Nova Mambone
Save
Vilanculos
Maxixe
Ponta da Barra
Inhambane
Inharrime
Kai-Xai
Juan de Nova (frz.)
Straße von Moçambique
Bassas da India (frz.)
Europa (frz.)
Ngazidja
2361
Moroni
KOMOREN
Nzwani
Mwali
Mayotte (frz.)
Mamoudzou
Îles Glorieuses (frz.)
C. d'Ambre
Antsirañana
Nosy Be
2876 Maromokotro
Antalaha
Mahajanga
Marovoay
MADAGASKAR
Nosy Sainte Marie
Ambatondrazaka
Toamasina
Maintirano
ANTANANARIVO
Antsirabe
Morondava
Madagaskar
Mananjary
Morombe
Mangoky
Fianarantsoa
Pic Boby 2658
Manakara
Farafangana
Toliara
Tôlañaro
Kap Sainte Marie
Südl. Wendekreis
Aldabra-In.
Cosmoledo-In.
Cerf
Farquhar-In.
SEYCHELLEN
Seychellen
Victoria
Mahé
Amiranten
Coëtivy
Agalega-In.
Tromelin
Port Louis
MAURITIUS
St-Denis
Réunion (frz.)
Piton des Neiges 3069
INDISCHER OZEAN

① St.-Elias-Gebirge

② Rocky Mountains, bei Banff

③ Vancouver

④ Yosemite-Nationalpark

⑤ Hochland von Mexiko

1 1867 kauften die Vereinigten Staaten Alaska für 7,2 Mill. Dollar von Russland. Mit seinen 1,7 Mill. km² ist es seit 1959 der 49. und zugleich der größte und nördlichste Bundesstaat der USA.

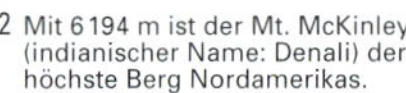

2 Mit 6194 m ist der Mt. McKinley (indianischer Name: Denali) der höchste Berg Nordamerikas.

3 Die Großen Seen, an der Grenze USA–Kanada gelegen, stellen das größte Süßwasser-Binnenseesystem der Erde dar. Ihre Becken entstanden durch das „fließende" Inlandeis während der pleistozänen Vereisung Nordamerikas. Der Obere See ist der größte (82 103 km²) und tiefste (393 m) der 5 Seen.

4 Zwischen Mississippi und Rocky Mountains erstrecken sich die riesigen Flächen der Prärien und Plains. Bis zum Bau der transkontinentalen Eisenbahnlinien waren sie das Reich der Büffel jagenden Indianer. Heute werden die ursprünglichen Grasländer weitgehend landwirtschaftlich genutzt.

5 Im Raum der San-Andreas-Verwerfung und einiger benachbarter kleinerer Verwerfungen gleitet die Pazifische Platte nordwärts an der Nordamerikanischen Lithosphärenplatte vorbei. Die Folge dieser tektonischen Aktivität ist eine stark erhöhte Erdbebengefährdung in dem dicht besiedelten Gebiet Kaliforniens.

6 Die Mammuthöhlen entstanden durch Lösungs- und Auswaschungsvorgänge in dem über 300 Mill. Jahre alten Kalkgestein an den Ufern des Green River in Kentucky und sind eines der größten bekannten Höhlensysteme der Erde. Die insgesamt 250 km langen Gänge und Hallen sind die Heimat vieler seltener Tierarten.

7 Das Flusssystem Mississippi-Missouri ist mit 6420 km Länge das größte Nordamerikas.

8 Im Inneren Floridas bilden die Everglades – ein Teil von ihnen ist seit 1947 Nationalpark – ein Gewirr von undurchdringlichen Mangrovewäldern und Sumpfflächen, bewohnt von einer einzigartigen Tierwelt. Die Ausdehnung von Fischfang und Landwirtschaft sowie der hohe Trinkwasserverbrauch der benachbarten Städte gefährden das Ökosystem jedoch in zunehmendem Maße.

9 Im Golf von Mexiko hat der Golfstrom seinen Ursprung. Als warme und mächtigste Meeresströmung der Erde quert er den Atlantischen Ozean nordostwärts und bewirkt in West- und Nordeuropa deutliche Klimabegünstigungen, vor allem der Westküsten im Vergleich zu den auf gleicher geographischer Breite liegenden Ostküstenregionen.

10 In den Urwäldern Yucatáns verborgen liegen die imposanten Reste der Kultstätte Chichén Itzá, die von den Maya und Tolteken vom 6. bis zum 13. Jahrhundert geschaffen wurde.

⑥ Ilulissat, Grönland

⑦ New York

⑧ Appalachen

⑨ Mayapyramide, Chichén Itzá

⑩ Tropenstrand, Jungferninseln

ESTLAND
Tallinn
Helsinki
Turku
FINNLAND
SCHWEDEN
NORWEGEN
Luleå
Narvik
Tromsø
Trondheim
Murmansk
Nordkap
Färöer (dän.)
ISLAND
Reykjavik
Bären-I. (Norw.)
Longyearbyen
Svalbard
Jan Mayen (norw.)
Europäisches Nordmeer
Dänemarkstraße
Tasiilaq
K. Farvel
Nordostkap
Grönland (dän.)
Nördl. Polarkreis
Nuuk
Davisstraße
Qeqertarsuaq
Upernavik
Qaanaaq
Baffin Bay
Labradorsee
ATLANTIS
Neu-fundland
St. John's
K. Race
St. Pierre u. Miquelon
Sept-Îles
Schefferville
K. Chidley
Hudsonstraße
Iqaluit
Baffininsel
Foxe-becken
Southampton
Hudson Bay
Belcher-In.
Churchill
Nelson
KANADA
Barentssee
Nowaja Semlja
K. Karlsen
Franz-Joseph-Land
Nordpolarmeer
Nordpol
K. Morris Jesup
Ellesmere-I.
Queen-Elizabeth-In.
Axel-Heiberg-I.
Sverdrup-In.
Devon-I.
Lancastersund
Parry-In.
Resolute Bay
Prc.-of-Wales-I.
Victoria-Insel
Cambridge Bay
Banks-I.
McClure-Str.
Beaufortsee
Amundsengolf
Coppermine
Gr. Bärensee
Gr. Sklavensee
Yellowknife
Athabascasee
Athabasca
Flin Flon
Nördl. Saskatchewan
Edmonton
Peace
Hay River
Dawson Creek
Prince George
Prince Rupert
Mackenzie
Inuvik
Dawson
Whitehorse
Juneau
Alexander-archipel
Queen-Charlotte-In.
Golf von Alaska
K. Barrow
Barrow
Alaska (Vereinigte Staaten)
Yukon
Fairbanks
Anchorage
Valdez
Kodiak
Bethel
Nome
Nortonsund
K. Deshnjow
K. Prince of Wales
Beringstr.
St.-Lorenz-I.
St.-Matthäus-I.
Nunivak
Pribilof-In.
Unalaska
Aleuten
Attu
Beringmeer
PA
RUSSLAND
Sewernaja Semlja
K. Tscheljuskin
Laptewsee
Neusibirische Inseln
Ostsibirische See
Wrangel-I.
Tschuktschensee
Lena
Tixi
Jana
Werchojansk
Indigirka
Kolyma
Tscherski
Pewek
Aldan
Oimjakon
Sussuman
Anadyr
Prowidenija
K. Nawarin
Ochotsk
Magadan
Nikolajewsk
Sachalin
Ochotskisches Meer
Palana
Kommandeur-In.

VEREINIGTE STAATEN
MEXIKO
KUBA
BAHAMAS
JAMAIKA
HAITI
DOMINIKAN. REP.
BELIZE
GUATEMALA
HONDURAS
EL SALVADOR
NICARAGUA
COSTA RICA
PANAMA
KOLUMBIEN
VENEZUELA
ECUADOR
Golf von Mexiko
Golf von Campeche
Golf von Kalifornien
Golf von Honduras
Karibisches Meer
Floridastraße
Yucatánstraße
Nördl. Wendekreis
Bermuda (brit.)
Turks- u. Caicos-In. (brit.)
Puerto Rico (USA)
Hispaniola
Ndl. Antillen
Kaiman-In. (brit.)
Navassa (USA)
Providencia
San Andrés (Kol.)
Kokos-I. (C. R.)
Malpelo (Kol.)
Revilla-Gigedo-In. (Mex.)
Clipperton (Frz.-Polynesien)
Guadalupe (Mex.)
Florida
Mississippi
Missouri
Ohio
Arkansas
Red R.
Rio Grande
Colorado
Platte
Oberer See
Michigansee
Huronsee
Eriesee
St.-Lorenz-Strom
Nicaraguasee
Panamakanal
G. v. Panama
Magdalena
Caquetá
Äquator
Gr. Salzsee
Kap Sable
Kap Cod
Kap Hatteras
K. Canaveral
K. Catoche
K. Gallinas
Kap San Lucas
K. Conception
Kap Mendocino
Halifax
Québec
MONTRÉAL
Ottawa
Toronto
Sudbury
Thunder Bay
Winnipeg
Regina
Victoria
Portland
Boston
Providence
NEW YORK
Albany
Buffalo
PHILADELPHIA
Baltimore
Washington
Norfolk
Richmond
Raleigh
Charlotte
Columbia
Charleston
Jacksonville
Miami
Nassau
Tampa
Atlanta
Columbus
Montgomery
Birmingham
Jackson
New Orleans
Baton Rouge
HOUSTON
Corpus Christi
SAN ANTONIO
Austin
DALLAS
Fort Worth
Little Rock
Memphis
Nashville
Louisville
Cincinnati
Cleveland
Pittsburgh
DETROIT
Toledo
CHICAGO
Indianapolis
St. Louis
Milwaukee
Duluth
St. Paul
Minneapolis
Sioux Falls
Des Moines
Lincoln
Kansas City
Wichita
Oklahoma City
Amarillo
Bismarck
Pierre
Cheyenne
Denver
Pueblo
Albuquerque
El Paso
CD. JUÁREZ
Tucson
PHOENIX
Salt Lake City
Helena
Boise
Spokane
Seattle
Portland
Reno
Sacramento
San Francisco
Las Vegas
LOS ANGELES
SAN DIEGO
Mexicali
Hermosillo
Chihuahua
Culiacán
Torreón
Durango
MONTERREY
San Luis Potosí
Tampico
LEÓN
GUADALAJARA
MEXIKO
PUEBLA
Veracruz
Acapulco
Tehuantepec
Mérida
Belmopan
GUATEMALA
San Salvador
Tegucigalpa
Managua
San José
Panamá
Colón
HAVANNA
Santiago
Kingston
Port-au-Prince
SANTO DOMINGO
San Juan
MARACAIBO
BARRANQUILLA
Cartagena
San Cristóbal
Buc.
BOGOTÁ
MEDELLÍN
CALI
Buenaventura
Pasto
La Paz

ATLANTIS
Nordpolarmeer
Grönland
Europäisches Nordmeer
Barentssee
Laptewsee
Ostsibirische See
Beaufortsee
Baffin Bay
Labradorsee
Hudson Bay
Golf von Alaska
Beringmeer
Ochotskisches Meer
Kanada
Alaska
Rocky Mountains
Labrador
Island
Spitzbergen
Franz-Joseph-Land
Nowaja Semlja
Sewernaja Semlja
Neusibirische Inseln
Wrangel-I.
Baffininsel
Victoria-Insel
Banks-I.
Queen-Elizabeth-In.
Ellesmere-I.
Devon-I.
Southampton
Melville-H.-I.
Boothia-H.-I.
Ungava-H.-I.
Neufundland
Kamtschatka
Sachalin
Alëuten
Alexanderarchipel
Queen-Charlotte-In.
Kodiak
Nordpol
Brookskette
Alaskakette
Mackenzie-Geb.
Kolymagebirge
Tscherskigebirge
Werchojansker Geb.
Korjakengebirge
Anadyr-Geb.
Mt. McKinley 6194
Mt. Logan 5950
Mt. Robson 3954
Gunnbjørn Field 3700
Vatnajökull 2119
Galdhøpiggen 2469
Reykjavik
Nuuk
Iqaluit
Anchorage
Fairbanks
Juneau
Whitehorse
Dawson
Inuvik
Yellowknife
Churchill
Schefferville
Nome
Barrow
Magadan
Ochotsk
Tiksi
Murmansk
Helsinki
Tallinn
Turku
Tampere
Oulu
Luleå
Narvik
Tromsø
Trondheim
Longyearbyen
Beringstr.
Davisstraße
Dänemarkstraße
Hudsonstraße
Lancastersund
Mackenzie
Yukon
Lena
Kolyma
Indigirka
Jana
Aldan
Anadyr
Gr. Bärensee
Gr. Sklavensee
Athabascasee
Jan Mayen
Färöer
K. Barrow
K. Deshnjow
K. Prince of Wales
K. Tscheljuskin
K. Morris Jesup
K. Farvel
K. Chidley
Nordkap
Nordostkap
Pearyland
Qaanaaq
Upernavik
Tasiilaq
Resolute Bay
Cambridge Bay
Coppermine
Hay River
Prince George
Prince Rupert
Kommandeur-In.
St.-Lorenz-I.
St.-Matthäus-I.
Nunivak
Pribilof-In.
Unalaska
Unimak
Fox-In.
Andreanof-In.
Attu
Katmai 2047
Kljutschewskaja Sopka 4750

Golf von Mexiko
Karibisches Meer
Große Antillen
Bahama-Inseln
Kuba
Hispaniola
Jamaika
Florida
Hochland von Mexiko
Östl. Sa. Madre
Westl. Sierra Madre
Südl. Sa. Madre
Niederkalifornien
Golf von Kalifornien
Coloradoplateau
Großes Becken
Sa. Nevada
Mississippi
Rio Grande
Nördl. Wendekreis
Höhenschichten
4000 m
2000 m
1000 m
500 m
200 m
0 m
Depression
Inlandeis, Gletscher
Meerestiefen
200 m
2000 m
4000 m
6000 m

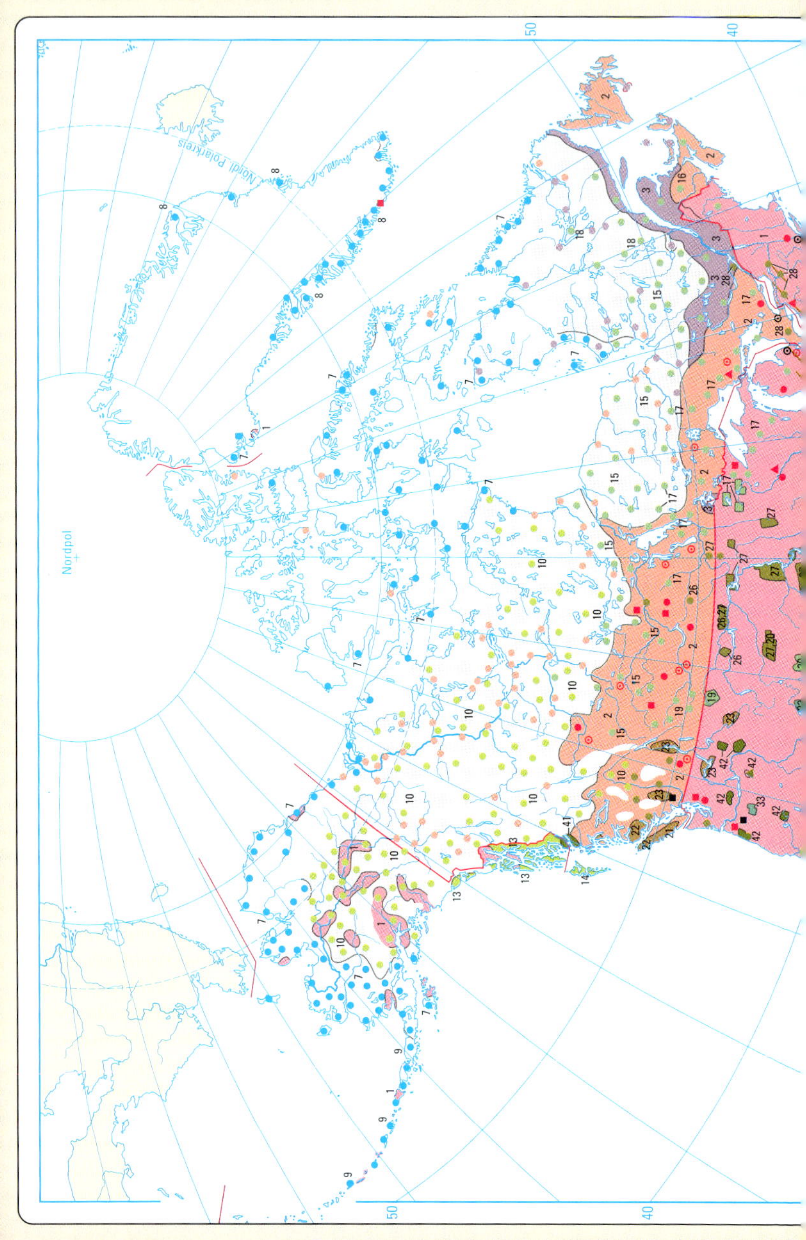
Nordpol
Nördl. Polarkreis
50
40

1 : 50 000 000

0
500
1000
1500
2000 km
Nördl. Wendekreis
Völker mit indoeuropäischen Sprachen
1 (US-)Amerikaner
2 Anglokanadier
3 Frankokanadier
Italiener
Polen
Russen, Ukrainer
Dänen, Norweger, Schweden
Deutsche
4 Mexikaner, Kubaner und andere Spanisch sprechende Völker
5 Jamaikaner und andere Englisch und Kreolisch sprechende Völker in Mittelamerika
6 Haitier (Französisch und Kreolisch)
Hauptverbreitung negroider Bevölkerungen (Afroamerikaner, Bewohner der Karibik)
Asiatische Einwanderer
Chinesen
Japaner
Amerikanische Urbevölkerung (nach Sprachfamilien)
Eskimo, Aleüten
7 Eskimo
8 Grönländer
9 Aleüten
Indianer/Indios
Na-Dené
10 Nördliche Athapasken
11 Navajo
12 Apache
13 Tlingit
14 Haida
Algonkin
15 Cree
16 Micmac
17 Ojibwa
18 Montagnais-Naskapi
19 Blackfeet
20 Cheyenne, Arapaho
Wakash und Salish
21 Nootka
22 Kwakiutl
23 Salish
Muskogee
24 Choctaw und Chickasaw
25 Creek und Seminolen
Hoka-Sioux
26 Assiniboin
27 Dakota, Crow u.a.
28 Irokesen und Huronen
29 Cherokee
30 Hoka: Yuma, Mohave, Pomo
31 Seri
32 Tlapaneken
Uto-Azteken
33 Shoshone, Paiute u.a.
34 Comanche
35 Hopi
36 Pima-Papago
37 Yaki und Mayo
38 Tarahumara
39 Huichol, Cora u.a.
40 Azteken
Penuti
41 Tsimshian
42 Sahaptin
43 Zuni u.a.
Maya-Völker
44 Huaxteken
45 Maya
46 Quiché
47 Mam
Otomi-Mixteken-Zapoteken
48 Otomi
49 Mixteken
50 Zapoteken
51 Misquito
52 Kariben (einschl. „Schwarze Kariben")
53 Chibcha
Sonstige
54 Totonaken
55 Mixe-Zoque
56 Tarasken
57 Chorotegen
extrem dünn besiedelter Lebensraum der Urbevölkerung
unbewohntes Gebiet
130
120
110
100
90
80
30
20
10

Nordpolarmeer
RUSSLAND
VEREINIGTE STAATEN
Alaska
Beringmeer
PAZIFISCHER
Aléuten
Pobeda
3147
Srednekolymsk
Syrjanka
Kolyma
Jukagiren-hochland
1185
Omolon
Nördl. Polarkreis
Anjui-Geb.
Bären-In.
Ambartschik
Tscherski
Ajon
K. Schelagski
Bilibino
Pewek
1853
1797
Wrangel-I.
1096
Tschuktschenbergland
Ewensk
1503
Markowo
Anadyr
1843
Penshinabucht
Kamenskoje
Wankarem
Tschuktschensee
Korjakengebirge
Ilpyrski
Korf
Ledjanaja
2562
Karaginski
Pachatschi
Anadyr
Anadyrbucht
Tschuktschen-H.-I.
Uelen
K. Deshnjow
Bering-Str.
Kotzebuesund
Kap Oljutorski
Beringowski
Kap Nawarin
Prowidenija
Kap Tschukotski
K. Prince of Wales
Gambell
St.-Lorenz-I.
Seward-H.-I.
1437
Nome
Point Hope
Barrow
Kap Barrow
Brookskette
Kotzebue
Selawik
Fort Yukon
Fairbanks
Nortonsund
Unalakleet
Ruby
Yukon
Kuskokwim-Geb.
1374
Kantishna
Mt. McKinley
6194
St.-Matthäus-I.
K. Romanzof
Hooper Bay
Bethel
Kuskokwim
Willow Lake
Palmer
Anchorage
Nunivak
Kuskokwimbucht
Alaskakette
H.-I. Kenai
Dillingham
Newhalen
3053
Cook Inlet
Seward
Homer
Attu
Attu
Near-In.
Pribilof-In.
Bristolbucht
Rat-In.
Afognak
Shelikof-Str.
Kodiak
1353
Kodiak
Andreanof-In.
1806
Atka
H.-I. Alaska
2507
Mt. Veniaminof
Aleutenkette
Chignik
Foxinseln
Cold Bay
Umnak
Unalaska
Unimak
Unalaska
Shumagin-In.
Trinity-In.
62/63
150
160
170
180
170
160
65
60
55
50
45

Devoninsel
Borden
Mackenzie King
Parry-In.
Bathurst
Cornwallis
Resolute Bay
Lancastersund
Arctic Bay
Baffininsel
Prince-Charles-I.
Igloolik
Brodeur-H.-I.
Somerset-I.
Golf von Boothia
Melville-H.-I.
Foxe-becken
Foxe-H.-I.
Foxe-kanal
Prince-Patrick-I.
Melville-I.
Viscount-Melville-Sund
Prince-of-Wales-I.
Mould Bay
Eglinton
McClurestraße
McClintockkanal
Boothia-H.-I.
Repulse Bay
Southampton-I.
Coral Harbour
Coats
K. Prince Alfred
Banksinsel
655
Victoria-Insel
King-William-I.
Roes-Welcome-Sund
543
Sachs Harbour
Ikaluktutiak/ Cambridge Bay
Queen-Maud-Golf
Nunavut
Amundsengolf
Kap Bathurst
Holman
Coronationgolf
Baker Lake
Rankin Inlet
Hudson Bay
Bathurst Inlet
Back
Thelon
Mackenzie-bucht
Tuktoyaktuk
Coppermine
Arviat
Dubawnt-see
Aklavik
Inuvik
Old Crow
Echo Bay
Kap Churchill
Churchill
Porcupine
Nordwest-territorien
Gr. Bärensee
Reliance
Fort Norman
Manitoba
Yukon-territorium
Mackenzie-Geb.
KANADA
Mackenzie
Yellowknife
Gr. Sklavensee
Dawson
Keele Peak 2972
Mayo
Uranium City
Wollaston Lake
Rentiersee
Thompson
Lynn Lake
Fort Providence
Fort Resolution
Wollastonsee
Fort Simpson
Hay River
Fort Smith
Slave
Athabascasee
Faro
Snow Lake
Carmacks
Yukon
Flin Flon
The Pas
Fort Vermilion
Athabasca
La Loche
Whitehorse
Watson Lake
Liard
Fort Nelson
Fort McMurray
La Ronge
Saskatchewan
5950 Mount Logan
Skagway
Cassiar
Mount Sylvia 2942
Ware
Rocky Mountains
Yakutat
Juneau
Peace
Peace River
Lac la Biche
Prince Albert
St. Paul
Chichagof
Mt. Ratz 3136
British Columbia
Fort St. John
Alberta
Saskatoon
Küstengebirge
Sitka
Baranof
Kupreanof
Alexander-Arch.
Dawson Creek
Grande Prairie
Edson
Edmonton
Wainwright
Regina
Stewart
Wrangell
Wetaskiwin
Prince-of-Wales-I.
Ketchikan
Mount Robson 3954
Red Deer
Drumheller
Swift Current
Jasper
Brooks
Dixonstraße
Prince George
Banff
Calgary
Prince Rupert
Kitimat
Quesnel
3618
Lethbridge
Mt. Assiniboine
Havre
1250
Queen-Charlotte-In.
Hecatestr.
Mount Waddington 4016
Kamloops
Revelstoke
Ocean Falls
Great Falls
Kimberley
Vernon
Kelowna
Montana
Billings
Kap St. James
Queen-Charlotte-Sund
Fraser
Helena
Vancouver
Spokane
Port Hardy
Vancouver
Port Alberni
Victoria
Everett
Washington
Wyoming
Seattle
Tacoma
Mt. Rainier
Olympia
4392
Yakima
Idaho
OZEAN
VEREINIGTE STAATEN
Portland
Boise
Pocatello
Salem
Oregon
Utah
112/113
114/115

110/111
114/115
116/117

Nordost-kap
K. Morris Jesup
Pearyland
Lincoln-see
Grönland-see
Kong-Frederik-VIII.-Land
Danmarkshavn
Knud-Rasmussen-Land
Grönland (dän.)
2544 Jan Mayen
(Norw.)
Daneborg
Nördl. Polarkreis
Kong-Christian-X.-Land
Qaanaaq/Thule
Ittoqqortoormiit
Melville-bucht
Seyðisfjörður
Akureyri
ISLAND
Vatna-jökull
2119
Gunnbjørn Fjeld
3700
Dänemarkstraße
Upernavik
3230
Baffin Bay
H.-I. Svartenhuk
Reykjavík
Unmmannaq
Nuugssuaq
Ilulissat
Qeqertarsuaq
Qasigiannguit
Clyde
Kong-Christian-IX.-Land
Tasiilaq
Home-bucht
Davisstraße
Kangerlussuaq
Sisimiut
Pennyhochland
2591
Cumberland-H.-I.
Kap Dyer
Maniitsoq
Kong-Frederik-VI.-Küste
Pangnirtung
Cumberlandsund
Nuuk (Godthåb)
Hall-H.-I.
1143
2300
Iqaluit
Paamiut
Qaqortoq
Meta-Incognita-H.-I.
Ivittuut
Nanortalik
Kap Farvel
Frobisher Bay
Resolution
K. Chidley
Akpatok
Labradorsee
Kangirsuk
Ungava Bay
1595
ATLANTISCHER OZEAN
Kuujjuaq
Nain
Labrador
Neufundland
Hopedale
Québec
Rigolet
1150
Smallwood-Stausee
Melville-see
Schefferville
Port Hope Simpson
Labrador City
St. Anthony
46/47
60 50 40 30 20 10 0 10
5 65 6 60 7 55 8 50 9
70 60 50 40

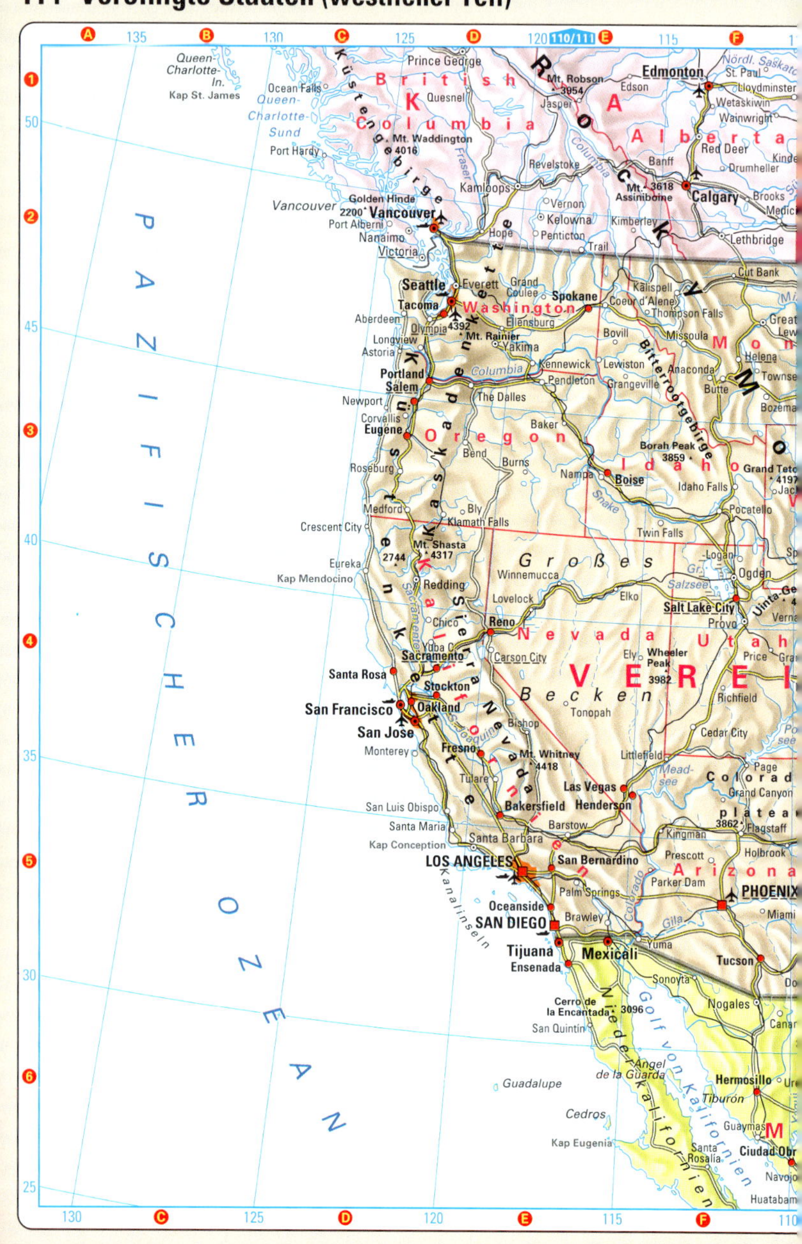
110/111
Queen-Charlotte-In.
Kap St. James
Ocean Falls
Queen-Charlotte-Sund
Port Hardy
Vancouver
Golden Hinde 2200
Vancouver
Port Alberni
Nanaimo
Victoria
Küstengebirge
Prince George
Quesnel
Mt. Waddington 4016
British Columbia
Fraser
Kamloops
Revelstoke
Vernon
Kelowna
Penticton
Hope
Trail
Mt. Robson 3954
Jasper
Edson
Edmonton
Rocky
Alberta
Red Deer
Banff
Mt. 3618 Assiniboine
Calgary
Kimberley
Lethbridge
Drumheller
Brooks
Nördl. Saskatchewan
St. Paul
Lloydminster
Wetaskiwin
Wainwright
Cut Bank
Seattle
Everett
Tacoma
Aberdeen
Olympia
4392
Mt. Rainier
Washington
Grand Coulee
Spokane
Ellensburg
Yakima
Kennewick
Columbia
Longview
Astoria
Portland
Salem
Newport
Corvallis
Eugene
The Dalles
Pendleton
Kaskadenkette
Oregon
Bend
Burns
Baker
Roseburg
Medford
Bly
Klamath Falls
Crescent City
Kalispell
Coeur d'Alene
Thompson Falls
Missoula
Bovill
Lewiston
Grangeville
Bitterrootgebirge
Anaconda
Butte
Helena
Montana
Borah Peak 3859
Idaho
Nampa
Boise
Snake
Idaho Falls
Pocatello
Twin Falls
Grand Teton 4197
Mt. Shasta 4317
2744
Eureka
Kap Mendocino
Redding
Sacramento
Chico
Yuba C.
Sacramento
Küstenkette
Kalifornien
Sierra Nevada
Großes Becken
Winnemucca
Lovelock
Elko
Reno
Carson City
Nevada
Ely
Wheeler Peak 3982
Tonopah
VEREI
Logan
Ogden
Gr. Salzsee
Salt Lake City
Provo
Utah
Price
Richfield
Cedar City
Uinta-Geb.
Santa Rosa
Stockton
San Francisco
Oakland
San Jose
Monterey
San Joaquin
Bishop
Fresno
Mt. Whitney 4418
Tulare
Bakersfield
Las Vegas
Henderson
Littlefield
Mead-see
Page
Coloradoplateau
Grand Canyon
3862
Flagstaff
San Luis Obispo
Santa Maria
Kap Conception
Santa Barbara
Barstow
Kingman
LOS ANGELES
San Bernardino
Prescott
Holbrook
Kanalinseln
Palm Springs
Parker Dam
Arizona
Colorado
PHOENIX
Oceanside
SAN DIEGO
Brawley
Gila
Miami
Tijuana
Ensenada
Mexicali
Yuma
Tucson
Sonoyta
Nogales
Cerro de la Encantada 3096
San Quintín
Niederkalifornien
Golf von Kalifornien
Angel de la Guarda
Guadalupe
Cedros
Kap Eugenia
Hermosillo
Tiburón
Guaymas
Santa Rosalía
Ciudad Obr
Navojo
Huatabam
PAZIFISCHER OZEAN
135
130
125
120
115
110
50
45
40
35
30
25
A
B
C
D
E
F
1
2
3
4
5
6

105 H 100 J 95 112/113 K 90 L 85 M 80

1 2 3 4 5 6

50 45 40 35 30 25

116/117

Manitoba
Saskatchewan
Ontario
A D A
Norddakota
Süddakota
Minnesota
Wisconsin
Michigan
Iowa
Nebraska
Illinois
Indiana
Ohio
Kansas
Colorado
Missouri
Kentucky
Tennessee
Oklahoma
Arkansas
Mississippi
Alabama
Louisiana
Florida
Texas
New Mexico
VEREINIGTE STAATEN
MEXIKO
Edwards plateau
Llano Estacado
Oberer See
Michigansee
Huronsee
Winnipegsee
Winnipegosissee
Manitobasee
Nipigonsee
Waldersee
Golf von Mexiko
James Bay
Sierra Madre
Sierra Madre Östl.

Saskatoon
Regina
Winnipeg
Thunder Bay
Sault Sainte Marie
Duluth
Minneapolis
St. Paul
Milwaukee
CHICAGO
Detroit
Indianapolis
Des Moines
Omaha
Lincoln
Kansas City
Saint Louis
Denver
Wichita
Tulsa
Oklahoma City
Little Rock
Memphis
Nashville
Dallas
Fort Worth
Austin
San Antonio
HOUSTON
New Orleans
Baton Rouge
Jackson
Birmingham
Montgomery
Mobile
Shreveport
El Paso
Ciudad Juárez
Chihuahua
Albuquerque
Amarillo
Lubbock
Corpus Christi
Laredo
Monclova
Brownsville
Reynosa
McAllen

VEREINIGTE STAATEN
K A N A D A
Ontario
Manitoba
Winnipeg
Norddakota
Süddakota
Minnesota
Wisconsin
Michigan
Iowa
Nebraska
Kansas
Oklahoma
Texas
Arkansas
Louisiana
Mississippi
Alabama
Georgia
Florida
Tennessee
Kentucky
Illinois
Indiana
Ohio
Pennsylvania
Westvirginia
Virginia
Nordkarolina
Südkarolina
Oberer See
Michigansee
Huronsee
Eriesee
Ontariosee
Golf von Mexiko
BAHAMAS
Minneapolis
St. Paul
Milwaukee
CHICAGO
DETROIT
Toronto
Ottawa
Indianapolis
Columbus
Nashville
Memphis
Atlanta
DALLAS
HOUSTON
New Orleans
Jacksonville
Tampa
Miami
Washington
Baltimore
Pittsburgh
Cleveland
Kansas City
Saint Louis
Louisville
Cincinnati
Birmingham
Charlotte
Richmond
Nassau
Nördl. Wendekreis
Kap Canaveral
Kap Sable
Kap San Blas
Floridastraße
Appalachen
112/113
114/115
120/

Gagnon
Sept-Îles
Havre-St.-Pierre
Harrington Harbour
St. Anthony
Neufundland
Anticosti
Port-Menier
Baie-Comeau
Gaspé
Kap Gaspé
St.-Lorenz-Strom
Notre-Dame-Geb.
1268
Rimouski
Chicoutimi
Jonquière
1172
Tuque
Québec
Rivière-du-Loup
Edmundston
Campbellton
Newcastle
Neu-braunschweig
Moncton
Fredericton
Presque Isle
Maine
St. John
Bangor
Augusta
Lewiston
Portland
New Hampshire
Manchester
Boston
Kap Cod
New Bedford
Providence
Rhode I.
Nantucket
Southampton
Mainegolf
Kap Sable
Yarmouth
Halifax
Neuschottland
Fundybucht
Truro
Amherst
Charlottetown
Prince-Edward-I.
Magdalen-In.
St.-Lorenz-Golf
Cabotstraße
Glace Bay
Sydney
Kap-Breton-I.
Sable
Corner Brook
Stephenville
808
Gander
Bonavista
Grand Falls
Neufundland
Carbonear
St. John's
Channel-Port-aux-Basques
H.-I. Avalon
Kap Race
St. Pierre und Miquelon (frz.)
St-Pierre
ATLANTISCHER OZEAN
Hamilton
Bermuda (brit.)
Sargassosee
C. Connecticut
Mass. Massachusetts

A
B
C
D
E
1
2
3
4
5
6
120
115
110
105
100
114/115
30
25
20
15
10
SAN DIEGO
Oceanside
Kalif.
Brawley
PHOENIX
Miami
Gila
Arizona
New Mexico
Clovis
Llano Estacado
Lubbock
Wichit
Sierra Blanca Peak
3649
Roswell
VEREINIG
Tijuana
Mexicali
Yuma
Ensenada
Sonoyta
Tucson
Las Cruces
Hobbs
Sweetwater
Carlsbad
Cerro de la Encantada
3096
Douglas
El Paso
Odessa
Midland
Nogales
San Quintín
CIUDAD JUÁREZ
Pecos
McCamey
Cananea
Van Horn
Texas
Guadalupe
3200
Nueva Casas Grandes
Edwards
plateau
853
Ángel de la Guarda
Tiburón
Ures
Hermosillo
Golf von Kalifornien
Niederkalifornien
Río Bravo del Norte
Río Grande
Pecos
Cedros
Kap Eugenia
Guaymas
Yaqui
Chihuahua
Acuña
Del Rio
Piedras Negras
Eagle
Cuauhtémoc
Santa Rosalía
Ciudad Obregón
Creel
Camargo
Sabinas
Navojoa
Hidalgo del Parral
Jiménez
Westl. Sierra Madre
Östl. Sierra Madre
MEXIKO
Huatabampo
Santa Bárbara
Nuevo Laredo
Monclova
Co. Mohinora
3992
Santo Domingo
Los Mochis
San Bernardo
Gómez Palacio
Nördl. Wendekreis
Abasolo
Torreón
Saltillo
Culiacán
Juan Aldama
Concepción del Oro
Cerro Peña Nevada
3664
La Paz
El Salto
Durango
Matehuala
2406
Mazatlán
Kap San Lucas
San José del Cabo
Fresnillo
Zacatecas
San Luis Potosí
PAZIFISCHER
Tres-Marías-In.
Río Grande de Santiago
Aguascalientes
Tepic
2987
Guanajuato
GUADALAJARA
LEÓN
Querét
Kap Corrientes
Irapuato
Revillagigedo-In.
(Mex.)
Zamora de Hidalgo
Nevado de Colima
4340
MEXIKO
Uruapan
Morelia
Toluca
Cuernavaca
Manzanillo
Colima
Apatzingán
Lázaro Cárdenas
Südl. Sierra
Chilpanc
3703
Acapulco
Clipperton
(zu Frz.-Polynesien)

STAATEN
ATLANTISCHER OZEAN
Golf von Mexiko
Golf von Campeche
Karibisches Meer
Große Antillen
OZEAN
Dallas
Houston
Atlanta
Jacksonville
New Orleans
Miami
Nassau
BAHAMAS
LA HABANA (HAVANNA)
KUBA
Mérida
Cancún
BELIZE
GUATEMALA
CD. DE GUATEMALA (GUATEMALA)
HONDURAS
Tegucigalpa
EL SALVADOR
San Salvador
NICARAGUA
Managua
COSTA RICA
San José
PANAMA
Panamá
JAMAIKA
Kaimaninseln (brit.)
116/117
120/121

VEREINIGTE STAATEN
Texas
Louisiana
Mississippi
Alabama
Georgia
Südkarolina
Florida
Houston
Beaumont
Lake Charles
Port Arthur
Lafayette
Baton Rouge
New Orleans
Mobile
Pensacola
Tallahassee
Jacksonville
Savannah
Charleston
Columbus
Montgomery
Orlando
Tampa
Saint Petersburg
Fort Lauderdale
Miami
Key West
Golf von Mexiko
Golf von Campeche
LA HABANA
(HAVANNA)
KUBA
Santa Clara
Cienfuegos
Camagüey
Holguín
Santiago de Cuba
BAHAMA
Nassau
MEXIKO
Mérida
Cancún
Campeche
Villahermosa
Tuxtla
Yucatánstraße
BELIZE
Belmopan
Belize City
GUATEMALA
CD. DE GUATEMALA
(GUATEMALA)
HONDURAS
Tegucigalpa
San Pedro Sula
EL SALVADOR
San Salvador
NICARAGUA
Managua
COSTA RICA
San José
PANAMA
Panamá
Colón
JAMAIKA
Kingston
Kaimaninseln
(brit.)
Georgetown
Karibisches Meer
PAZIFISCHER OZEAN
BARRANQUILLA
Cartagena
MEDELLÍN
KOLUMBIEN

Hamilton
Bermuda (brit.)
ATLANTISCHER OZEAN
Sargassosee
Nördl. Wendekreis
Turks- u. Caicosinseln (brit.)
Grand Turk
DOMINIKANISCHE REP.
San Francisco de Macorís
Santiago 3175
La Romana
SANTO DOMINGO
Barahona
Hispaniola
Monapassage
San Juan
Mayagüez
1338
Ponce
Puerto Rico (USA)
Amerik. Jungferninseln (USA)
Charlotte Amalie
St. Croix
Brit. Jungferninseln
Anegadapassage
Anguilla (brit.)
St-Martin (Guad. / Ndl. Ant.)
St-Barthélemy (Guad.)
Barbuda
Basseterre
(Ndl. Antillen)
SAINT KITTS UND NEVIS
Montserrat (brit.)
St. John's
ANTIGUA UND BARBUDA
Plymouth
Pointe-à-Pitre
1467
Guadeloupe (frz.)
Marie-Galante
Basse-Terre
Roseau
DOMINICA
Kleine Antillen
Fort-de-France
Martinique (frz.)
SAINT LUCIA
Castries
BARBADOS
Bridgetown
SAINT VINCENT UND DIE GRENADINEN
Kingstown
GRENADA
St. George's
Blanquilla
Tobago
Port of Spain
TRINIDAD UND TOBAGO
Trinidad
San Fernando
Aruba (ndl.)
Oranjestad
Niederländ. Antillen
Curaçao
Bonaire
Willemstad
Gallinas
Guajira
Punto Fijo
Coro
Venezuela
Maracaibo-see
MARACAIBO
Cabimas
Barquisimeto
San Felipe
Puerto Cabello
Maiquetía
CARACAS
Maracay
Valencia
San Juan de los Morros
1931
Trujillo
Acarigua
San Carlos
Valera
Guanare
Pico Bolívar 5007
Mérida
Barinas
San Cristóbal
Apure
Arauca
Cocuy 5493
Meta
Margarita
La Asunción
Carúpano
Cumaná
Co. Turimiquire 2596
Barcelona
Maturín
Tucupita
El Tigre
Ciudad Bolívar
Ciudad Guayana
Orinoco
Guri-Stausee
San Fernando
Ciudad Piar
VENEZUELA
El Dorado
Puerto Carreño
Puerto Ayacucho
Auyán Tepuy 2560
Caroni
Roraima 2810
Santa Elena de Uairén
Morajuana
Charity
Matthews Ridge
Georgetown
New Amsterdam
Bartica
Linden
GUYANA
Paramaribo
Groningen
Nieuw Nickerie
SURINAME

130/131

Südamerika im Überblick

① Bei Bucay, Ecuador

② Lima

③ Altiplano, Bolivien

④ Patagonien

⑤ Perito-Moreno-Gletscher, Patagonische Kordillere

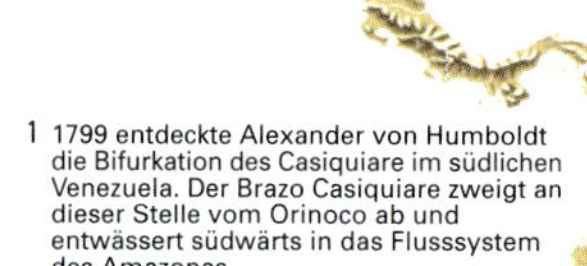

1 1799 entdeckte Alexander von Humboldt die Bifurkation des Casiquiare im südlichen Venezuela. Der Brazo Casiquiare zweigt an dieser Stelle vom Orinoco ab und entwässert südwärts in das Flusssystem des Amazonas.

2 Die zu Ecuador gehörenden Galápagosinseln liegen 1000 km vor der Westküste Südamerikas. Als bis über 1600 m aus dem Meer aufragende Vulkaninseln verfügen sie wegen ihrer isolierten Lage über eine einzigartige Tierwelt (Riesenschildkröten, Meerechsen) und bekamen 1959 den Nationalparkstatus.

3 Die Atacamawüste Nordchiles hat eine Nord-Süd-Erstreckung von etwa 900 km. Ein schmaler Streifen ist Küstenwüste mit häufigen Nebeln, hervorgerufen von den kalten Wassermassen des Humboldtstromes. Der zentrale Teil mit seinen Salpetervorkommen ist die trockenste Inlandwüste der Erde, vor den feuchten Westwinden durch die Küstengebirge und nach Osten durch ihre Lage auf der Leeseite der über 5000 m aufragenden Andenbarriere abgeschirmt.

4 Der Peru-Chile-Graben (Atacamagraben) markiert mit einer größten Tiefe von 8066 m den Beginn der Subduktionszone der ozeanischen Nazcaplatte unter den kontinentalen Rand der Südamerikanischen Platte.

5 Der Aconcagua ist mit 6959 m der höchste Berg des amerikanischen Doppelkontinents.

6 In der „Argentinischen Schweiz", dem argentinischen Teil der nordpatagonischen Anden, liegt der Nahuel-Huapi-See im gleichnamigen Nationalpark. Mit seinem von Hochgebirgen beherrschten Uferpanorama ist er der größte und schönste der nordpatagonischen Seen, die sich alle in von Gletschern ausgeräumten Becken gebildet haben.

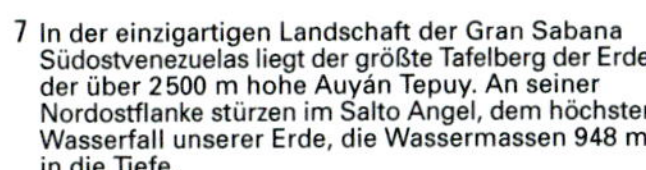

7 In der einzigartigen Landschaft der Gran Sabana Südostvenezuelas liegt der größte Tafelberg der Erde, der über 2500 m hohe Auyán Tepuy. An seiner Nordostflanke stürzen im Salto Angel, dem höchsten Wasserfall unserer Erde, die Wassermassen 948 m in die Tiefe.

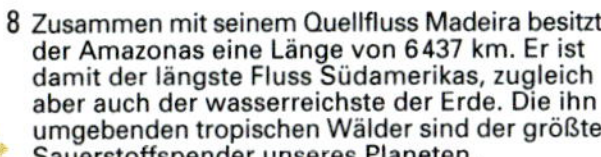

8 Zusammen mit seinem Quellfluss Madeira besitzt der Amazonas eine Länge von 6437 km. Er ist damit der längste Fluss Südamerikas, zugleich aber auch der wasserreichste der Erde. Die ihn umgebenden tropischen Wälder sind der größte Sauerstoffspender unseres Planeten.

9 Der Río de la Plata, Mündungsbucht der großen Stromsysteme Paraná und Uruguay, ist in seiner Ausdehnung so gewaltig (320 km lang, bis zu 225 km breit) und in seinem Süßwasseranteil so groß, dass er bei seiner Entdeckung 1515 zunächst „Mar Dulce" („Süßwasser-Meer") genannt wurde.

10 Kap Hoorn auf der chilenischen Isla Hornos ist mit 55° 59′ südlicher Breite der südlichste Punkt Südamerikas.

⑥ Caracas

⑦ Bergland von Guayana

⑧ Amazonas bei Leticia

⑨ Rio de Janeiro

⑩ Iguaçufälle

ATLANTISCHER OZEAN
Sargassosee
Nördlicher Wendekreis
Äquator
PAZIFI
Golf v. Mexiko
Golf von Campeche
Karibisches Meer
VEREINIGTE STAATEN
MEXIKO
KUBA
BAHAMAS
JAMAIKA
HAITI
DOMINIKAN. REP.
BELIZE
GUATEMALA
HONDURAS
EL SALVADOR
NICARAGUA
COSTA RICA
PANAMA
KOLUMBIEN
VENEZUELA
GUYANA
SURINAME
Frz.-Guayana
ECUADOR
PERU
BRASILIEN
BOLIVIEN
Bermuda (brit.)
Turks- u. Caicos-In. (brit.)
Jungfern-In. (USA) (brit.)
Anguilla (brit.)
ANTIGUA U. BARBUDA
Guadeloupe (frz.)
DOMINICA
Martinique (frz.)
SAINT KITTS UND NEVIS
Montserrat (brit.)
SAINT LUCIA
SAINT VINCENT U. DIE GRENADINEN
BARBADOS
GRENADA
TRINIDAD UND TOBAGO
Ndl. Antillen
Aruba (ndl.)
Puerto Rico (USA)
Navassa (USA)
Kaiman-In. (brit.)
Hispaniola
Florida
Bahama-In.
Yucatánstraße
Panamakanal
Galápagos-In. (Ecuad.)
Kokos-I. (C. R.)
Malpelo (Kol.)
Providencia (Kol.)
San Andrés
São Paulo (Bras.)
Fernando de Noronha
Rocas
Kap São Roque
Kap Gallinas
Amazonas
Orinoco
Rio Negro
Madeira
Tapajós
Xingu
Tocantins
Parnaíba
São Francisco
Purus
Juruá
Japurá
Caquetá
Putumayo
Ucayali
Marañón
Magdalena
Meta
Mamoré
Guaporé
Beni
Titicacasee
Maracaibosee
Sobradinho-Stausee
Mississippi
Rio Grande
Dallas
Houston
San Antonio
Austin
Fort Worth
Corpus Christi
Baton Rouge
New Orleans
Columbus
Jacksonville
Tampa
Miami
K. Canaveral
Monterrey
Tampico
Mérida
Veracruz
México
Tehuantepec
Guatemala
San Salvador
Belmopan
Tegucigalpa
Managua
San José
Panamá
Havanna
Nassau
Santiago
Kingston
Port-au-Prince
Sto. Domingo
San Juan
Port of Spain
Caracas
Valencia
Maracaibo
Barranquilla
Cartagena
Medellín
Bogotá
Bucaramanga
San Cristóbal
Cali
Buenaventura
Manizales
Pasto
Quito
Guayaquil
Cd. Guayana
Georgetown
Paramaribo
Cayenne
Boa Vista
Manaus
Santarém
Macapá
Belém
São Luís
Teresina
Fortaleza
Natal
João Pessoa
Recife
Maceió
Aracaju
Salvador
Ilhéus
Imperatriz
Palmas
Brasília
Cuiabá
Porto Velho
Rio Branco
Iquitos
Pucallpa
Huancayo
Cuzco
Lima
Callao
Chimbote
Trujillo
Chiclayo
Piura
Punta Negra

ATLANTISCHER OZEAN
PAZIFISCHER OZEAN
ARGENTINIEN
CHILE
PARAGUAY
URUGUAY
Trindade
Martin Vaz (Bras.)
Vitória
C. Frio
RIO DE JANEIRO
Santos
Campinas
SÃO PAULO
Ribeirão Prêto
Florianópolis
Londrina
Itaipú-Stausee
CURITIBA
PORTO ALEGRE
Pelotas
Paraná
Uruguay
Ciudad del Este
Asunción
Pilcomayo
MONTEVIDEO
Río de la Plata
Mar del Plata
BUENOS AIRES
La Plata
Rosario
Santa Fe
Resistencia
CÓRDOBA
Salta
Tucumán
San Juan
Mendoza
Bahía Blanca
Viedma
Rawson
Río Negro
Neuquén
Antofagasta
Valparaíso
SANTIAGO
Concepción
Temuco
Puerto Montt
Chiloé
Chonos-Archipel
Río Gallegos
Magellan-Str.
Feuerland
Punta Arenas
K. San Diego
Ushuaia
Kap Hoorn
Drakestraße
Falkland-In. (Malwinen) (brit.)
Stanley
Südgeorgien
Südgeorgien und die Südl. Sandwich-In. (brit.)
Südl. Sandwich-In.
Südl. Orkney-In.
Südl. Shetland-In.
Moody Point
James-Ross-I.
Palmer-Arch.
Antarktische H.-I.
Hearst-I.
Biscoe-In.
Adelaide-I.
Alexander-I.
Südl. Polarkreis
Südl. Wendekreis
Desventurados-In.
Juan-Fernández-In.
Sala y Gómez (Chile)

A T L A N T I S C H E R
O Z E A N
P A Z I F I
Sargassosee
Bermuda-In.
Nördlicher Wendekreis
Äquator
São Paulo
Fernando de Noronha
Rocas
Kap São Roque
Natal
João Pessoa
RECIFE
Maceió
Aracaju
SALVADOR
Ilhéus
FORTALEZA
Teresina
São Luís
Imperatriz
BELÉM
Palmas do Tocantins
BRASILIA
Campos
Hochland von Mato Grosso
Cuiabá
Cayenne
Paramaribo
Georgetown
Macapá
Santarém
Amazonas
Xingu
Tapajós
Tocantins
Madeira
Bergland von Guayana
Roraima 2810
Ciudad Guayana
Boa Vista
Pico da Neblina 3014
MANAUS
Rio Negro
Japurá
Selvas
Porto Velho
Purus
Juruá
Rio Branco
Guaporé
Mamoré
LA PAZ
Titicacasee
Cuzco
Huancayo
LIMA
Callao
Pucallpa
Huascarán 6768
Chimbote
Trujillo
Chiclayo
Piura
Punta Negra
Iquitos
Marañón
Ucayali
Putumayo
Caquetá
Pasto
QUITO
Chimborazo 6310
GUAYAQUIL
Galápagos-In.
Kokos-I.
Malpelo
Buenaventura
CALI
Huila 5750
Manizales
MEDELLÍN
BOGOTÁ
Meta
Bucaramanga
San Cristóbal
5493
Orinoco
Llanos
Guadeloupe
Martinique
Barbados
Trinidad
Kleine Antillen
CARACAS
Valencia
MARACAIBO
Kap Gallinas
BARRANQUILLA
Cartagena
5775
Karibisches Meer
Große Antillen
Puerto Rico
San Juan
STO. DOMINGO
Hispaniola
3175
Port-au-Prince
Santiago
Kingston
Jamaika
Kaiman-In.
Kuba
HAVANNA
Bahama-Inseln
Miami
K. Canaveral
Jacksonville
Florida
Tampa
Florida-Str.
Columbus
New Orleans
Baton Rouge
Mississippi
Golf v. Mexiko
Yucatánstraße
H.-I. Yucatán
Mérida
Golf von Campeche
Golf von Honduras
Providencia
San Andrés
Panamakanal
Panamá
3820
San José
Nicaragua-see
Managua
Tegucigalpa
San Salvador
GUATEMALA
4220
Tehuantepec
Veracruz
Pico de Orizaba
MEXIKO 5675
Tampico
MONTERREY
Corpus Christi
SAN ANTONIO
Austin
HOUSTON
DALLAS
Fort Worth
Rio Grande
6425
3812

ATLANTISCHER OZEAN
CHER OZEAN
Trindade
Martin Vaz
Pico da Bandeira
Cabo Frio
RIO DE JANEIRO
Santos
Campinas
SÃO PAULO
Ribeirão Prêto
Londrina
CURITIBA
Florianópolis
1898
PORTO ALEGRE
Pelotas
Itaipú-Stausee
Iguaçu-Fälle
Uruguay
Paraná
Asunción
Ciudad del Este
Gran Chaco
Pilcomayo
Resistencia
Salta
Tucumán
6882
Atacama
Antofagasta
Santa Fe
CÓRDOBA
Sa. de Córdoba
Rosario
BUENOS AIRES
La Plata
MONTEVIDEO
Río de la Plata
Mar del Plata
Pampa
San Juan
Aconcagua 6959
Mendoza
Valparaíso
SANTIAGO
Concepción
Temuco
3776
Neuquén
Río Negro
Bahía Blanca
Viedma
Rawson
Patagonien
Puerto Montt
Chiloé
Chonos-Archipel
San Valentin 4058
Falkland-In.
Stanley
Río Gallegos
Magellanstraße
Feuerland
Punta Arenas
2469
Ushuaia
Staaten-I.
Kap Hoorn
Drakestraße
Südgeorgien
Südl. Sandwich-In.
Südantillenmeer
Südl. Orkney-In.
Südl. Shetland-In.
Moody Point
James-Ross-I.
Antarktische H.-I.
Palmer-Arch.
Biscoe-In.
Adelaide-I.
Alexander-I.
Hearst-I.
Südl. Polarkreis
Südl. Wendekreis
Desventurados-In.
Juan-Fernández-In.
Sala y Gómez
8066
5537
497
4966
2042
5290
6212
15
1622
8264
5695
2335
Höhenschichten
4000 m
2000 m
1000 m
500 m
200 m
0 m
Depression
Inlandeis, Gletscher
Meerestiefen
200 m
2000 m
4000 m
6000 m

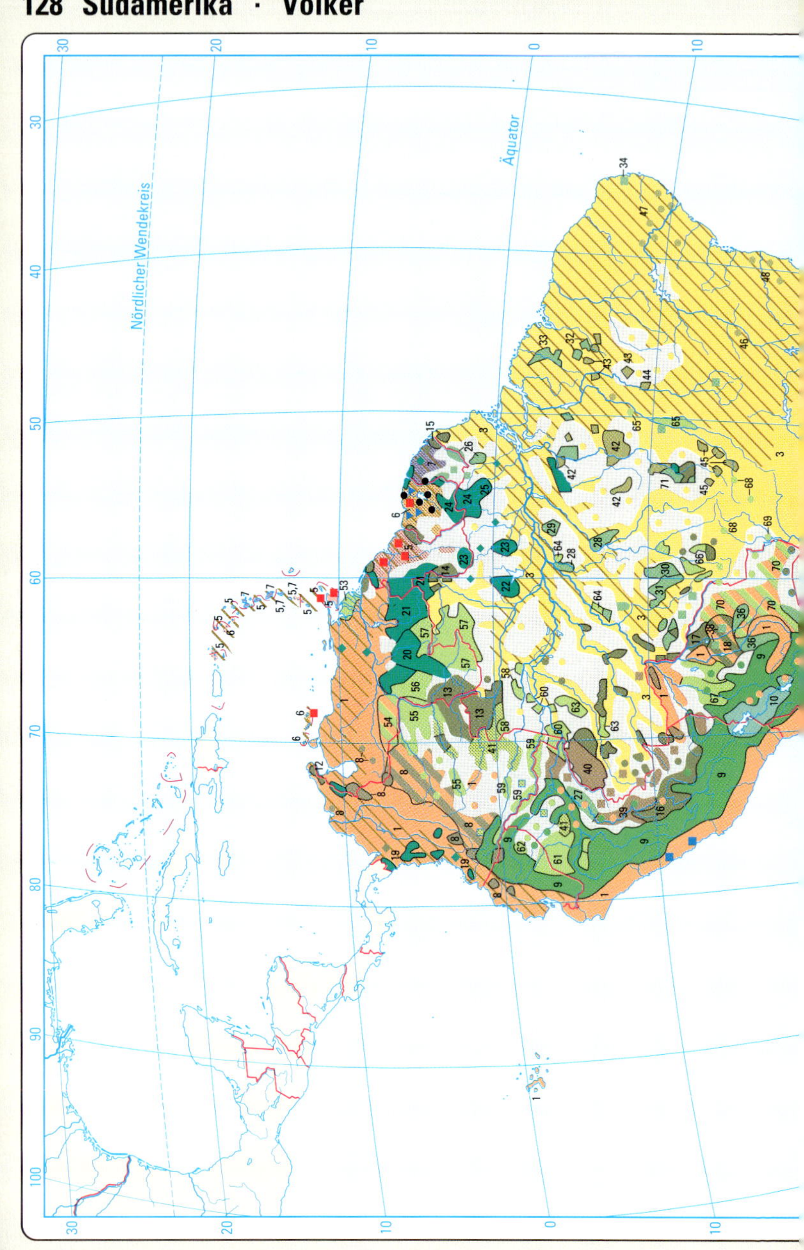
Äquator
Nördlicher Wendekreis

1 : 50 000 000

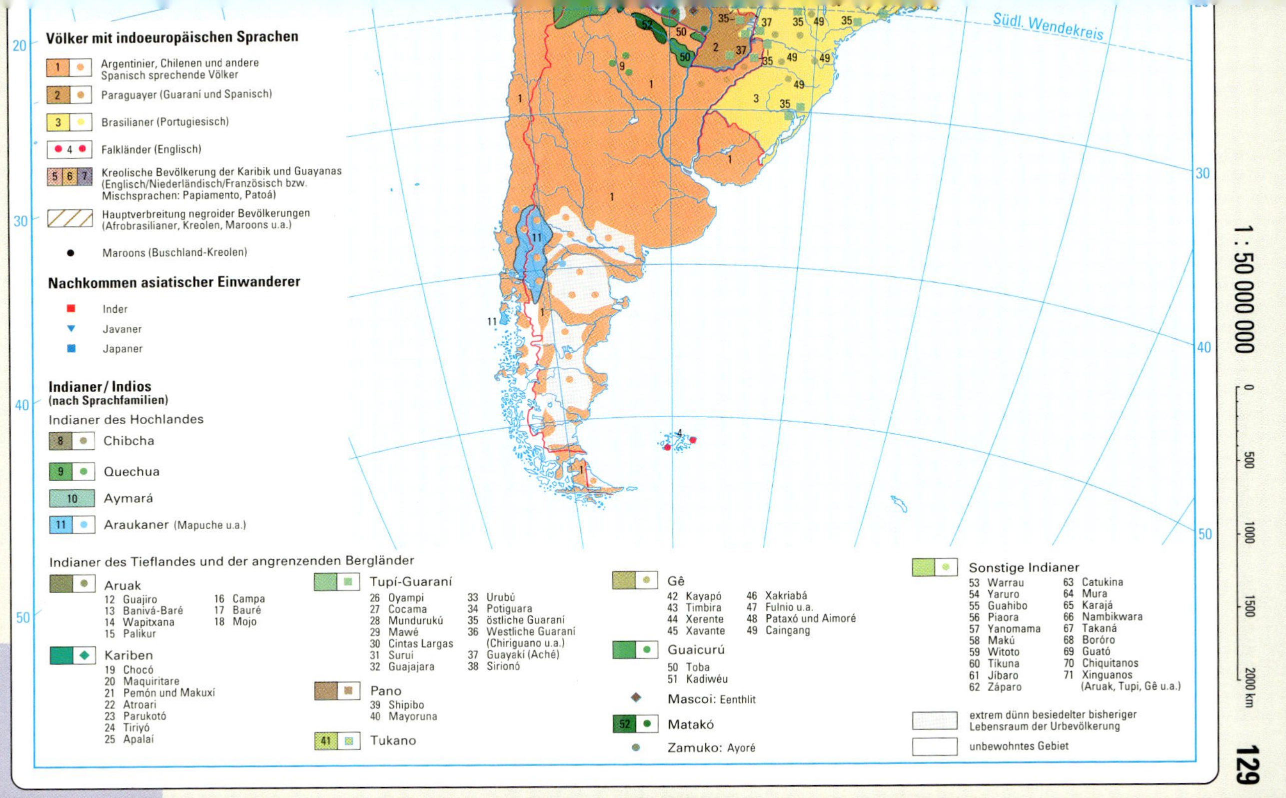

0 500 1000 1500 2000 km
Südl. Wendekreis
Völker mit indoeuropäischen Sprachen
1 Argentinier, Chilenen und andere Spanisch sprechende Völker
2 Paraguayer (Guaraní und Spanisch)
3 Brasilianer (Portugiesisch)
4 Falkländer (Englisch)
5 6 7 Kreolische Bevölkerung der Karibik und Guayanas (Englisch/Niederländisch/Französisch bzw. Mischsprachen: Papiamento, Patoá)
Hauptverbreitung negroider Bevölkerungen (Afrobrasilianer, Kreolen, Maroons u.a.)
Maroons (Buschland-Kreolen)
Nachkommen asiatischer Einwanderer
Inder
Javaner
Japaner
Indianer/Indios (nach Sprachfamilien)
Indianer des Hochlandes
8 Chibcha
9 Quechua
10 Aymará
11 Araukaner (Mapuche u.a.)
Indianer des Tieflandes und der angrenzenden Bergländer
Aruak
12 Guajiro
13 Banivá-Baré
14 Wapitxana
15 Palikur
16 Campa
17 Bauré
18 Mojo
Kariben
19 Chocó
20 Maquiritare
21 Pemón und Makuxí
22 Atroari
23 Parukotó
24 Tiriyó
25 Apalaí
Tupí-Guaraní
26 Oyampi
27 Cocama
28 Mundurukú
29 Mawé
30 Cintas Largas
31 Suruí
32 Guajajara
33 Urubú
34 Potiguara
35 östliche Guaraní
36 Westliche Guaraní (Chiriguano u.a.)
37 Guayakí (Aché)
38 Sirionó
Pano
39 Shipibo
40 Mayoruna
41 Tukano
Gê
42 Kayapó
43 Timbira
44 Xerente
45 Xavante
46 Xakriabá
47 Fulnio u.a.
48 Pataxó und Aimoré
49 Caingang
Guaicurú
50 Toba
51 Kadiwéu
Mascoi: Eenthlit
52 Matakó
Zamuko: Ayoré
Sonstige Indianer
53 Warrau
54 Yaruro
55 Guahibo
56 Piaora
57 Yanomama
58 Makú
59 Witoto
60 Tikuna
61 Jíbaro
62 Záparo
63 Catukina
64 Mura
65 Karajá
66 Nambikwara
67 Takaná
68 Boróro
69 Guató
70 Chiquitanos
71 Xinguanos (Aruak, Tupí, Gê u.a.)
extrem dünn besiedelter bisheriger Lebensraum der Urbevölkerung
unbewohntes Gebiet

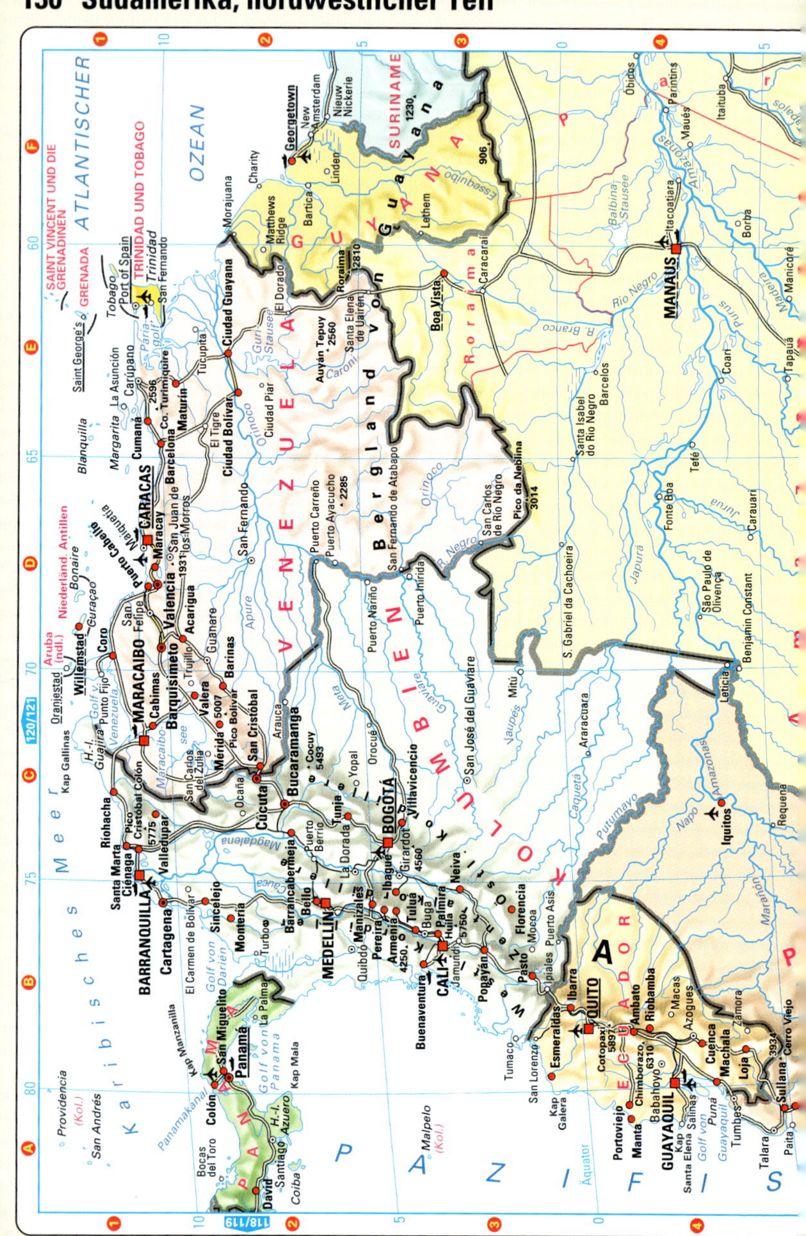
Karibisches Meer
ATLANTISCHER OZEAN
PAZIFISCHER
VENEZUELA
KOLUMBIEN
ECUADOR
PANAMA
GUYANA
SURINAME
Bergland von Guayana
Roraima
TRINIDAD UND TOBAGO
SAINT VINCENT UND DIE GRENADINEN
GRENADA
Niederländ. Antillen
Aruba (ndl.)
CARACAS
BOGOTÁ
QUITO
Panamá
Georgetown
MANAUS
MARACAIBO
BARRANQUILLA
MEDELLÍN
CALI
GUAYAQUIL
Valencia
Barquisimeto
Maracay
Barcelona
Cumaná
Maturín
Ciudad Guayana
Ciudad Bolívar
Mérida
San Cristóbal
Cúcuta
Bucaramanga
Cartagena
Santa Marta
Valledupar
Montería
Sincelejo
Ibagué
Manizales
Pereira
Armenia
Neiva
Popayán
Pasto
Villavicencio
Boa Vista
Iquitos
Leticia
Cuenca
Ambato
Riobamba
Esmeraldas
Machala
Loja
Manta
Portoviejo
Colón
David
Willemstad
Oranjestad
Port of Spain
Saint George's
Pico Bolívar 5007
Cotopaxi 5897
Chimborazo 6310
Roraima 2810
Pico da Neblina 3014
Orinoco
Magdalena
Amazonas
Rio Negro
Meta
Apure
Caquetá
Putumayo
Napo
Marañón
Japurá
Äquator
Golf von Panama
Golf von Darién
Golf von Guayaquil
Maracaibosee
Golf v. Venezuela

1 : 20 000 000

0 200 400 600 km

Paramaribo
Cayenne
Kourou
St-Laurent-du-Maroni
Nieuw Amsterdam
New Amsterdam
Nieuw Nickerie
Brokopondo
SURINAME
Frz.-Guayana
Bergland von Guayana
Tumucumaque-Geb.
Linden
Lethem
Essequibo
Roraima
Amapá
Macapá
Oiapoque
Calçoene
Amapá
Serra do Navio
Porto Grande
Maracá
Caviana
Ilha de Marajó
Marajobucht
BELÉM
Breves
Cametá
Abaetetuba
Vigia
Bragança
Soure
Tucuruí
Tocantins
Xingu
Almeirim
Altamira
Santarém
Alenquer
Óbidos
Parintins
Itaituba
Maués
Itacoatiara
MANAUS
Amazonas
Balbina-Stausee
Borba
Madeira
Tapajós
Jacaré-a-Canga
Juruena
Iriri
São Félix do Xingu
Serra dos Carajás
Marabá
Araguatins
Imperatriz
Tocantinópolis
Carolina
Balsas
Araguaína
Conceição do Araguaia
Araguaia
Miracema do Tocantins
Palmas do Tocantins
Porto Nacional
Dianópolis
São Félix do Araguaia
Sinop
Roosevelt
São Luís
São-Marcos-Bucht
Itapicuru
Bacabal
Pedreiras
Barra do Corda
Codó
Caxias
Teresina
Parnaíba
Tutóia
Primeira Cruz
Floriano
Alto Parnaíba
Corrente
Barreiras
Barra
Serra da Ibiapaba
Camocim
Sobral
Crateús
725
Campo Maior
Picos
FORTALEZA
Kap Jericoacoara
Aracati
Mossoró
Macau
Kap São Roque
Natal
Caicó
Patos
1090
Campina Grande
João Pessoa
RECIFE
Caruaru
Garanhuns
Maceió
Arapiraca
Aracaju
Sergipe
Alagoas
Pernambuco
Paraíba
Rio Grande do Norte
Ceará
Piauí
Maranhão
Pará
Mato
Jaguaribe
Iguatu
Crato
Juazeiro do Norte
Salgueiro
Serra Talhada
Petrolina
Juazeiro
Paulo Afonso
Senhor do Bonfim
Sobradinho-Stausee
São Francisco
Sa. Ge
Fernando de Noronha (Bras.)
Äquator
ATLANTISCHER
BRASILIEN
GUYANA
1230
728
906

O Z E A N
Südl. Wendekreis
BRASÍLIA
GOIÂNIA
BELO HORIZONTE
RIO DE JANEIRO
SÃO PAULO
CURITIBA
PORTO ALEGRE
Florianópolis
Vitória
Goiás
Minas Gerais
Mato Grosso do Sul
São Paulo
Paraná
Santa Catarina
Rio Grande do Sul
Espírito Santo
Rio de Janeiro
Serra do Espinhaço
Serra Geral
Pantanal
Cuiabá
Campo Grande
Uberlândia
Uberaba
Montes Claros
Governador Valadares
Juiz de Fora
Campinas
S. Bernardo do C.
Santos
São Sebastião
Londrina
Maringá
Cascavel
Foz do Iguaçu
Ciudad del Este
Ponta Grossa
Pico Guaricana 1889
Joinville
Blumenau
Pelotas
Rio Grande
Santa Maria
Caxias do Sul
Passo Fundo
Uruguaiana
Ilhéus
Itabuna
Jequié
Vitória da Conquista
Pico das Almas 1850
Pico da Bandeira 2890
Ribeirão Prêto
Sorocaba
Niterói
Cabo Frio
Petrópolis
Nova Iguaçu
Nova Friburgo
Volta Redonda
Campos
Cachoeiro de Itapemirim
Paranaguá
Dourados
Corumbá
Cáceres
P A R A G U A Y
Asunción
Encarnación
Concepción
Pedro Juan Caballero
Filadelfia
Gran Chaco
Itaipú-Stausee
A R G E N T I N I E N
Mesopotamia
Corrientes
Posadas
Resistencia
Formosa
Paraná
Concordia
U R U G U A Y
Salto
Paysandú
Rivera
Melo
Tacuarembó
BOLIVIEN
Puerto Suárez
Patos-Lagune
Paraná
Uruguay
Paraguay
Pilcomayo
Bermejo
São Francisco
Paranaíba
Tietê
Paraíba
Jequitinhonha
134/135

130/131
132/133
BOLIVIEN
BRASILIEN
PARAGUAY
URUGUAY
ARGENTINIEN
PERU
PAZIFISCHER
OZEAN
Altiplano
Gran Chaco
Pantanal
Mato Grosso do Sul
Minas Gerais
São Paulo
Paraná
Santa Catarina
Rio Grande do Sul
Tocantins
Sierra de Córdoba
Salinas Grandes
Südl. Wendekreis
Paraguay
Pilcomayo
Bermejo
Paraná
Uruguay
Salado
Río de la Plata
Mar Chiquita
Patos-Lagune
Mirim-Lagune
Itaipú-Stausee
Salar de Uyuni
Salar de Atacama
Salar de Arizaro
Poopósee
SÃO PAULO
S. Bern.
Santos
Campinas
Taubaté
Sorocaba
Jundiaí
Piracicaba
Ribeirão Prêto
Franca
Uberaba
Uberlândia
Divinópolis
Bauru
Marília
Presidente Prudente
Araçatuba
São José
CURITIBA
Ponta Grossa
Londrina
Maringá
Cascavel
Foz do Iguaçu
Joinville
Blumenau
Florianópolis
Lages
Caxias do Sul
PORTO ALEGRE
Passo Fundo
Santa Maria
Pelotas
Rio Grande
Uruguaiana
Campo Grande
Dourados
Corumbá
Asunción
Ciudad del Este
Villarrica
Concepción
Encarnación
Filadelfia
MONTEVIDEO
Salto
Paysandú
Rivera
BUENOS AIRES
La Plata
Rosario
Santa Fe
Paraná
Corrientes
Resistencia
Posadas
Formosa
CÓRDOBA
Río Cuarto
San Miguel de Tucumán
Salta
San Salvador de Jujuy
Santiago del Estero
La Rioja
San Juan
Mendoza
San Luis
SANTIAGO
Valparaíso
Viña del Mar
Rancagua
Talca
Curicó
La Serena
Coquimbo
Copiapó
Antofagasta
Calama
Iquique
Arica
Tacna
Sucre
Potosí
Oruro
Santa Cruz
Tarija
Aconcagua 6959
Ojos del Salado 6864
Llullaillaco 6723
Pissis 6882
Sajama 6542

Mar del Plata
Necochea
Tres Arroyos
1243
Bahía Blanca
Bahía Blanca
Colorado
Río Negro
Neuquén
Zapala
General Roca
Los Angeles
Lebu
Angol
Temuco
Lanín 3776
Valdivia
Sierra Colorada
Carmen de Patagones
Viedma
Punta Rasa
San-Matías-Golf
H.-I. Valdés
Osorno
Puerto Montt
San Carlos de Bariloche
Ancud
Castro
Tres Picos 2492
Puerto Madryn
Trelew
Rawson
Chiloé
Esquel
Chubut
Las Plumas
Kap Pabellón
Corcovado-Golf
390
K. Dos Bahías
Magdalena
Chonos-Arch.
Puerto Aisén
Sarmiento
Chico
Coihaique
Comodoro Rivadavia
San-Jorge-Golf
Caleta Olivia
Buenos-Aires-See
San Valentín 4058
Chile Chico
Las Heras
K. Tres Puntas
H.-I. Taitao
Golf von Peñas
Puerto Deseado
Campana
Gobernador Gregores
San-Martín-See
Puerto San Julián
Wellington
Murallón 2831
Viedmasee
Puerto Santa Cruz
L. Argentino
El Calafate
Bahía Grande
Madre de Dios
Falklandinseln (Malwinen)
(brit.)
West Falkland
705
Stanley
East Falkland
Queen-Adelaide-Arch.
Río Gallegos
Puerto Natales
K. Vírgenes
Magellanstraße
Magellanstraße
Cabo Deseado
Riesko
Punta Arenas
H.-I. Brunswick
Porvenir
Dawson
Feuerland
Río Grande
Santa Inés
Yogan 2469
Ushuaia
K. San Diego
Staaten-I.
Navarino
Hoste
Wollaston-In.
Kap Hoorn
Südgeorgien
(brit.)
Grytviken
Patagonische Kordillere
Patagonien
ARGENTINIEN
CHILE
ATLANTISCHE
HER
OZEAN

PAZIFISCHER
OZEAN
Unimak
Aleuten
H.-I. Alaska
Bristolbucht
Kodiak
Afognak
H.-I. Kenai
Golf von
Alaska
Anchorage
Valdez
Bethel
VEREINIGTE
Alaska
STAATEN
Yukon
Nortonsund
Nome
Seward-
H.-I.
Bering-Str.
Juneau
Whitehorse
Fairbanks
Dawson
Barrow
Kap Barrow
Beringmeer
Kommandeur-In.
Petropawlowsk-
Kamtschatski
Kamtschatka
Ochotskisches
Meer
Sachalin
Nikolajewsk-
na-Amur
Karaginski
Palana
Schelichow-
bucht
Magadan
K. Romanzof
St.-Lorenz.-I.
K. Nawarin
Anadyr-
bucht
Anadyr
Prowidenija
Tschuktschen-
H.-I.
K.
Deshnjow
Nördl. Polarkreis
R
Ochotsk
Sussuman
Oimjakon
Kolyma
Aldan
Pewek
Tscherski
Tschuktschen-
see
Wrangel-I.
Indigirka
U
Jakutsk
Ostsibirische
See
Werchojansk
K
A
N
A
D
A
Mackenzie
Inuvik
Gr.
Bären-
see
Amundsengolf
Beaufortsee
Banks-I.
Coppermine
Neusibirien
Neusibirische In.
Kotelny
Ljachow-
In.
Tixi
Lena
S
Laptewsee
Victoria-
I.
McClure-Str.
Prince-Patrick-I.
Queen-
Cambridge
Bay
Melville-
I.
Parry-In.
McClintockkanal
Prince-
of-Wales-I.
Boothia-
H.-I.
Somerset-
I.
G. v. Boothia
Elizabeth-
Sverdrup-In.
Nordpolar-
meer
Nordpol
K. Tscheljuskin
Bolschewik
Sewernaja Semlja
Komsomolez
Oktober-
revolutions-
insel
L
Norilsk
Dudinka
Jenissej
Lancaster-Sd.
Devon-I.
Ellesmere-I.
Grise Bay
Inseln
K. Columbia
Bylot
Baffininsel
Qaanaaq
K. Morris Jesup
Franz-
Joseph-
Land
K. Karlsen
Karasee
Obbusen
A
Baffin
Bay
Grönland
(dän.)
Nordost-
kap
Georgland
Nowaja
Semlja
Upernavik
Nordostland
Salechard
Workuta
N
Qeqertarsuaq
Longyearbyen
Spitzbergen
Edge-I.
Barents-
see
Svalbard
Kolgujew
Grönland-
see
und
Bären-I.
Kanin Nos
Nuuk
Nordkap
Murmansk
H.-I. Kola
Weißes M.
D
Archangelsk
Syktywkar
Jan Mayen
(norw.)
Tasiilaq
Dänemarkstraße
Europäisches
Nordmeer
NORWEGEN
SCHWEDEN
FINNLAND
Onegasee
Petrosawodsk
K. Farvel
Reykjavík
ISLAND
Bottn. Meerb.
Ladoga-
see
Wolga
Wologda
NISHNI
NOWGOROD
ST. PETERSBURG
MOSKAU
Helsinki
Färöer
(dän.)
Stockholm
ESTLAND
Tallinn
ATLANTISCHER
OZEAN
Shetland-In.
Oslo
Ostsee
LETTLAND
Riga
Dnepr
LITAUEN
Vilnius
WEISS-
RUSSLAND
MINSK
CHARKOW
GROSS-
BRITANNIEN
DÄNEMARK
KOPENHAGEN
UKRAINE
150
160
170
180
170
160
150
140
130
120
110
100
90
80
70
60
50
40
30
20
10
0
10
20
30
60
80
80
70
60
A
B
C
D
1
2
3
4
5
6
18
19
20
21
22
23
24
25
26
27
28
29
30
31
32
33
34
35
36

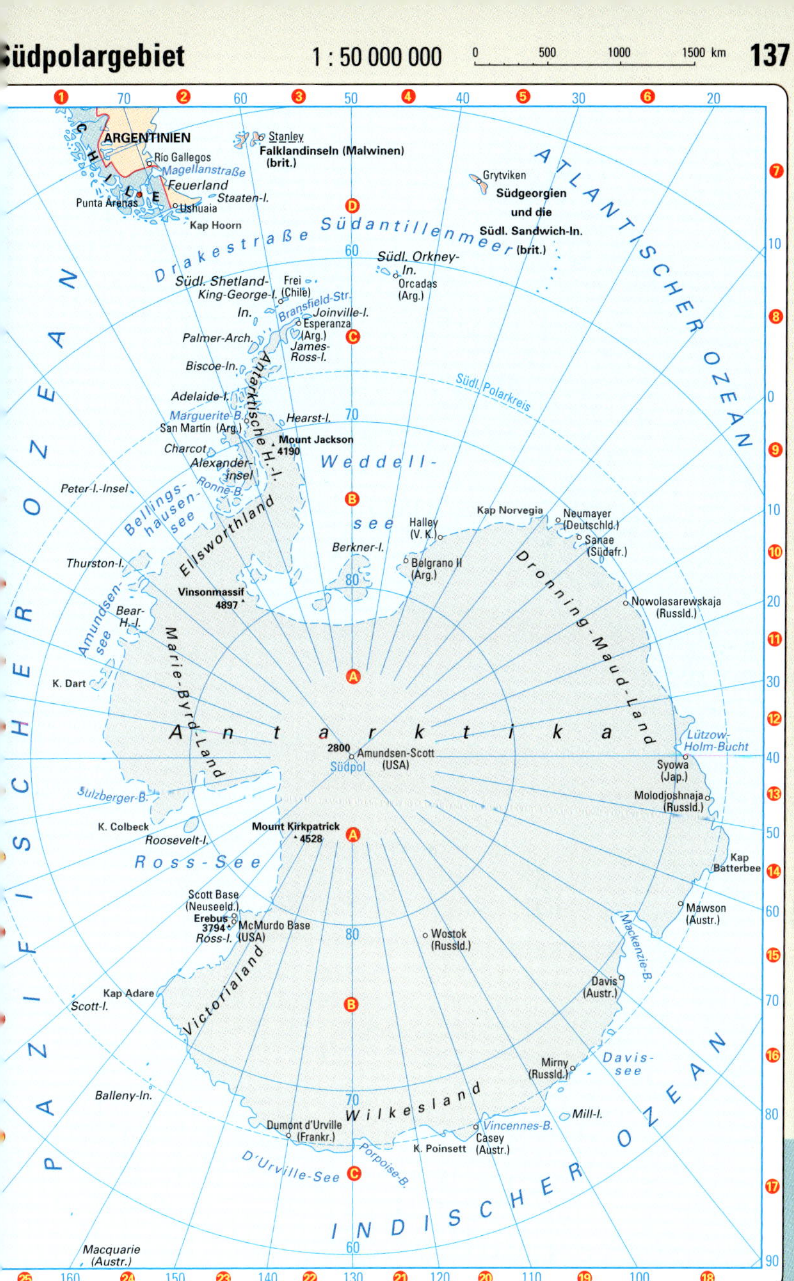
ARGENTINIEN
CHILE
Río Gallegos
Magellanstraße
Feuerland
Punta Arenas
Ushuaia
Staaten-I.
Kap Hoorn
Stanley
Falklandinseln (Malwinen) (brit.)
Grytviken
Südgeorgien und die Südl. Sandwich-In. (brit.)
ATLANTISCHER OZEAN
Südantillenmeer
Drakestraße
Südl. Orkney-In.
Orcadas (Arg.)
Südl. Shetland-In.
King-George-I.
Frei (Chile)
Bransfield-Str.
Joinville-I.
Esperanza (Arg.)
James-Ross-I.
Palmer-Arch.
Biscoe-In.
Antarktische H.-I.
Adelaide-I.
Marguerite-B.
San Martín (Arg.)
Hearst-I.
Südl. Polarkreis
Mount Jackson 4190
Charcot
Alexander-insel
Ronne-B.
Weddell-see
Peter-I.-Insel
Bellingshausen-see
Ellsworthland
Berkner-I.
Halley (V. K.)
Kap Norvegia
Neumayer (Deutschld.)
Sanae (Südafr.)
Belgrano II (Arg.)
Dronning-Maud-Land
Thurston-I.
Vinsonmassif 4897
Nowolasarewskaja (Russld.)
Amundsen-see
Bear-H.-I.
Marie-Byrd-Land
K. Dart
PAZIFISCHER OZEAN
Antarktika
2800
Amundsen-Scott (USA)
Südpol
Lützow-Holm-Bucht
Syowa (Jap.)
Molodjoshnaja (Russld.)
Sulzberger-B.
K. Colbeck
Roosevelt-I.
Mount Kirkpatrick 4528
Ross-See
Kap Batterbee
Scott Base (Neuseeld.)
Erebus 3794
McMurdo Base (USA)
Ross-I.
Mawson (Austr.)
Wostok (Russld.)
Mackenzie-B.
Victorialand
Kap Adare
Scott-I.
Davis (Austr.)
Mirny (Russld.)
Davis-see
Balleny-In.
Wilkesland
Mill-I.
Dumont d'Urville (Frankr.)
Vincennes-B.
Casey (Austr.)
K. Poinsett
Porpoise-B.
D'Urville-See
INDISCHER OZEAN
Macquarie (Austr.)
A
B
C
D
70
60
50
40
30
20
10
0
10
20
30
40
50
60
70
80
90
160
150
140
130
120
110
100
80
1
2
3
4
5
6
7
8
9
10
11
12
13
14
15
16
17
18
19
20
21
22
23
24
25

Als Ergänzung und Erweiterung der Informationen des voranstehenden Kartenteils bietet Ihnen der Atlas auf den folgenden 40 Seiten zusätzliche Angaben zu den politisch-territorialen Einheiten der Erde, also vor allem zu den 193 Staaten, die gegenwärtig in den Statistiken geführt werden.

Dabei sind die Staaten nach ihrer deutschen Kurzform alphabetisch geordnet, abhängige Gebiete und zugehörige Außengebiete sind dem jeweiligen Staat nachgestellt.

Die **Namen** der territorialen Einheiten sind in der Regel in ihrer
- deutschen Kurzform,
- deutschen Vollform,
- landessprachlichen Kurzform
  und
- landessprachlichen Vollform

aufgeführt, sofern diese voneinander abweichen.

Die bei Staaten mit föderativer Struktur aufgeführten Namen der Verwaltungseinheiten sind hingegen in Übereinstimmung mit der Beschriftung in den Karten in ihren gebräuchlichen deutschen Formen wiedergegeben (z.B. Norddakota, Neusüdwales).

Den **Flächenangaben** der territorialen Einheiten der Erde und ihren **Bevölkerungszahlen** wurde als Quelle vorwiegend das Statistische Jahrbuch der Bundesrepublik Deutschland zu Grunde gelegt, denen der föderativen Verwaltungseinheiten das „Britannica Book of the Year". Abweichungen zu anderen Statistiken bei den Flächenangaben haben dabei häufig ihre Erklärung in der unterschiedlichen Berücksichtigung der Binnengewässer.

Die Darstellung der **Städte** soll in den Karten die Bevölkerungsdichte der jeweiligen Region möglichst gut wiederspiegeln. Vor allem in den Karten der größten Maßstäbe wurden deshalb die urbanen Ballungsräume nicht nur durch die Signaturen der bedeutendsten Städte, sondern zusätzlich durch einen den Agglomerationsraum markierenden Flächenton wiedergegeben (z.B. Ruhrgebiet auf Seite 30). Und auch in der Länderstatistik der folgenden Seiten steht deshalb in markanten Fällen (z.B. Paris) ebenfalls neben der Einwohnerzahl für die eigentliche Stadt die Zahl für die gesamte städtische Agglomeration.

Als Quelle für die **Einwohnerzahlen** der Siedlungen dienten das „Britannica Book of the Year" und vor allem der „Fischer Weltalmanach", der darüber hinaus auch primär die Angaben zu den Sprachen, Religionen und zur Währung lieferte. Dabei wurde gerade bei den Einwohnerzahlen auf die Wiedergabe der jeweils aktuellsten Zahl besonderer Wert gelegt.

Bei den **Sprachen** erfolgte vor allem die Nennung der Amtssprachen, die durch Schrägstrich voneinander getrennt sind. Bei einer Vielzahl von Staaten wurden jedoch darüber hinaus weitere wichtige Sprachen genannt (durch Komma von den Amtssprachen getrennt).

Afghanistan

Islamischer Staat Afghanistan
Afgānistān/Afqânestân
Dı Afgānistān Islāmī Dawlat/
Dowlat-e Eslâmî-ye Afqânestân

Fläche: 652 090 km²
Bevölkerung: 21 800 000 (1997)
Hauptstadt: Kābul (700 000; A: 2 000 000)
Verwaltung: 31 Provinzen
Sprachen: Paschtu/Dari
Religionen: 99% Muslime
Währung: 1 Afghani = 100 Puls
Städte:
Kandahār (226 000), Herāt (177 000), Mazār-e Sharīf (128 000), Jalālābād (59 000), Kunduz (57 000), Baghlān (41 000), Meymaneh (40 000)

Algerien

Demokratische Volksrepublik Algerien
Al-Djumhurija al-Djazairija ad-Dimukratija asch-Schabija

Fläche: 2 381 741 km²
Bevölkerung: 29 500 000 (1997)
Hauptstadt: Algier (1 687 579; A: 3 700 000)
Verwaltung: 48 Provinzen
Sprachen: Arabisch, Berberspr., Franz.
Religionen: 99,9% Muslime
Währung: 1 Alger. Dinar = 100 Centimes
Städte:
Oran (599 000), Constantine (450 000), Annaba (228 000), Sétif (186 000), Batna (185 000), Sidi bel Abbès (155 000), Blida (132 000)

Ägypten

Arabische Republik Ägypten
Misr
Al-Djumhurija Misr al-Arabija

Fläche: 1 001 449 km²
Bevölkerung: 64 440 000 (1997)
Hauptstadt: Al-Qāhria (Kairo) (6 800 000; A: 15 000 000)
Verwaltung: 26 Gouvernorate (Muhafaza)
Sprachen: Arabisch
Religionen: 90% Muslime
Währung: 1 Ägpt. Pfund = 100 Piaster
Städte:
Al-Iskandarīyah (3 380 000), Al-Jīzah (2 144 000), Shubrā al-Khaymah (834 000), Būr Sa'īd (460 000), Al-Mahallah al-Kubrā (408 000)

Andorra

Fürstentum Andorra
Andorra
Principat d'Andorra

Fläche: 453 km²
Bevölkerung: 74 000 (1997)
Hauptstadt: Andorra la Vella (22 000)
Verwaltung: 7 Täler (Parròquies)
Sprachen: Katalanisch, Spanisch, Französisch
Religionen: 92% Katholiken
Währung: Französischer Franc und spanische Peseta
Städte:
Escaldes-Engordany (15 300), Encamp (9 400), St. Juliá de Lòrio (7 400), La Massana (5 500)

Albanien

Republik Albanien
Shqipëria
Republika e Shqipërisë

Fläche: 28 748 km²
Bevölkerung: 3 430 000 (1997)
Hauptstadt: Tirana (427 000)
Verwaltung: 27 Distrikte
Sprachen: Albanisch
Religionen: 70% Muslime, 20% Alban.-Orthodoxe, 10% Katholiken
Währung: 1 Lek = 100 Qindarka
Städte:
Durrës (85 400), Elbasan (83 300), Shkodër (81 900), Vlorë (73 800), Korçë (65 400), Fier (58 000), Berat (43 800)

Angola

Republik Angola
Angola
República de Angola

Fläche: 1 246 700 km²
Bevölkerung: 11 600 000 (1997)
Hauptstadt: Luanda (2 250 000)
Verwaltung: 18 Provinzen
Sprachen: Portugiesisch, Bantu-Sprachen
Religionen: 89% Christen (v.a. Kathol.)
Währung: 1 Kwanza Reajustado = 100 Lwei
Städte:
Huambo (400 000), Benguela (155 000), Lobito (150 000), Lubango (105 000), Namibe (100 000)

Antigua und Barbuda

Antigua and Barbuda

Fläche: 442 km²
Bevölkerung: 66 000 (1997)
Hauptstadt: St. John's (auf Antigua) (22 000)
Verwaltung: 6 Bezirke u. 2 Dependencies
Sprachen: Englisch, Kreolisch
Religionen: überwiegend Anglikaner, 22% Katholiken
Währung: 1 Ostkaribischer Dollar = 100 Cents
Städte:
Codrington (auf Barbuda) (1 200)

Äquatorialguinea

Republik Äquatorialguinea
Guinea Ecutorial
República de Guinea Ecuatorial

Fläche: 28 051 km²
Bevölkerung: 420 000 (1997)
Hauptstadt: Malabo (auf Bioko) (40 000)
Verwaltung: 7 Provinzen
Sprachen: Spanisch, kreol. Portugiesisch, Fang, Bubi, Noowe
Religionen: 99% Katholiken
Währung: 1 CFA-Franc = 100 Centimes
Städte:
Bata (40 000), Luba (15 000)

Argentinien

Argentinische Republik
La Argentina
República Argentina

Fläche: 2 780 400 km²
Bevölkerung: 35 700 000 (1997)
Hauptstadt: Buenos Aires (2 961 000; A: 10 990 000)
Verwaltung: 22 Provinzen, 1 Bundesdistrikt, 1 Nationalterritorium
Sprachen: Spanisch, indian. Sprachen
Religionen: 91% Katholiken
Währung: 1 Argentinischer Peso = 100 Centavos
Städte:
Córdoba (1 148 000), Rosario (895 000), Mendoza (A: 773 000), La Plata (521 000), Mar del Plata (520 000), San Miguel de Tucumán (471 000), Salta (367 000), Santa Fe (343 000), Corrientes (258 000), Bahía Blanca (255 000), Resistencia (228 000), Paraná (207 000), Posadas (202 000)

Außengebiet:

Argentinische Antarktis

Antártida Argentina
Von Argentinien beansprucht, von Chile und vom Vereinigten Königreich bestritten

Fläche: 1 231 000 km²
Wissenschaftliche Stationen

Armenien

Republik Armenien
Hayastan
Hayastani Hanrapetut'yun

Fläche: 29 800 km²
Bevölkerung: 3 640 000 (1997)
Hauptstadt: Eriwan (1 283 000; A: 1 450 000)
Verwaltung: 37 Distrikte
Sprachen: Armenisch, Russisch
Religionen: Armenisch-apostol. Kirche
Währung: 1 Dram = 100 Luma
Städte:
Wanadsor (159 000), Gümri (120 000), Rasdan (61 000), Etschmiadsin (61 000), Abowjan (59 000)

Aserbaidschan

Aserbaidschanische Republik
Azərbaycan
Azərbaycan Respublikası

Fläche: 86 600 km²
Bevölkerung: 7 650 000 (1997)
Hauptstadt: Baku (1 080 000; A: 1 660 000)
Verwaltung: 65 Disrikte, Aut. Republik Nachitschewan (Naxçıvan), 11 bezirksfreie Städte
Sprachen: Aserbaidschanisch, Russisch
Religionen: 90% Muslime
Währung: 1 Aserb.-Manat = 100 Gepik
Städte:
Gəncə (282 000), Sumqayıt (236 000)

Äthiopien

Demokratische Bundesrepublik
Äthopien
Ityop'ya

Fläche: 1 104 300 km²
Bevölkerung: 60 100 000 (1997)
Hauptstadt: Addis Abeba (2 209 000)
Verwaltung: 9 Regionen und Hauptstadt
Sprachen: Amharisch, Französisch, Englisch, Arabisch
Religionen: 45% Muslime, 40% Äthiopisch-Orthodoxe
Währung: 1 Birr = 100 Cents
Städte:
Dirē Dawa (165 000), Hārer (131 000), Nazrēt (128 000), Gonder (112 000), Desē (97 000)

Australien

Australia
Commonwealth of Australia

Fläche: 7 682 300 km²
Bevölkerung: 18 200 000 (1997)
Hauptstadt: Canberra (A: 345 000)
Verwaltung: 6 Bundesstaaten und 2 Territorien
Sprachen: Englisch, austr. Sprachen
Religionen: 73% Christen
Währung: 1 Australischer Dollar = 100 Cents
Städte:
Sydney (A: 3 879 000), Melbourne (A: 3 283 000), Brisbane (A: 1 521 000), Perth (A: 1 295 000), Adelaide(A:1 079 000), Newcastle (A: 464 000), Gold Coast (A: 354 000), Wollongong (A:256 000), Hobart (A: 196 000), Sunshine Coast (A: 156 000)

	Fläche km²	Bevölkerung 1996	Hauptstadt
Bundesstaat			
Neusüdwales	801 600	6 040 000	Sydney
Queensland	1 727 200	3 370 000	Brisbane
Südaustralien	984 000	1 430 000	Adelaide
Tasmanien	67 800	460 000	Hobart
Victoria	227 600	4 370 000	Melbourne
Westaustralien	2 525 500	1 730 000	Perth
Territorium			
Nordterritorium	1 346 200	200 000	Darwin
Territorium der Bundeshauptstadt	2 400	300 000	Canberra

Außengebiete:

Ashmore- und Cartierinseln

Ashmore and Cartier Islands

Fläche: 2 km², unbewohnt

Australisches Antarktis-Territorium

Australian Antarctic Territory
Von Australien beansprucht

Fläche: ca. 6 120 000 km²
Wissenschaftliche Stationen

Heard und McDonaldinseln

Heard and the McDonald Islands

Fläche: 412 km², unbewohnt

Kokosinseln/Keelinginseln

Cocos Islands/Keeling Islands

Fläche: 14 km²
Bevölkerung: 670 (1994)

Korallenmeerinseln

Coral Sea Islands
Riffe und Inseln in einem Meeresgebiet von mehr als 1 Mill. km² (unbewohnt)

Norfolkinsel

Norfolk Island

Fläche: 35 km²
Bevölkerung: 2 000 (1997)
Verwaltungssitz: Kingston

Weihnachtsinsel

Christmas Island

Fläche: 135 km²
Bevölkerung: 2 500 (1994)

Bahamas

Commonwealth der Bahamas
Bahamas
Commonwealth of the Bahamas

Fläche: 13 878 km²
Bevölkerung: 288 000 (1997)
Hauptstadt: Nassau (172 000)
Verwaltung: 18 Distrikte
Sprachen: Englisch, Kreolisch
Religionen: 76% Protestanten, 19% Katholiken
Währung: 1 Bahama-Dollar = 100 Cents
Städte:
Freeport (26 600), High Rock (8 100), West End (7 800), Cooper Town (5 500)

Bahrain

Staat Bahrain
Al-Bahrain
Daulat al-Bahrain

Fläche: 694 km²
Bevölkerung: 581 000 (1997)
Hauptstadt: Manama (137 000)
Verwaltung: 11 Regionen
Sprachen: Arabisch, Englisch
Religionen: 90% Muslime
Währung: 1 Bahrain-Dinar = 1000 Fils
Städte:
Al-Muharraq (74 000), Jidd Hafs (45 000)

Belgien

Königreich Belgien
België/Belgique/Belgien
Koninkrijk België/Royaume de Belgique/Königreich Belgien

Fläche: 30 519 km²
Bevölkerung: 10 200 000 (1997)
Hauptstadt: Brüssel (A: 948 000)
Verwaltung: 3 Regionen: Flandern, Wallonien u. Hauptstadtregion
Sprachen: Niederländisch/Französisch/Deutsch
Religionen: 81% Katholiken
Währung: 1 Belg. Franc = 100 Centimes
Städte:
Antwerpen (456 000), Gent (226 000), Charleroi (206 000), Lüttich (189 000), Brügge (116 000)

Bangladesch

Volksrepublik Bangladesch
Bangladesh
Gana Prajatantri Bangladesh

Fläche: 143 998 km²
Bevölkerung: 122 200 000 (1997)
Hauptstadt: Dhaka (3 638 000; A: 7 832 000)
Verwaltung: 4 Provinzen
Sprachen: Bengali, Englisch
Religionen: 87% Muslime, 12% Hindus
Währung: 1 Taka = 100 Poisha
Städte:
Chittagong (1 566 000), Khulna (601 000), Rajshahi (325 000), Rangpur (221 000), Bhairab Bazar (180 000), Jessore (176 000)

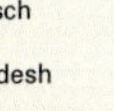

Belize

Fläche: 22 696 km²
Bevölkerung: 224 000 (1997)
Hauptstadt: Belmopan (6 800)
Verwaltung: 6 Distrikte
Sprachen: Englisch, engl. Creole, Spanisch
Religionen: 58% Katholiken, 28% Protestanten
Währung: 1 Belize Dollar = 100 Cents
Städte:
Belize City (54 000), Orange Walk (15 000)

Barbados

Fläche: 430 km²
Bevölkerung: 262 000 (1997)
Hauptstadt: Bridgetown (6 700)
Verwaltung: 11 Distrikte
Sprachen: Englisch, Bajan
Religionen: 40% Anglikaner, 8% Pfingstler, 7% Methodisten
Währung: 1 Barbados-Dollar = 100 Cents
Städte:
Speightstown (3 500), Bathsheba

Benin

Republik Benin
Bénin
République du Bénin

Fläche: 112 622 km²
Bevölkerung: 5 720 000 (1997)
Hauptstadt: Porto Novo (179 000) (Regierungssitz: Cotonou)
Verwaltung: 12 Regionen
Sprachen: Französisch, 60 afrikan. Spr.
Religionen: 60% Anhänger von Naturreligionen, 21% Katholiken
Währung: 1 CFA-Franc = 100 Centimes
Städte:
Cotonou (537 000), Djougou (134 000), Parakou (104 000)

Bhutan

Königreich Bhutan
Druk-Yul
Druk Gyal Khab

Fläche: 47 000 km^2
Bevölkerung: 1 870 000 (1997)
Hauptstadt: Thimphu (30 300)
Verwaltung: 18 Distrikte
Sprachen: Dzongkha, andere tibeto-birmanische Sprachen, indoarische Sprachen
Religionen: 72% Buddhisten, 24 % Hindus
Währung: 1 Ngultrum = 100 Chhetrum
Städte:
Punakha (Distrikt 16 700)

Bolivien

Republik Bolivien
Bolivia
República de Bolivia

Fläche: 1 098 581 km^2
Bevölkerung: 7 770 000 (1997)
Hauptstadt: Sucre (145 000)
Regierungssitz: La Paz (785 000)
Verwaltung: 9 Departements
Sprachen: Spanisch/Ketschua/Aimará
Religionen: 93% Katholiken
Währung: 1 Boliviano = 100 Centavos
Städte:
Santa Cruz (767 000), Cochabamba (449 000), El Alto (446 000), Oruro (202 000), Potosí (123 000)

Bosnien und Herzegowina

Bosna i Hercegovina

Fläche: 51 129 km^2
Bevölkerung: 3 860 000 (1997)
Hauptstadt: Sarajevo (416 000)
Verwaltung: Bosniakisch-Kroat. Föderation u. Serbische Rep.
Sprachen: Bosnisch/Kroatisch/Serbisch
Religionen: 44% Muslime, 31% Serbisch-Orthodoxe, 15% Katholiken
Währung: 1 Konvertible Mark
Städte:
Banja Luka (143 000), Zenica (96 000), Tuzla (84 000), Mostar (76 000)

Botsuana

Republik Botsuana
Botswana
Republic of Botswana

Fläche: 581 730 km^2
Bevölkerung: 1 520 000 (1997)
Hauptstadt: Gaborone (133 000)
Verwaltung: 11 Distrikte
Sprachen: Englisch, Setswana
Religionen: überw. Anhänger von Naturrel., 30% Christen
Währung: 1 Pula = 100 Thebe
Städte:
Francistown (65 000), Selebi-Pikwe (40 000), Molepolole (36 000), Kanye (31 000), Serowe (30 000)

Brasilien

Föderative Republik Brasilien
O Brasil
República Federativa do Brasil

Fläche: 8 547 403 km^2
Bevölkerung: 163 000 000 (1997)
Hauptstadt: Brasília (1 822 000)
Verwaltung: 26 Bundesstaaten u. Hauptstadt-Bundesdistrikt
Sprachen: Portugiesisch
Religionen: 75% Katholiken, 10% Protestanten u. andere Christen
Währung: 1 Real = 100 Centavos
Städte:
São Paulo (9 839 000; A:16 420 000), Rio de Janeiro (5 552 000), Salvador (2 212 000), Belo Horizonte (2 091 000), Fortaleza (1 966 000), Curitiba (1 467 000), Recife (1 346 000), Pôrto Alegre (1 289 000), Manaus (1 157 000), Belém (1 144 000), Goiânia (1 004 000), Guarulhos (972 000), Campinas (909 000)

Bundesstaat	Fläche km^2	Bevölkerung	Hauptstadt
Acre	153 150	484 000	Rio Branco
Alagoas	27 933	2 633 000	Maceió
Amapá	143 454	380 000	Macapá
Amazonas	1 577 820	2 389 000	Manaus
Bahia	567 295	12 542 000	Salvador
Ceará	146 348	6 809 000	Fortaleza
Espírito Santo	46 194	2 803 000	Vitória
Goiás	341 289	4 515 000	Goiânia
Maranhão	333 366	5 222 000	São Luís
Mato Grosso	906 807	2 236 000	Cuiabá
Mato Grosso do Sul	358 159	1928 000	Campo Grande

Minas Gerais	588 384	16 673 000	Belo Horizonte
Pará	1 253 165	5 511 000	Belém
Paraíba	56 585	3 306 000	João Pessoa
Paraná	199 709	9 004 000	Curitiba
Pernambuco	98 938	7 399 000	Recife
Piauí	252 378	2 673 000	Teresina
Rio de Janeiro	43 910	13 406 000	Rio de Janeiro
Rio Grande do N.	53 307	2 559 000	Natal
Rio Grande do Sul	282 062	9 635 000	Porto Alegre
Rondônia	238 513	1 229 000	Porto Velho
Roraima	225 116	247 000	Boa Vista
Santa Catarina	95 443	4 875 000	Florianópolis
São Paulo	248 809	34 119 000	São Paulo
Sergipe	22 050	1 624 000	Aracaju
Tocantins	278 421	1 049 000	Palmas
Distrikt			
Distrito Federal	5 822	1 822 000	Brasília
Strittige Gebiete	2 977	–	

Burkina Faso

Fläche: 274 000 km²
Bevölkerung: 11 100 000 (1997)
Hauptstadt: Ouagadougou (634 000)
Verwaltung: 45 Provinzen
Sprachen: Französisch, More, Arabisch
Religionen: über 50% Anh. von Naturreligionen, 43% Muslime
Währung: 1 CFA franc = 100 Centimes
Städte:
Bobo-Dioulasso (269 000), Koudougou (105 000), Ouahigouya (39 000), Banfora (35 000), Kaya (26 000), Tenkodogo (23 000)

Brunei

Brunei Darussalam
Negara Brunei Darussalam

Fläche: 5765 km²
Bevölkerung: 306 000 (1997)
Hauptstadt: Bandar Seri Begawan (45 867)
Verwaltung: 4 Distrikte
Sprachen: Malaiisch, Englisch
Religionen: 67% Muslime, 13% Buddhisten, 10% Christen
Währung: 1 Brunei-Dollar = 100 Cents
Städte:
Kuala Belait (21 000), Seria (21 000)

Burundi

Republik Burundi
Burundi
Republika y'Uburundi/
République du Burundi

Fläche: 27 834 km²
Bevölkerung: 6 410 000 (1997)
Hauptstadt: Bujumbura (300 000)
Verwaltung: 15 Provinzen
Sprachen: Kirundi/Französisch
Religionen: 68% Christen, Anhänger von Naturreligionen
Währung: 1 Burundi-Franc = 100 Centimes
Städte:
Gitega (102 000), Muyinga (79 000), Ngozi (74 000), Kayanza (63 000), Kirundo (63 000)

Bulgarien

Republik Bulgarien
Bălgaria
Republika Bălgaria

Fläche: 110 912 km²
Bevölkerung: 8 430 000 (1997)
Hauptstadt: Sofia (1 116 000)
Verwaltung: 8 Regionen u. Hauptstadt
Sprachen: Bulgarisch, Türkisch
Religionen: 86% Bulgarisch-orthodoxe Christen, 13% Muslime
Währung: 1 Lew = 100 Stótinki
Städte:
Plovdiv (346 000), Varna (304 000), Burgas (200 000), Ruse (169 000), Stara Zagora (151 000), Pleven (128 000), Sliven (107 000)

China

Volksrepublik China
Zhongguo
Zhonghuá Rénmín Gònghéguó

Fläche: 9 598 054 km²
Bevölkerung: 1 220 800 000 (1997)
Hauptstadt: Peking (6 600 000)
Verwaltung: 22 Provinzen, 5 autonome Gebiete, 6 Stadtbezirke
Sprachen: Chinesisch, Spr. der Minderh.
Religionen: 8% Buddhisten, 2% Daoisten, Konfuzianismus verbreitet
Währung: 1 Renminbi Yuan = 10 Jiao
Städte:
Shanghai (8 800 000), Hongkong (6 500 000), Tientsin (5 000 000), Shenyang (3 900 000)

Chile

Republik Chile
Chile
República de Chile

Fläche: 756 626 km²
Bevölkerung: 14 600 000 (1997)
Hauptstadt: Santiago de Chile (5 077 000)
Verwaltung: 13 Regionen
Sprachen: Spanisch, indian. Sprachen
Religionen: 77% Katholiken, 13% Protestanten
Währung: 1 Chilen. Peso = 100 Centavos
Städte:
Concepción (350 000), Viña del Mar (322 000), Valparaíso (282 000), Talcahuano (261 000), Antofagasta (237 000), San Bernardo (206 000)

Außengebiete:

Inseln im Stillen Ozean:

Osterinsel (Isla de Pascua/Rapa Nui)
Juan-Fernández-Inseln
Sala y Gómez
Desventurados-Inseln
Diego-Ramírez-Inseln

Chilenische Antarktis

Antártida Chilena
Von Chile beansprucht
Fläche: 1 250 000 km²
Wissenschaftliche Stationen

Costa Rica

Republik Costa Rica
Costa Rica
República de Costa Rica

Fläche: 51 100 km²
Bevölkerung: 3 570 000 (1997)
Hauptstadt: San José (324 000, A: 959 000)
Verwaltung: 7 Provinzen
Sprachen: Spanisch, Englisch, Kreolisch
Religionen: 89% Katholiken, 8% Protestanten
Währung: 1 Costa-Rica-Colón = 100 Céntimos
Städte:
Limón (57 000), Alajuela (50 000)

Côte d'Ivoire

Republik Côte d'Ivoire
Côte d'Ivoire
République de Côte d'Ivoire

Fläche: 322 463 km²
Bevölkerung: 14 300 000 (1997)
Hauptstadt: Yamoussoukro (130 000)
Verwaltung: 16 Regionen
Sprachen: Französisch, Baoulé, Bété
Religionen: 60% Anhänger von Naturreligionen, 27% Muslime, 12% Christen
Währung: 1 CFA-Franc = 100 Centimes
Städte:
Abidjan (1 929 000, A: 2 800 000), Bouaké (330 000), Daloa (122 000), Korhogo (109 000)

Dänemark

Königreich Dänemark
Danmark
Kongeriget Danmark

Fläche: 43 094 km²
Bevölkerung: 5 240 000 (1997)
Hauptstadt: Kopenhagen (A: 1 360 000)
Verwaltung: 14 Bezirke, 2 Stadtbezirke
Sprachen: Dänisch, Deutsch
Religionen: 90% Lutheraner
Währung: 1 Dänische Krone = 100 Øre
Städte:
Århus (280 000), Odense (184 000), Ålborg (160 000), Esbjerg (83 000), Randers (62 000)

Färöer

Føroyar/Færøerne

Fläche: 1 399 km²
Bevölkerung: 47 000 (1997)
Hauptstadt: Tórshavn (15 000)
Sprachen: Färöisch/Dänisch
Religionen: 95% Evang.-Lutheraner
Währung: 1 Färöische Krona = 100 Oyru

Grönland

Kalaallit Nunaat/Grønland

Fläche: 2 175 600 km²
Bevölkerung: 58 000 (1997)
Hauptstadt: Nuuk/Godthåb (13 300)
Sprachen: Eskimoisch (Inuit)/Dänisch
Religionen: 98% Evang.-Lutheraner
Währung: 1 Dänische Krone = 100 Øre

Deutschland

Bundesrepublik Deutschland

Fläche: 357 021 km²
Bevölkerung: 82 057 000 (1997)
Hauptstadt: Berlin (3 426 000)
Verwaltung: 16 Bundesländer
Sprachen: Deutsch, Dänisch, Sorbisch, Friesisch
Religionen: 34% Protestanten, 33% Katholiken
Währung: 1 Deutsche Mark = 100 Pfennig
Städte:
Hamburg (1 705 000), München (1 266 000), Köln (964 000), Frankfurt a.M. (643 000), Essen (609 000), Dortmund (595 000), Stuttgart (585 000), Düsseldorf (571 000), Bremen (547 000), Duisburg (529 000), Hannover (521 000), Nürnberg (490 000), Dresden (459 000), Leipzig (446 000), Bochum (396 000), Wuppertal (377 000), Bielefeld (323 000), Mannheim (310 000), Bonn (305 000), Gelsenkirchen (286 000), Karlsruhe (277 000), Halle/Saale (268 000), Wiesbaden (268 000), Mönchengladbach (267 000), Münster (265 000), Chemnitz (259 000), Augsburg (257 000), Braunschweig (249 000), Magdeburg (246 000), Krefeld (246 000), Aachen (246 000), Kiel (241 000), Oberhausen (223 000), Lübeck (215 000), Rostock (213 000), Hagen (209 000)

Bundesland	Fläche km²	Bevölkerung 1997	Hauptstadt
Baden-Württemberg	35 752	10 396 000	Stuttgart
Bayern	70 548	12 066 000	München
Berlin	891	3 426 000	-
Brandenburg	29 476	2 573 000	Potsdam
Bremen	404	674 000	-
Hamburg	755	1 705 000	-
Hessen	21 115	6 032 000	Wiesbaden
Mecklenburg-Vorpommern	23 170	1 808 000	Schwerin
Niedersachsen	47 613	7 845 000	Hannover
Nordrhein-Westfalen	34 079	17 975 000	Düsseldorf
Rheinland-Pfalz	19 847	4 018 000	Mainz
Saarland	2 570	1 081 000	Saarbrücken
Sachsen	18 412	4 522 000	Dresden
Sachsen-Anhalt	20 447	2 702 000	Magdeburg
Schleswig-Holstein	15 770	2 757 000	Kiel
Thüringen	16 172	2 478 000	Erfurt

Dominica

Commonwealth Dominica
Dominica
Commonwealth of Dominica

Fläche: 751 km²
Bevölkerung: 71 000 (1997)
Hauptstadt: Roseau (16 500)
Verwaltung: 10 Bezirke
Sprachen: Englisch, kreol. Französisch
Religionen: 80% Katholiken, 13% Protestanten
Währung: 1 Ostkaribischer Dollar = 100 Cents
Städte:
Portsmouth (3 600), Marigot (2 900), Atkinson (2 500)

Dominikanische Republik

República Dominicana

Fläche: 48 734 km²
Bevölkerung: 8 090 000 (1997)
Hauptstadt: Santo Domingo (2 138 000)
Verwaltung: 26 Provinzen und Hauptstadtdistrikt
Sprachen: Spanisch
Religionen: 90% Katholiken
Währung: 1 Dominikanischer Peso = 100 Centavos
Städte:
Santiago (364 000), La Romana (133 000), San Francisco de Macorís (130 000)

Dschibuti

Republik Dschibuti
Djibuti/Djibouti
Djumhurija Djibuti/
République de Djibouti

Fläche: 23 200 km²
Bevölkerung: 634 000 (1997)
Hauptstadt: Dschibuti (383 000)
Verwaltung: 4 Distrikte
Sprachen: Arabisch/Französisch
Religionen: 97% Muslime
Währung: 1 Dschibuti-Franc = 100 Centimes
Städte:
Ali-Sabieh (4 000), Tadjoura (3 500), Dikhil (3 000)

Ecuador

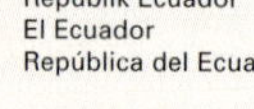

Republik Ecuador
El Ecuador
República del Ecuador

Fläche: 283 561 km^2
Bevölkerung: 11 900 000 (1997)
Hauptstadt: Quito (1 401 000)
Verwaltung: 21 Provinzen
Sprachen: Spanisch, indian. Sprachen
Religionen: 93% Katholiken
Währung: 1 Sucre = 100 Centavos
Städte:
Guayaquil (1 877 000), Cuenca (240 000), Machala (185 000), Santo Domingo (165 000), Portoviejo (160 000), Ambato (151 000), Manta (149 000), Milagro (114 000)

El Salvador

Republik El Salvador
El Salvador
República de El Salvador

Fläche: 21 041 km^2
Bevölkerung: 5 920 000 (1997)
Hauptstadt: San Salvador (A: 611 000)
Verwaltung: 14 Departements
Sprachen: Spanisch, indianische Sprachen
Religionen: 92% Katholiken
Währung: 1 Colón = 100 Centavos
Städte:
Santa Ana (202 000), Nueva San Salvador (192 000), San Miguel (183 000), Delgado (145 000), Mejicanos (139 000)

Eritrea

Staat Eritrea

Fläche: 117 600 km^2
Bevölkerung: 3 410 000 (1997)
Hauptstadt: Asmara (400 000)
Verwaltung: 10 Provinzen
Sprachen: Tigrinja/Arabisch, Englisch
Religionen: 50% eritreisch-orthodoxe Christen, 50% Muslime
Währung: 1 Nakfa = 100 Cents
Städte:
Aseb (50 000), Keren (40 000), Massawa (40 000)

Estland

Republik Estland
Eesti
Eesti Vabariik

Fläche: 45 100 km^2
Bevölkerung: 1 460 000 (1997)
Hauptstadt: Tallinn (Reval) (421 000)
Verwaltung: 15 Regionen und 6 Stadtbezirke
Sprachen: Estnisch, Russisch
Religionen: Lutheraner, Russisch-Orthodoxe, Katholiken
Währung: 1 Estn. Krone = 100 Senti
Städte:
Tartu (Dorpat) (102 000), Narva (75 000), Kohtla-Järve (54 000), Pärnu (52 000)

Fidschi

Republik Fidschi-Inseln
Viti/Fiji
Na Matanitu O Viti/
Republic of the Fiji Islands

Fläche: 18 274 km^2
Bevölkerung: 809 000 (1997)
Hauptstadt: Suva (A: 200 000)
Verwaltung: 4 Bezirke
Sprachen: Fidschianisch/Englisch
Religionen: 53% Christen, 38% Hindus, 8% Muslime
Währung: 1 Fidschi-Dollar = 100 Cents
Städte:
Lautoka (28 000), Nandi (8 000), Mba (7 000)

Finnland

Republik Finnland
Suomi/Finland
Suomen tasavalta/
Republiken Finland

Fläche: 338 145 km^2
Bevölkerung: 5 140 000 (1997)
Hauptstadt: Helsinki/Helsingfors (532 000)
Verwaltung: 5 Provinzen und Åland mit Autonomiestatus
Sprachen: Finnisch/Schwedisch
Religionen: 86% Lutheraner
Währung: 1 Finnmark = 100 Penniä
Städte:
Espoo (196 000), Tampere (186 000), Vantaa (169 000), Turku/Åbo (167 000), Oulu (112 000)

Frankreich
Französische Republik
France
République française

Fläche: 543 965 km²
Bevölkerung: 58 500 000 (1997)
Hauptstadt: Paris (2 152 000, A: 9 320 000)
Verwaltung: 22 Regionen
Sprachen: Französisch und Regionalsprachen
Religionen: 81% Katholiken
Währung: 1 Französischer Franc = 100 Centimes
Städte:
Marseille (808 000, A: 1 090 000), Lyon (422 000), Toulouse (366 000), Nizza (346 000), Strasburg (256 000), Nantes (252 000), Bordeaux (213 000), Monpellier (211 000), Rennes (204 000), Saint-Étienne (202 000), Le Havre (197 000)

Überseedepartements:

Französisch-Guayana
Departement Guayana
Guyane française
Département de la Guyane

Fläche: 90 000 km²
Bevölkerung: 153 000 (1997)
Hauptort: Cayenne (42 000)

Guadeloupe
Departement Guadeloupe
Guadeloupe
Département de la Guadeloupe

Fläche: 1 705 km²
Bevölkerung: 431 000 (1997)
Hauptort: Basse-Terre (14 000)

Martinique
Departement Martinique
Martinique
Département de la Martinique

Fläche: 1 102 km²
Bevölkerung: 384 000 (1997)
Hauptort: Fort-de-France (100 000)

Réunion
Departement Réunion
Réunion
Département de la Réunion

Fläche: 2 510 km²
Bevölkerung: 664 000 (1997)
Hauptort: Saint-Denis (122 000)

Gebietskörperschaften:

Mayotte
Gebietskörperschaft Mayotte
Mayotte
Collectivité territoriale de Mayotte

Fläche: 374 km²
Bevölkerung: 106 000 (1997)
Hauptort: Mamoudzou (20 000)

Saint Pierre und Miquelon
Gebietskörperschaft Saint Pierre und Miquelon
Saint-Pierre-et-Miquelon
Collectivité territoriale de Saint-Pierre-et-Miquelon

Fläche: 242 km²
Bevölkerung: 7 000 (1997)
Hauptort: Saint-Pierre (5 700)

Übersee-Territorien:

Französische Süd- und Antarktisgebiete
Terres australes et antarctiques françaises

Das Überseeterritorium umfasst:
Keguelen (7 215 km²)
Crozetinseln (515 km²)
Amsterdam (54 km²)
Saint-Paul (7 km²)
Adélieland, von Frankreich beansprucht (432 000 km²)

Französisch-Polynesien
Territorium Französisch-Polynesien
Polynésie française
Territoire de la Polynésie française

Fläche: 4 000 km²
Bevölkerung: 223 000 (1997)
Hauptort: Papeete (24 000)

Neukaledonien
Territorium Neukaledonien
Nouvelle-Calédonie
Territoire de la Nouvelle-Calédonie

Fläche: 18 575 km²
Bevölkerung: 189 000 (1997)
Hauptort: Nouméa (65 000)

Wallis und Futuna
Territorium Wallis und Futuna
Wallis-et-Futuna
Territoire de Wallis-et-Futuna

Fläche: 274 km² (Wallis 159 km², Futuna 64 km², Alofi 51 km²)
Bevölkerung: 15 000 (1997)
Hauptort: Mata'utu (815)

Gabun

Gabunische Republik
Gabon
République gabonaise

Fläche: 267 668 km²
Bevölkerung: 1 140 000 (1997)
Hauptstadt: Libreville (420 000)
Verwaltung: 9 Provinzen
Sprachen: Französisch, Fang, Bantu-Sprachen
Religionen: 52% Katholiken, 40% Naturreligionen, 8% Protestanten
Währung: 1 CFA-Franc = 100 Centimes
Städte:
Port Gentil (164 000), Masuku (75 000), Lambaréné (24 000), Moanda (23 000)

Gambia

Republik Gambia
The Gambia
Republic of the Gambia

Fläche: 11 295 km²
Bevölkerung: 1 160 000 (1997)
Hauptstadt: Banjul (A: 271 000)
Verwaltung: 6 Bezirke
Sprachen: Englisch, Manding, Ful, Wolof, Arabisch
Religionen: 85% Muslime, 10% Christen
Währung: 1 Dalasi = 100 Bututs
Städte:
Serekunda (103 000), Brikama (24 000), Bakau (19 000)

Georgien

Sakartvelo

Fläche: 69 700 km²
Bevölkerung: 5 440 000 (1997)
Hauptstadt: Tiflis (1 279 000)
Verwaltung: 79 Bezirke und bezirksfreie Städte, 2 autonome Republiken, 1 autonomes Gebiet
Sprachen: Georgisch, Russisch
Religionen: mehrheitl. Georg.-Orthodoxe
Währung: 1 Lari = 100 Tetri
Städte:
Kutaïssi (238 000), Rustawi (162 000), Batumi (138 000), Suchumi (120 000), Gori (70 000)

Ghana

Republik Ghana
Ghana
Republic of Ghana

Fläche: 238 533 km²
Bevölkerung: 18 300 000 (1997)
Hauptstadt: Accra (949 000, A: 1 900 000)
Verwaltung: 10 Regionen
Sprachen: Englisch, insg. 75 Sprachen und Dialekte
Religionen: 60% Christen, 35% Anhänger von Naturreligionen
Währung: 1 Cedi = 100 Pesewas
Städte:
Kumasi (385 000), Tamale (151 000), Tema (110 000), Sekondi-Takoradi (104 000)

Grenada

Fläche: 344 km²
Bevölkerung: 99 000 (1997)
Hauptstadt: Saint George's (4 000)
Verwaltung: 6 Gemeinden, 1 Dependency
Sprachen: Englisch, kreol. Englisch, kreol. Französisch
Religionen: 53% Katholiken, 14% Anglikaner, 9% Adventisten
Währung: 1 Ostkarib. Dollar = 100 Cents
Städte:
Gouyave (3 000), Grenville (2 000)

Griechenland

Hellenische Republik
Elláda
Ellinikí Dimokratía

Fläche: 131 957 km²
Bevölkerung: 10 500 000 (1997)
Hauptstadt: Athen (A: 3 070 000)
Verwaltung: 13 Regionen u. Mönchsrep. Athos (innere Selbstverw.)
Sprachen: Griechisch
Religionen: 97% Griechisch-Orthodoxe
Währung: 1 Drachme = 100 Lepta
Städte:
Saloniki (384 000), Piräus (183 000), Patras (153 000), Irákleio (116 000), Lárisa (113 000), Vólos (77 000), Acharnés (61 000), Kavála (58 000)

Großbritannien

Vereinigtes Königreich Großbritannien und Nordirland
Great Britain
United Kingdom of Great Britain and Northern Ireland

Fläche: 241 751 km²
Bevölkerung: 58 800 000 (1997)
Hauptstadt: London (A: 7 074 000)
Verwaltung: *England:* 39 Grafschaften und 7 Stadtgrafschaften
Wales: 8 Grafschaften
Schottland: 12 Regionen
Nordirland: 26 Distrikte
Sprachen: Englisch, Walisisch, Schottisch, Gälisch
Religionen: 72% Protestanten, 13% Katholiken
Währung: 1 Pfund Sterling = 100 Pence
Städte:
Birmingham (1 021 000), Leeds (727 000), Glasgow (616 000), Sheffield (530 000), Bradford (483 000), Liverpool (468 000), Edinburgh (449 000), Manchester (431 000), Bristol (400 000), Kirklees (389 000), Wirral (329 000), Wakefield (317 000)

	Fläche km²	Bevölkerung 1997	Hauptstadt
England	130 423	49 085 000	London
Wales	20 765	2 925 000	Cardiff
Schottland	77 080	5 128 000	Edinburgh
Nordirland	13 483	1663000	Belfast

Gebiete, die direkt der britischen Krone unterstehen:

Kanalinseln

Channel Islands

Fläche: 194 km² (Jersey 116 km², Guernsey mit Alderney, Sark u.a. 78 km²)
Bevölkerung: 149 000 (1997)
Hauptorte: St. Helier (28 000)
St. Peter Port (16 000)

Man

Isle of Man

Fläche: 572 km²
Bevölkerung: 72 000 (1997)
Hauptort: Douglas (22 000)

Außengebiete:

Anguilla

Fläche: 96 km²
Bevölkerung: 10 000 (1997)
Hauptort: The Valley (600)

Bermuda

Fläche: 53 km²
Bevölkerung: 60 000 (1997)
Hauptort: Hamilton (1 100)

Britische Jungferninseln

British Virgin Islands

Fläche: 151 km²
Bevölkerung: 19 000 (1997)
Hauptort: Road Town (2 500)

Britisches Antarktis-Territorium

Von Großbritannien, Argentinien und z.T. von Chile beansprucht

Fläche: ca. 1 710 000 km² (Südliche Orkneyinseln, Südliche Shetlandinseln, Antarktische Halbinsel, Filchner- u. Ronne-Schelfeis, Englischküste)

Wissenschaftliche Stationen

Britisches Territorium im Indischen Ozean

British Indian Ocean Territory
Von Mauritius beansprucht

Fläche: 60 km² (Landfläche)
Bevölkerung: keine ständigen Bewohner

Falklandinseln (Malwinen)

Falkland Islands (Islas Malvinas)
Von Argentinien beansprucht

Fläche: 12 173 km²
Bevölkerung: 2 000 (1997)
Hauptorte: Stanley (1 600)

Gibraltar

Fläche: 6 km²
Bevölkerung: 27 000 (1997)

Kaimaninseln

Cayman Islands

Fläche: 264 km²
Bevölkerung: 32 000 (1997)
Hauptort: Georgetown (20 000)

Montserrat

Fläche: 102 km²
Bevölkerung: 11 000 (1997)
Hauptort: Plymouth (1 500)

Pitcairninseln
Pitcairn Islands

Fläche: Pitcairn 5 km², Henderson 31 km², Oeno 5 km², Ducie 4 km²
Bevölkerung: 54 (in der einzigen Siedlung Adamstown)

Sankt Helena
Saint Helena

Fläche: 410 km² (St. Helena 122 km²)
Bevölkerung: 7 000 (1997)
Hauptort: Jamestown (1 400)
Nebengebiete: Ascension (88 km², 1 000 Einw.), Tristan da Cunha (98 km², 300 Einw.), Gough (90 km², unbew.), Inaccessible(10 km², unbew.), Nightingale (2 km², unbewohnt)

Südgeorgien und die Südlichen Sandwichinseln
South Georgia and the South Sandwich Islands
Von Argentinien beansprucht

Fläche: 3 755 km²/337 km²
Bevölkerung: Südgeorgien: keine ständigen Bewohner
Südliche Sandwichinseln: unbewohnt

Turks- und Caicosinseln
Turks and Caicos Islands

Fläche: 430 km²
Bevölkerung: 15 000 (1997)
Hauptort: Grand Turk (3 800)

Guatemala
Republik Guatemala
Guatemala
República de Guatemala

Fläche: 108 889 km²
Bevölkerung: 11 200 000 (1997)
Hauptstadt: Guatemala (1 167 000)
Verwaltung: 22 Departements
Sprachen: Spanisch, Maya-Quiché-Sprachen
Religionen: 80% Katholiken, 19% Protestanten
Währung: 1 Quetzal = 100 Centavos
Städte:
Quezaltenango (104 000), Escuintla (70 000), Mazatenango (43 000), Retalhuleu (40 000)

Guinea
Republik Guinea
Guinée
République de Guinée

Fläche: 245 857 km²
Bevölkerung: 7 550 000 (1997)
Hauptstadt: Conakry (1 120 000, A: 1 508 000)
Verwaltung: 4 Supraregionen, 30 Regionen, Hauptstadt-Distrikt
Sprachen: Französisch, Manding-Spr.
Religionen: 95% Muslime, 1,5% Christen
Währung: Guinea-Franc
Städte:
Kankan (160 000), Labé (149 000), Kindia (149 000), Nzérékoré (81 000), Siguiri (49 000)

Guinea-Bissau
Republik Guinea-Bissau
Guiné-Bissau
República da Guiné-Bissau

Fläche: 36 125 km²
Bevölkerung: 1 110 000 (1997)
Hauptstadt: Bissau (233 000)
Verwaltung: 8 Regionen und Hauptstadtdistrikt
Sprachen: Portugiesisch, Crioulo
Religionen: 54% Anhänger von Naturreligionen, 8% Muslime, 8% Christen
Währung: 1 CFA-Franc = 100 Centimes
Städte:
Bafatá (13 000), Gabú (7 800), Mansôa (5 400)

Guyana
Kooperative Republik Guyana
Guyana
Co-operative Republic of Guyana

Fläche: 214 969 km²
Bevölkerung: 847 000 (1997)
Hauptstadt: Georgetown (234 000)
Verwaltung: 10 Regionen
Sprachen: Englisch, Hindi, Urdu u. indianische Sprachen
Religionen: 34% Protestanten, 33% Hindus, 20% Katholiken
Währung: 1 Guyana-Dollar = 100 Cents
Städte:
New Amsterdam (25 000)

Haiti

Republik Haiti
Haïti/Dayti
République d'Haïti/Repiblik Dayti

Fläche: 27 750 km²
Bevölkerung: 7 390 000 (1997)
Hauptstadt: Port-au-Prince (917 000)
Verwaltung: 9 Departements
Sprachen: Französisch/Kreolisch
Religionen: 80% Katholiken, 10% Protestanten
Währung: 1 Gourde = 100 Centimes
Städte:
Carrefour (306 000), Delmas (257 000), Cap-Haïtien (107 000), Pétionville (76 000), Gonaïves (64 000), Les Cayes (49 000)

Honduras

Republik Honduras
Honduras
República de Honduras

Fläche: 112 088 km²
Bevölkerung: 5 970 000 (1997)
Hauptstadt: Tegucigalpa (814 000)
Verwaltung: 18 Bezirke, 1 Bundesdistrikt
Sprachen: Spanisch, indian. Sprachen, Englisch
Religionen: 90% Katholiken
Währung: 1 Lempira = 100 Centavos
Städte:
San Pedro Sula (384 000), La Ceiba (89 000), El Progreso (85 000), Choluteca (76 000)

Indien

Republik Indien
Bhārat/India
Bhāratīja Ganarājya/
Republic of India

Fläche: 3 165 596 km²
Bevölkerung: 959 400 000 (1997)
Hauptstadt: New Delhi (301 000)
Verwaltung: 25 Bundesstaaten und 7 Bundesterritorien
Sprachen: Hindi/Englisch/17 gleichberechtigte Regionalsprachen
Religionen: 80% Hindus, 11% Muslime
Währung: 1 Indische Rupie = 100 Paise
Städte:
Mumbai/Bombay (9 926 000; A: 15 093 000), Delhi (7 207 000; A: 8 420 000), Kalkutta (4 400 000; A: 11 020 000), Chennai/Madras (3 841 000; A: 5 420 000), Bangalore (3 302 000), Hyderābād (3 146 000), Ahmadābād (2 955 000), Kanpur (1 879 000), Nāgpur (1 625 000), Lucknow (1 619 000), Pune (1 567 000), Sūrat (1 506 000), Jaipur (1 458 000), Indore (1 092 000), Bhopāl (1 063 000), Vadodara (1 062 000), Ludhiāna (1 043 000), Kalyān (1 015 000), Hāora (950 000)

	Fläche km²	Bevölkerung 1994	Hauptstadt
Bundesstaat			
Andhra Pradesh	275 045	71 800 000	Hyderābād
Arunāchal Pradesh	83 743	965 000	Itānagar
Assam	78 438	24 200 000	Dispur
Bihār	173 877	93 080 000	Patna
Goa	3 702	1 235 000	Panaji
Gujarāt	196 024	44 235 000	Gāndhīnagar
Haryāna	44 212	17 925 000	Chandīgarh
Himachal Pradesh	55 673	5 530 000	Shimla
Jammu und Kaschmir	100 569[1]	8 435 000[1]	Srīnagar
Karnātaka	191 791	48 150 000	Bangalore
Kerala	38 863	30 555 000	Thiruvananthapuram
Madhya Pradesh	443 446	71 950 000	Bhopāl
Mahārāshtra	307 713	85 565 000	Mumbai
Manipur	22 327	2 010 000	Imphāl
Meghālaya	22 429	1 960 000	Shillong
Mizoram	21 081	775 000	Āīzawl
Nāgāland	16 579	1 410 000	Kohīma
Orissa	155 707	33 795 000	Bhubaneshwar
Punjab	50 362	21 695 000	Chandīgarh
Rājasthān	342 239	48 040 000	Jaipur
Sikkim	7 096	444 000	Gangtok
Tamil Nadu	130 058	58 840 000	Chennai
Tripura	10 486	3 065 000	Agartala
Uttar Pradesh	294 411	150 695 000	Lucknow
Westbengalen	88 752	73 600 000	Kalkutta
Bundesterritorium			
Andamanen und Nikobaren	8 249	322 000	Port Blair
Chandīgarh	114	725 000	Chandīgarh
Dādra und Nagar Haveli	491	153 000	Silvassa
Daman und Diu	112	111 000	Daman
Delhi	1 483	10 865 000	New Delhi
Lakshadweep	32	56 000	Kavaratti
Pondicherry	492	894 000	Pondicherry

[1] ohne die von Pakistan und China besetzten Gebiete

Indonesien

Republik Indonesien
Indonesia
Republik Indonesia

*ohne Osttimor

Fläche:* 1 889 695 km²
Bevölkerung:* 202 560 000 (1997)
Hauptstadt: Jakarta (9 341 000)
Verwaltung:* 23 Provinzen, 3 Sonderbez.
Sprachen: Bahasa Indonesia, weitere ca. 250 Sprachen u. Dialekte
Religionen: 87% Muslime
Währung: 1 Rupiah = 100 Sen
Städte:
Surabaya (2 743 000), Bandung (2 429 000), Medan (1 942 000), Palembang (1 394 000), Semarang (1 367 000), Ujung Pandang (1 121 000)

Irak

Republik Irak
Iraq
Al-Djumhurija al-Irakija

Fläche: 438 317 km²
Bevölkerung: 21 300 000 (1997)
Hauptstadt: Bagdad (4 044 000)
Verwaltung: 18 Provinzen, davon 3 als Autonome Region Kurdistan
Sprachen: Arabisch, Kurdisch, Türkisch
Religionen: 95% Muslime
Währung: 1 Irak-Dinar = 1000 Fils
Städte:
Basra (617 000), Mosul (571 000), Arbīl (334 000), As-Sulaymānīyah (279 000)

Iran

Islamische Republik Iran
Iran
Jomhuri-ye Eslami-ye Iran

Fläche: 1 633 188 km²
Bevölkerung: 71 500 000 (1997)
Hauptstadt: Teheran (6 759 000)
Verwaltung: 28 Provinzen
Sprachen: Persisch (Farsi), Kurdisch, Turksprachen
Religionen: 99% Muslime
Währung: 1 Rial = 100 Dinars
Städte:
Mashhad (1 887 000), Isfahan (1 266 000), Tabrīz (1 191 000), Shīrāz (1 053 000), Karaj (941 000), Ahvāz (805 000), Qom (778 000),

Irland

Éire/Ireland

Fläche: 70 284 km²
Bevölkerung: 3 560 000 (1997)
Hauptstadt: Dublin (A: 1 008 000)
Verwaltung: 4 Provinzen mit 26 Grafschaften und 4 Städten
Sprachen: Irisch/Englisch
Religionen: 88% Katholiken
Währung: 1 Irisches Pfund = 100 Pence
Städte:
Cork (180 000), Limerick (79 000), Galway (57 000), Waterford (44 000)

Israel

Staat Israel
Yisra'el/Isrā'īl
Medinat Yisra'el/Dawlat Isrā'īl

Fläche: 21 946 km² (mit 1 176 km² Golanhöhen und 70 km² Ost-Jerusalem)
Bevölkerung: 5 740 000 (1997)
Hauptstadt: Jerusalem (579 000)
Verwaltung: 6 Distrikte
Sprachen: Hebräisch/Arabisch, Jiddisch, Englisch
Religionen: 81% Juden, 14% Muslime
Währung: 1 Neuer Schekel = 100 Agorot
Städte:
Tel Aviv-Yafo (355 000), Haifa (247 000), Holon (164 000), Rishon LeZiyyon (160 000)

Palästinensische Gebiete:

Westjordanland

z.T. unter palästinensischer Autonomieverwaltung

Fläche: 5 879 km²
Bevölkerung: 1 719 000 Palästin. (1997), 154 400 israel. Siedler (1997)
Städte:
Hebron (119 000), Nāblus (100 000), Bet Lehem (40 000), Jericho (15 000)

Gazastreifen

z.T. unter palästinensischer Autonomieverwaltung

Fläche: 378 km²
Bevölkerung: 963 000 Palästin. (1997), 5 700 israel. Siedler (1997)
Städte:
Gaza (354 000)

Island

Republik Island
Ísland
Lýðveldið Ísland

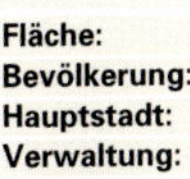

Fläche: 103 000 km²
Bevölkerung: 274 000 (1997)
Hauptstadt: Reykjavík (105 000)
Verwaltung: 23 Kreise, 14 Stadtbezirke
Sprachen: Isländisch
Religionen: 93% Lutheraner
Währung: 1 Isländische Krone = 100 Aurar
Städte:
Kópavogur (18 000), Hafnarfjörður (18 000), Akureyri (15 500)

Italien

Italienische Republik
Italia
Repubblica Italiana/
République italienne

Fläche: 301 268 km²
Bevölkerung: 57 200 000 (1997)
Hauptstadt: Rom (2 650 000)
Verwaltung: 20 Regionen
Sprachen: Italienisch/Franz. (regional)/ Deutsch (regional)
Religionen: über 90% Katholiken
Währung: 1 Ital. Lira = 100 Centesimi
Städte:
Mailand (1 306 000), Neapel (1 047 000), Turin (921 000), Palermo (689 000), Genua (656 000), Bologna (386 000), Florenz (382 000)

Jamaika

Jamaica

Fläche: 10 990 km²
Bevölkerung: 2 520 000 (1997)
Hauptstadt: Kingston (A: 538 000)
Verwaltung: 14 Bezirke
Sprachen: Englisch, Jamaikan. Kreol
Religionen: 56% Protestanten, 5% Katholiken
Währung: 1 Jamaika-Dollar = 100 Cents
Städte:
Spanish Town (110 000), Portmore (94 000), Montego Bay (82 000), May Pen (46 000)

Japan

Nippon/Nihon
Nihon-Koku

Fläche: 377 829 km²
Bevölkerung: 125 600 000 (1997)
Hauptstadt: Tōkyō (A: 11 774 000)
Verwaltung: 47 Präfekturen
Sprachen: Japanisch, Englisch
Religionen: 87% Schintoisten, 74% Buddhisten
Währung: 1 Yen = 100 Sen
Städte:
Yokohama (3 307 000), Ōsaka (2 602 000), Nagoya (2 152 000), Sapporo (1 757 000), Kyōto (1 464 000), Kōbe (1 424 000), Fukuoka (1 285 000)

Jemen

Republik Jemen
Al-Jaman
Al-Djumhurija al-Jamanija

Fläche: 527 968 km²
Bevölkerung: 16 200 000 (1997)
Hauptstadt: Sanaa (927 000)
Verwaltung: 17 Provinzen
Sprachen: Arabisch
Religionen: 99% Muslime
Währung: 1 Jemen-Rial = 100 Fils
Städte:
Aden (401 000), Taizz (290 000), Al-Hudaydah (246 000)

Jordanien

Haschemetisches Königreich Jordanien
Al-Urdunn
Al-Mamlaka al-Urdunnija al-Haschimija

Fläche: 89 342 km²
Bevölkerung: 4 320 000 (1997)
Hauptstadt: Ammān (963 000)
Verwaltung: 12 Governorate
Sprachen: Arabisch, Beduinendialekte, Englisch
Religionen: 80% sunnitische Muslime, Minderheit von Christen
Währung: 1 Jordan-Dinar = 1000 Fils
Städte:
Az-Zarqā (605 000), Irbid (385 000), As-Salt (187 000), Ar-Rusayfah (131 000)

Jugoslawien

Bundesrepublik Jugoslawien
Jugoslavija
Savezna Republika Jugoslavija

Fläche: 102 173 km²
Bevölkerung: 10 400 000 (1997)
Hauptstadt: Belgrad (1 168 000)
Verwaltung: 2 Republiken
Sprachen: Serbisch, Albanisch, Montenegrinisch, Ungarisch
Religionen: 44% Serbisch-Orthodoxe, 31% Katholiken, 12% Musl.
Währung: 1 Neuer Dinar = 100 Para
Städte:
Novi Sad (180 000), Niš (175 000), Priština (155 000), Kragujevac (147 000)

Kambodscha

Königreich Kambodscha
Kâmpuchéa
Preăh Réachéanachâkr Kâmpuchéa

Fläche: 181 035 km²
Bevölkerung: 10 500 000 (1997)
Hauptstadt: Phnom Penh (920 000)
Verwaltung: 21 Provinzen
Sprachen: Khmer, Französisch, Chinesisch, Vietnamesisch
Religionen: 88% Buddhisten, 2% Muslime
Währung: 1 Riel = 100 Sen
Städte:
Bât Dâmbâng (94 000), Siĕmréab (76 000), Kămpóng Saôm (75 000)

Kamerun

Republik Kamerun
Cameroun/Cameroon
République du Cameroun/Republic of Cameroon

Fläche: 475 442 km²
Bevölkerung: 13 900 000 (1997)
Hauptstadt: Jaunde (800 000)
Verwaltung: 10 Provinzen
Sprachen: Französisch/Englisch
Religionen: 53% Christen, 40% Anhänger von Naturreligionen
Währung: 1 CFA-Franc = 100 Centimes
Städte:
Douala (1 200 000), Garoua (160 000), Maroua (140 000), Bafoussam (120 000)

Kanada

Canada

Fläche: 9 970 610 km² (davon 755 180 km² Binnengewässer)
Bevölkerung: 30 300 000 (1998)
Hauptstadt: Ottawa (314 000, A: 1 010 000)
Verwaltung: 10 Provinzen, 3 Territorien
Sprachen: Englisch/Französisch
Religionen: 46% Katholiken, 30% Protestanten
Währung: 1 Kanad. Dollar = 100 Cents
Städte:
Toronto (635 000; A: 4 260 000), Montréal (1 018 000; A: 3 330 000), Vancouver (472 000; A: 1 830 000), Edmonton (A: 860 000), Calgary (A: 820 000), Québec (168 000; A: 670 000), Winnipeg (A: 670 000), Hamilton (318 000; A: 620 000), London (A: 400 000), Kitchener (A: 380 000), St. Catharines-Niagara (A: 370 000), Halifax (A: 330 000), Victoria (A: 300 000)

	Fläche km²	Bevökerung 1998	Hauptstadt
Provinz			
Alberta	661 190	2 915 000	Edmonton
British Columbia	947 800	4 009 000	Victoria
Manitoba	649 950	1 139 000	Winnipeg
Neubraunschweig	73 440	753 000	Fredericton
Neufundland	405 720	544 000	St. John's
Neuschottland	55 490	934 000	Halifax
Ontario	1 068 580	11 414 000	Toronto
Prince-Edward-Insel	5 660	137 000	Charlottetown
Québec	1 540 680	7 335 000	Québec
Saskatchewan	652 330	1 024 000	Regina
Territorium			
Nordwestterritorien	1 224 920	40 000	Yellowknife
Nunavut	2 201 400	27 000	Iqaluit
Yukonterritorium	483 450	32 000	Whitehorse

Kap Verde

Republik Kap Verde
Cabo Verde
República de Cabo Verde

Fläche: 4 033 km²
Bevölkerung: 406 000 (1997)
Hauptstadt: Praia (62 000)
Verwaltung: 16 Bezirke
Sprachen: Portugiesisch
Religionen: 96% Katholiken
Währung: 1 Kap-Verde-Escudo = 100 Centavos

Städte:
Mindelo (47 000)

Kenia

Republik Kenia
Kenya
Jamhuri ya Kenya

Fläche: 580 367 km²
Bevölkerung: 28 400 000 (1997)
Hauptstadt: Nairobi (1 505 000)
Verwaltung: 7 Provinzen, Hauptstadtdistr.
Sprachen: Kisuaheli (u.a.), Englisch
Religionen: 60% Anhänger von Naturreligionen, 26% Katholiken
Währung: 1 Kenia-Schilling = 100 Cents

Städte:
Mombasa (465 000), Kisumu (185 000), Nakuru (163 000), Machakos (116 000), Eldoret (105 000), Nyeri (89 000), Meru (78 000), Thika (57 000)

Kasachstan

Republik Kasachstan
Kasakstan
Kasakstan Respublikasy

Fläche: 2 717 300 km²
Bevölkerung: 16 900 000 (1997)
Hauptstadt: Astana (287 000)
Verwaltung: 15 Regionen
Sprachen: Kasachisch, Russisch
Religionen: 47% Muslime
Währung: 1 Tenge = 100 Tiin

Städte:
Almaty (1 176 000), Karaganda (596 000), Schymkent (404 000), Pawlodar (349 000), Semej (342 000), Öskemen (334 000), Taras (317 000), Aktöbe (264 000)

Kirgisistan

Kirgisische Republik
Kyrgysstan
Kyrgys Respublikasy

Fläche: 198 500 km²
Bevölkerung: 4 490 000 (1997)
Hauptstadt: Bischkek (584 000)
Verwaltung: 6 Regionen, Hauptstadtbez.
Sprachen: Kirgisisch/Russisch
Religionen: 70% Muslime, Russ.-Orthod.
Währung: 1 Kirgisistan-Som = 100 Tyin

Städte:
Osch (219 000), Jalal-Abad (80 000), Tokmak (71 000), Karaköl (64 300), Kara-Balta (55 000)

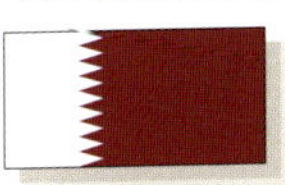

Katar

Staat Katar
Al-Katar
Daulat al-Katar

Fläche: 11 000 km²
Bevölkerung: 568 000 (1997)
Hauptstadt: Doha (392 000)
Verwaltung: 9 Bezirke
Sprachen: Arabisch, Urdu, Farsi (Persisch), Englisch
Religionen: 92% sunnit. Muslime
Währung: 1 Katar-Riyal = 100 Dirham

Städte:
Ar-Rayyān (165 000), Al-Wakrah (34 000)

Kiribati

Fläche: 726 km²
Bevölkerung: 80 000 (1997)
Hauptstadt: Bairiki (2 000)
Verwaltung: 6 Distrikte
Sprachen: Gilbertesisch/Englisch
Religionen: 53% Katholiken, 39% Protestanten
Währung: 1 Austral. Dollar/Kiribati = 100 Cents

Inselgruppen:
Gilbertinseln, Phoenix-Inseln, Line-Inseln

Kolumbien

Republik Kolumbien
Colombia
República de Colombia

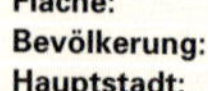

Fläche: 1 138 914 km²
Bevölkerung: 37 000 000 (1997)
Hauptstadt: Bogotá (6 005 000)
Verwaltung: 32 Departements, Hauptstadt
Sprachen: Spanisch, indian. Sprachen
Religionen: 95% Katholiken
Währung: 1 Kol. Peso = 100 Centavos
Städte:
Cali (1 986 000), Medellín (1 971 000), Barranquilla (1 158 000), Cartagena (813 000), Cúcuta (589 000), Bucaramanga (508 000), Pereira (434 000), Ibagué (420 000)

Komoren

Islamische Bundesrepublik Komoren
Comores
Jamhuri ya Munganyo ya Kisilam ya Comores/République fédérale islamique des Comores

Fläche: 1862 km²
Bevölkerung: 651 000 (1997)
Hauptstadt: Moroni (23 400)
Verwaltung: 3 Inseldistrikte
Sprachen: Komorisch/Französisch, Arabisch
Religionen: 99% Muslime, 1% Katholiken
Währung: 1 Komoren-Franc = 100 Centimes
Städte:
Mutsamudu (14 000), Fomboni (7 000)

Kongo, Demokratische Republik

République démocratique du Congo

Fläche: 2 344 858 km²
Bevölkerung: 47 900 000 (1997)
Hauptstadt: Kinshasa (4 655 000)
Verwaltung: 10 Regionen, Haupstadtdistr.
Sprachen: Französisch, über 400 Spr.
Religionen: 42% Katholiken, 25% Protestanten
Währung: Kongo-Franc
Städte:
Lubumbashi (851 000), Mbuji-Mayi (806 000), Kisangani (418 000), Kolwezi (418 000), Kananga (393 000), Likasi (299 000)

Kongo, Republik

Congo
République du Congo

Fläche: 342 000 km²
Bevölkerung: 2 740 000 (1997)
Hauptstadt: Brazzaville (938 000)
Verwaltung: 9 Regionen und 4 Stadtbezirke
Sprachen: Französisch, Lingala
Religionen: 54% Katholiken, Anhänger von Naturreligionen
Währung: 1 CFA-Franc = 100 Centimes
Städte:
Pointe-Noire (576 000), Loubomo (84 000), Nkayi (43 000)

Korea, Nord-

Demokratische Volksrepublik Korea
Choson Minchuchuui Inmin Konghuaguk

Fläche: 120 538 km²
Bevölkerung: 22 800 000 (1997)
Hauptstadt: Pjöngjang (2 355 000)
Verwaltung: 9 Provinzen, 3 Stadtbezirke
Sprachen: Koreanisch, Russisch, Chines.
Religionen: 68% ohne Konfession, Buddhisten, Konfuzianer
Währung: 1 Won = 100 Chon
Städte:
Hamhung (701 000), Chongjin (520 000), Nampo (370 000), Sinuiju (289 000), Wonsan (274 000), Kangye (211 000), Haeju (195 000)

Korea, Süd-

Republik Korea
Taehan Minguk

Fläche: 99 268 km²
Bevölkerung: 45 700 000 (1997)
Hauptstadt: Seoul (10 229 000)
Verwaltung: 9 Provinzen, 6 Stadtbezirke
Sprachen: Koreanisch, Englisch, Japan.
Religionen: 33% Protest., 23% Konfuzianer, 21% Buddhisten
Währung: 1 Won = 100 Chon
Städte:
Pusan (3 814 000), Taegu (2 449 000), Inchon (2 308 000), Taejon (1 272 000), Kwangju (1 258 000), Ulsan (967 000), Songnam (869 000)

Kroatien

Republik Kroatien
Hrvatska
Republika Hrvatska

Fläche: 56 538 km²
Bevölkerung: 4 500 000 (1997)
Hauptstadt: Zagreb (707 000)
Verwaltung: 20 Regionen, Hauptstadtbezirk und 2 Bezirke mit Sonderstatus (Glina u. Knin)
Sprachen: Kroatisch, Serbisch, Ungar.
Religionen: 77% Katholiken
Währung: 1 Kuna = 100 Lipa
Städte:
Split (189 000), Rijeka (168 000), Osijek (105 000), Zadar (76 000), Pula (62 000)

Kuba

Republik Kuba
Cuba
República de Cuba

Fläche: 110 861 km²
Bevölkerung: 11 100 000 (1997)
Hauptstadt: Havanna (2 241 000)
Verwaltung: 14 Provinzen und 1 Sonderverwaltungsgebiet
Sprachen: Spanisch
Religionen: 56% ohne Konfession, 39% Katholiken
Währung: 1 Kuban. Peso = 100 Centavos
Städte:
Santiago de Cuba (440 000), Camagüey (294 000), Holguín (242 000), Guantánamo (208 000)

Kuwait

Staat Kuwait
Al-Kuwait
Daulat al-Kuwait

Fläche: 17 818 km²
Bevölkerung: 1 800 000 (1997)
Hauptstadt: Kuwait (29 000)
Verwaltung: 5 Provinzen
Sprachen: Arabisch, Englisch
Religionen: 95% Muslime
Währung: 1 Kuwait-Dinar = 1000 Fils
Städte:
As-Sālimīyah (130 000), Qalīb ash-Shuyūkh (102 000), Hawallī (82 000), Abraq Khītān (64 000)

Laos

Demokratische Volksrepublik Laos
Lao
Sathalanalat Pasathipatai Pasason Lao

Fläche: 236 800 km²
Bevölkerung: 5 190 000 (1997)
Hauptstadt: Vientiane (528 000)
Verwaltung: 16 Provinzen, 1 Sonderregion, Hauptstadtpräfektur
Sprachen: Lao, Französisch, Chinesisch
Religionen: 58% Buddhisten, 34% Anh. von Stammesreligionen
Währung: 1 Kip = 100 At
Städte:
Louangphrabang (68 000), Khanthabouli (51 000), Pakxé (47 000)

Lesotho

Königreich Lesotho
Lesotho
Muso wa Lesotho/Kingdom of Lesotho

Fläche: 30 355 km²
Bevölkerung: 2 130 000 (1997)
Hauptstadt: Maseru (370 000)
Verwaltung: 10 Distrikte
Sprachen: Sesotho/Englisch
Religionen: 44% Katholiken, 30% Protestanten
Währung: 1 Loti = 100 Lisente
Städte:
Teyateyaneng (14 000), Mafeteng (13 000), Hlotse (10 000)

Lettland

Republik Lettland
Latvija
Latvijas Republika

Fläche: 64 600 km²
Bevölkerung: 2 480 000 (1997)
Hauptstadt: Rīga (816 000)
Verwaltung: 26 Distrikte und 7 Stadtverwaltungen
Sprachen: Lettisch, Russisch
Religionen: 55% Lutheraner, 24% Katholiken
Währung: 1 Lats = 100 Santims
Städte:
Daugavpils (Dünaburg) (118 000), Liepāja (Libau) (97 000), Jelgava (71 000), Jūrmala (59 000)

Libanon

Libanesische Republik
Lubnān
Al-Djumhurija al-Lubnānija

Fläche: 10 400 km^2
Bevölkerung: 3 120 000 (1997)
Hauptstadt: Beirut (1 500 000)
Verwaltung: 5 Provinzen und Hauptstadt
Sprachen: Arabisch, Französisch, Englisch, Armenisch
Religionen: 60% Muslime, 40% Christen
Währung: 1 Libanesisches Pfund = 100 Piaster
Städte:
Tripoli (200 000), Zahlah (200 000), Sidon (100 000)

Liberia

Republik Liberia
Liberia
Republic of Liberia

Fläche: 111 369 km^2
Bevölkerung: 2 520 000 (1997)
Hauptstadt: Monrovia (630 000)
Verwaltung: 11 Bezirke, 4 Territorien
Sprachen: Englisch, Gola, Kpelle
Religionen: 70% Anhänger von Naturreligionen, 20% Muslime, 10% Christen
Währung: 1 Lib. Dollar = 100 Cents
Städte:
Harbel (115 000), Buchanan (79 000), Gbarnga (30 000),

Libyen

Sozialistische Libysch-Arabische Volks-Jamahirija
Al-Jamahirija
Al-Jamahirija al-Arabija al Libija asch-Schabija al-Ischtirakija

Fläche: 1 759 540 km^2
Bevölkerung: 5 780 000 (1997)
Hauptstadt: Tripolis (591 000)
Verwaltung: 3 Provinzen, 10 Governorate
Sprachen: Arabisch, Englisch
Religionen: 97% Muslime
Währung: 1 Lib. Dinar = 1000 Dirham
Städte:
Bengasi (446 000), Misrātah (122 000), Az-Zāwiyah (89 000)

Liechtenstein

Fürstentum Liechtenstein

Fläche: 160 km^2
Bevölkerung: 31 000 (1997)
Hauptstadt: Vaduz (5 000)
Verwaltung: 11 Gemeinden
Sprachen: Deutsch
Religionen: 83% Katholiken, 7% Protestanten
Währung: 1 Schweizer Franken = 100 Rappen
Städte:
Schaan (5 100), Balzers (4 000), Triesen (4 000)

Litauen

Republik Litauen
Lietuva
Lietuvos Respublika

Fläche: 65 200 km^2
Bevölkerung: 3 720 000 (1997)
Hauptstadt: Vilnius (Wilna) (573 000)
Verwaltung: 10 Bezirke
Sprachen: Litauisch, Russisch
Religionen: 80% Katholiken
Währung: 1 Litas = 100 Centas
Städte:
Kaunas (411 000), Klaipėda (Memel) (202 000), Šiauliai (Schaulen) (147 000), Panevėžys (132 000)

Luxemburg

Großherzogtum Luxemburg
Lëtzebuerg/Luxemburg/Luxembourg
Groussherzogtom Lëtzbuerg/Großherzogtum Luxemburg/Grand-Duché de Luxembourg

Fläche: 2 586 km^2
Bevölkerung: 416 000 (1997)
Hauptstadt: Luxemburg (78 000)
Verwaltung: 12 Kantone
Sprachen: Lëtzebuergesch/Deutsch/Französisch
Religionen: 95% Katholiken
Währung: 1 Luxemb. Franc = 100 Centimes
Städte:
Esch-sur-Alzette (25 000), Differdingen (17 000)

Madagaskar

Republik Madagaskar
Madagasikara/Madagascar
Repoblikani Madagasikara/
République de Madagascar

Fläche: 587 041 km^2
Bevölkerung: 15 800 000 (1997)
Hauptstadt: Antananarivo (1 053 000)
Verwaltung: 28 Regionen
Sprachen: Malagasy/Französisch
Religionen: 52% Anhänger von Naturreligionen, 25% Katholiken, 20% Protestanten
Währung: 1 Madag. Franc = 100 Centimes
Städte:
Toamasina (127 000), Antsirabe (120 000)

Malediven

Republik Malediven
Divehi Rājjē
Divehi Rājjē ge Jumhūriyyā

Fläche: 298 km^2
Bevölkerung: 270 000 (1997)
Hauptstadt: Malé (63 000)
Verwaltung: 20 Distrikte (Atolle) und Hauptstadtdistrikt
Sprachen: Maldivisch (Divehi)
Religionen: 99% sunnit. Muslime
Währung: 1 Rufiyaa = 100 Laari

Malawi

Republik Malawi
Malawŵi/Malawi
Mfuko la Malawŵi/
Republic of Malawi

Fläche: 118 484 km^2
Bevölkerung: 10 200 000 (1997)
Hauptstadt: Lilongwe (396 000)
Verwaltung: 3 Regionen
Sprachen: Chichewa/Englisch
Religionen: 75% Christen, 10% Anhänger von Naturreligionen
Währung: 1 Malawi-Kwacha = 100 Tambala
Städte:
Blantyre (447 000), Mzuzu (63 000), Zomba (63 000)

Mali

Republik Mali
Mali
République du Mali

Fläche: 1 240 192 km^2
Bevölkerung: 11 500 000 (1997)
Hauptstadt: Bamako (746 000)
Verwaltung: 8 Regionen und Hauptstadtdistrikt
Sprachen: Französisch, Bambara
Religionen: 80% Muslime, 18% Anhänger von Naturreligionen
Währung: 1 CFA-Franc = 100 Centimes
Städte:
Ségou (99 000), Mopti (78 000), Sikasso (73 000), Kayes (67 000), Gao (55 000)

Malaysia

Fläche: 329 758 km^2
Bevölkerung: 21 000 000 (1997)
Hauptstadt: Kuala Lumpur (1 145 000)
Verwaltung: 13 Bundesstaaten und 2 Bundesterritorien
Sprachen: Malaiisch, zahlr. andere Spr.
Religionen: 53% Muslime, 17% Buddh.
Währung: 1 Malays. Ringgit = 100 Sen
Städte:
Ipoh (383 000), Johor Baharu (329 000), Melaka (296 000), Petaling Jaya (255 000), Tawai (245 000), Kelang (244 000), Kuala Terengganu (229 000)

Malta

Republik Malta
Malta
Repubblika ta' Malta/
Republic of Malta

Fläche: 316 km^2
Bevölkerung: 370 000 (1997)
Hauptstadt: Valletta (9 100)
Verwaltung: 6 Bezirke
Sprachen: Maltesisch/Englisch
Religionen: 93% Katholiken
Währung: 1 Maltesische Lira = 100 Cents
Städte:
Birkirkara (22 000), Qormi (20 000), Hamrun (13 600), Sliema (13 500)

Marokko

Königreich Marokko
Magrib
Al-Mamlaka al-Magribija

Fläche: 458 730 km² (ohne Westsahara)
Bevölkerung: 27 500 000 (1997)
Hauptstadt: Rabat (1 386 000)
Verwaltung: 16 Regionen
Sprachen: Arabisch, Berber-Spr., Franz.
Religionen: 89% Muslime
Währung: 1 Dirham = 100 Centimes
Städte:
Casablanca (2 941 000), Fez (772 000), Marrakech (673 000), Agadir (525 000), Tanger (522 000), Meknès (460 000), Oujda (366 000)

Mauritius

Republik Mauritius
Mauritius
Republic of Mauritius

Fläche: 2 040 km²
Bevölkerung: 1 140 000 (1997)
Hauptstadt: Port Louis (146 000)
Verwaltung: 9 Distrikte, 3 Dependenzen
Sprachen: Englisch, Mauritianisch, Französisch
Religionen: 53% Hindus, 30% Christen
Währung: 1 Maur.-Rupie = 100 Cents
Städte:
Beau Bassin-Rose Hill (98 000), Vacoas-Phoenix (96 000), Curepipe (78 000), Quatre Bornes (75 000)

Marshallinseln

Republik Marshallinseln
Marshall Islands
Republic of the Marshall Islands

Fläche: 181 km²
Bevölkerung: 57 000 (1997)
Hauptstadt: Uliga (18 000)
Verwaltung: 24 Bezirke
Sprachen: Englisch, mikronesische Sprachen
Religionen: 80% Protestanten, 15% Katholiken
Währung: 1 US-Dollar = 100 Cents
Städte:
Ebeye (8 300), Jaluit (1 600)

Mazedonien

Ehemalige jugoslawische Republik Mazedonien
Makedonija
Poranešna Jugoslovenska Republika Makedonija

Fläche: 25 713 km²
Bevölkerung: 2 190 000 (1997)
Hauptstadt: Skopje (444 000)
Verwaltung: 123 Gemeinden
Sprachen: Mazedonisch, Albanisch, Türkisch
Religionen: 67% Mazedonisch-Orthodoxe, 30% Muslime
Währung: 1 Denar = 100 Deni
Städte:
Bitola (78 000), Kumanovo (72 000), Prilep (68 000), Tetovo (50 000)

Mauretanien

Islamische Republik Mauretanien
Muritanija
Al-Djumhurija al-Islamija al-Muritanija

Fläche: 1 025 520 km²
Bevölkerung: 2 390 000 (1997)
Hauptstadt: Nouakchott (480 000)
Verwaltung: 13 Regionen
Sprachen: Arabisch, Französisch, Wolof, Pular, Solinke
Religionen: 99,6% sunnit. Muslime
Währung: 1 Ouguiya = 5 Khoums
Städte:
Nouâdhibou (59 000), Kaédi (31 000), Kiffa (29 000), Rosso (28 000)

Mexiko

Vereinigte Mexikanische Staaten
México
Estados Unidos Mexicanos

Fläche: 1 958 201 km²
Bevölkerung: 94 200 000 (1997)
Hauptstadt: Mexiko (11 708 000)
Verwaltung: 31 Bundesstaaten und Hauptstadt-Bundesdistrikt
Sprachen: Spanisch, indian. Sprachen
Religionen: 90% Katholiken
Währung: 1 Mex. Peso = 100 Centavos
Städte:
Guadalajara (1 633 000), Puebla (1 123 000), Monterrey (1 088 000), León (1 042 000), Ciudad Juráez (1 012 000), Tijuana (992 000)

Mikronesien

Föderierte Staaten von Mikronesien
Micronesia
Federated States of Micronesia

Fläche: 702 km²
Bevölkerung: 109 000 (1997)
Hauptstadt: Palikir
Verwaltung: 4 Teilstaaten (Kosrae, Yap, Pohnpei, Chuuk)
Sprachen: Englisch, mikronesische u. polynesische Sprachen
Religionen: 59% Katholiken, 39% Protestanten
Währung: 1 US-Dollar = 100 Cents
Städte:
Weno (15 000), Kolonia (6 200), Colonia (3 500)

Mongolei

Mongol Uls

Fläche: 1 566 500 km²
Bevölkerung: 2 570 000 (1997)
Hauptstadt: Ulan-Bator (623 000)
Verwaltung: 21 Provinzen, davon 3 Stadtbezirke
Sprachen: Mongolisch, Russisch, Kasachisch
Religionen: 90% Buddhisten
Währung: 1 Tugrik = 100 Mongo
Städte:
Darchan (87 000), Erdenet (59 000), Tschojbalsan (80 000)

Mosambik

Republik Mosambik
Moçambique
República de Moçambique

Fläche: 801 590 km²
Bevölkerung: 18 100 000 (1997)
Hauptstadt: Maputo (967 000)
Verwaltung: 10 Provinzen u. Hauptstadt
Sprachen: Portugiesisch, Kisuaheli
Religionen: 60% Anhänger von Naturreligionen, 30% Christen
Währung: 1 Metical = 100 Centavos
Städte:
Beira (397 000), Nampula (303 000), Quelimane (150 000), Nacala (158 000), Tete (122 000)

Moldau

Republik Moldau
Moldova
Republica Moldova

Fläche: 33 700 km²
Bevölkerung: 4 450 000 (1997)
Hauptstadt: Chişinău (667 000)
Verwaltung: 40 Bezirke, 10 Stadtbezirke, Gagausien, Dnister-Republik
Sprachen: Moldawisch, Russisch
Religionen: überw. Russ.-Orthodoxe
Währung: 1 Moldau-Leu = 100 Bani
Städte:
Tiraspol (186 000), Bălţi (159 000), Tighina (Bendery) (133 000), Rîbniţa (63 000)

Monaco

Fürstentum Monaco
Monaco
Principauté de Monaco

Fläche: 1,95 km²
Bevölkerung: 32 000 (1997)
Hauptstadt: Monaco (1 200)
Verwaltung: 4 Quartiers
Sprachen: Französisch, Monegassisch
Religionen: 90% Katholiken, 6% Protestanten
Währung: 1 Französischer Franc = 100 Centimes
Städte:
Monte Carlo (13 000), La Condamine (12 000)

Myanmar

Union Myanmar
Myanma Pye
Pye Tawngsu Myanma Naingngan

Fläche: 676 578 km²
Bevölkerung: 46 800 000 (1997)
Hauptstadt: Yangon (Rangun) (3 302 000)
Verwaltung: 7 Staaten und 7 Verwaltungsbezirke
Sprachen: Birmanisch, Englisch
Religionen: 87% Buddh., 6% Christen
Währung: 1 Kyat = 100 Pyas
Städte:
Mandalay (533 000), Moulmein (220 000), Pegu (151 000), Pathein (144 000), Taunggyi (108 000), Sittwe (108 000)

Namibia

Republik Namibia
Namibia
Republic of Namibia

Fläche: 824 292 km²
Bevölkerung: 1 610 000 (1997)
Hauptstadt: Windhuk (161 000)
Verwaltung: 13 Regionen
Sprachen: Englisch, Afrikaans, Deutsch
Religionen: 62% Protestanten, 20% Katholiken
Währung: 1 Namibia-Dollar = 100 Cents
Städte:
Swakopmund (16 000), Rehoboth (15 000), Rundu (15 000), Keetmanshoop (14 000)

Nauru

Republik Nauru
Naoero/Nauru
Republic of Nauru

Fläche: 21 km²
Bevölkerung: 11 000 (1997)
Hauptstadt: Yaren (4 000)
Verwaltung: 14 Distrikte
Sprachen: Nauruisch/Englisch
Religionen: 60% Protestanten, 30% Katholiken
Währung: 1 Australischer Dollar = 100 Cents

Nepal

Königreich Nepal
Nepāl
Nepāl Adhirājya

Fläche: 147 181 km²
Bevölkerung: 22 600 000 (1997)
Hauptstadt: Kathmandu (535 000)
Verwaltung: 14 Regionen
Sprachen: Nepali, Maithili, Bhojpuri
Religionen: 90% Hindus, 5% Buddhisten
Währung: 1 Nepalesische Rupie = 100 Paisa
Städte:
Biratnagar (129 000), Lalitpur (116 000), Pokhara (48 000), Birganj (44 000)

Neuseeland

New Zealand

Fläche: 270 534 km²
Bevölkerung: 3 640 000 (1997)
Hauptstadt: Wellington (158 000)
Verwaltung: 16 Regionen
Sprachen: Englisch, Maori
Religionen: 62% Christen
Währung: 1 Neus.-Dollar = 100 Cents
Städte:
Auckland (A: 998 000), Christchurch (314 000), Dundedin (121 000), Hamilton (107 000)

Mit Neuseeland assoziierte Gebiete:

Cookinseln

Cook Islands

Fläche: 236 km²
Bevölkerung: 19 000 (1997)
Hauptort: Avarua

Niue

Fläche: 260 km²
Bevölkerung: 2 100 (1997)
Hauptort: Alofi (900)

Außengebiete:

Tokelau

Fläche: 10 km²
Bevölkerung: 1 800 (1992)

Ross-Nebengebiet

Ross Dependency
Von Neuseeland beansprucht

Fläche: 750 310 km², wiss. Stationen

Nicaragua

Republik Nicaragua
Nicaragua
República de Nicaragua

Fläche: 130 000 km²
Bevölkerung: 4 340 000 (1997)
Hauptstadt: Managua (864 000)
Verwaltung: 16 Departements
Sprachen: Spanisch, indian. Sprachen
Religionen: 89% Katholiken, 5% Protestanten
Währung: 1 Córdoba = 100 Centavos
Städte:
León (172 000), Chinandega (102 000), Masaya (102 000), Granada (89 000)

Niederlande

Königreich der Niederlande
Nederland
Koninkrijk der Nederlanden

Fläche:	41 526 km^2
Bevölkerung:	15 600 000 (1997)
Hauptstadt:	Amsterdam (724 000)
Verwaltung:	12 Provinzen
Sprachen:	Niederländisch/ regional Friesisch
Religionen:	36% Katholiken, 26% Protestanten
Währung:	1 Holländischer Gulden = 100 Cent

Städte:
Rotterdam (599 000), Den Haag (445 000), Utrecht (234 000), Eindhoven (196 000), Groningen (171 000), Tilburg (163 000), Haarlem (150 000), Apeldoorn (149 000), Enschede (148 000)

Überseegebiete:

Aruba

Fläche:	193 km^2
Bevölkerung:	86 000 (1997)
Hauptort:	Oranjestad (20 000)

Niederländische Antillen

Nederlandse Antillen

Fläche:	800 km^2
Bevölkerung:	195 000 (1997)
Hauptstadt:	Willemstad (119 000)

Niger

Republik Niger
Niger
République du Niger

Fläche:	1 267 000 km^2
Bevölkerung:	9 780 000 (1997)
Hauptstadt:	Niamey (398 000, A: 550 000)
Verwaltung:	8 Departements
Sprachen:	Französisch, Hausa, Djerma, Ful, Tuareg
Religionen:	80% Muslime, 10–15% Anhänger v. Naturreligionen
Währung:	1 CFA-Franc = 100 Centimes

Städte:
Zinder (121 000), Maradi (113 000), Tahoua (52 000), Agadèz (50 000)

Nigeria

Bundesrepublik Nigeria
Nigeria
Federal Republic of Nigeria

Fläche:	923 768 km^2
Bevölkerung:	118 300 000 (1997)
Hauptstadt:	Abuja (298 000)
Verwaltung:	36 Bundesst., Hauptstadt
Sprachen:	Englisch, Kwa-Spr., Hausa
Religionen:	45% Muslime, 26% Protestanten, 12% Katholiken
Währung:	1 Naira = 100 Kobo

Städte:
Lagos (1 444 000, A: 5 700 000), Ibadan (1 362 000), Ogbomosho (694 000), Kano (641 000), Oshogbo (454 000), Ilorin (453 000), Abeokuta (407 000)

Norwegen

Königreich Norwegen
Norge
Kongeriket Norge

Fläche:	323 877 km^2
Bevölkerung:	4 360 000 (1997)
Hauptstadt:	Oslo (732 000)
Verwaltung:	19 Provinzen
Sprachen:	Norwegisch, Samisch
Religionen:	89% Lutheraner
Währung:	1 Norwegische Krone = 100 Øre

Städte:
Bergen (197 000), Trondheim (136 000), Stavanger (106 000), Drammen (60 000)

Svalbard und Jan Mayen

Svalbard og Jan Mayen

Svalbard:	61 500 km^2, 3 200 Einwohner
Jan Mayen:	381 km^2, unbewohnt

Außengebiete (Nebenländer):

Bouvetinsel

Bouvetøya

Fläche:	59 km^2, unbewohnt

Königin-Maud-Land

Dronning Maud Land
Von Norwegen beansprucht

Fläche:	2 500 000 km^2, unbewohnt

Peter-I.-Insel

Peter I. Øy
Von Norwegen beansprucht

Fläche:	249 km^2, unbewohnt

Oman

Sultanat Oman
Umān
Saltanat Umān

Fläche: 212 457 km^2
Bevölkerung: 2 400 000 (1997)
Hauptstadt: Maskat (52 000)
Verwaltung: 59 Provinzen
Sprachen: Arabisch, Baluchi, Englisch
Religionen: 85% Muslime, 15% Hindus
Währung: 1 Rial Omani = 1000 Baizas
Städte:
Suhār (92 000), Rustaq (66 000), Nizwa (63 000), Sūr (60 000)

Pakistan

Islamische Republik Pakistan
Pakistan
Islāmī Jamhūrija Pākistān

*ohne die umstrittenen Gebiete von Kaschmir

Fläche:* 796 095 km^2
Bevölkerung: 143 800 000 (1997)
Hauptstadt: Islāmābād (350 000)
Verwaltung: 4 Provinzen, Hauptstadtdistrikt, Stammesgebiete
Sprachen: Urdu, Pandschabi, Sindhi, Paschtu, Englisch
Religionen: 97% Muslime
Währung: 1 Pakist. Rupie = 100 Paisa
Städte:
Karāchi (5 181 000), Lahore (2 953 000), Faisalābād (1 104 000), Rāwalpindi (795 000)

Österreich

Republik Österreich

Fläche: 83 859 km^2
Bevölkerung: 8 140 000 (1997)
Hauptstadt: Wien (1 610 000)
Verwaltung: 9 Bundesländer
Sprachen: Deutsch, Slowenisch (regional), Kroatisch (regional)
Religionen: 78% Katholiken, 5% Protest.
Währung: 1 Schilling = 100 Groschen
Städte:
Graz (240 000), Linz (190 000), Salzburg (145 000), Innsbruck (110 000), Klagenfurt (91 000), Villach (57 000), Wels (55 000), St.Pölten (50 000)

Palau

Republik Palau
Belau/Palau
Belu'u era Belau/
Republic of Palau

Fläche: 459 km^2
Bevölkerung: 17 000 (1997)
Hauptstadt: Koror (11 000)
Verwaltung: 16 States
Sprachen: Palauisch/Englisch
Religionen: 41% Katholiken, 25% Protestanten, 25% Anhänger traditioneller Religionen
Währung: 1 US-Dollar = 100 Cents
Städte:
Melekeok, Ngetbong, Airai, Ngaramasch

Osttimor

Timor Timur

z.Z. unter UN-Kontrolle

Fläche: 14 874 km^2
Bevölkerung: 857 000 (1998)
Hauptstadt: Dili
Sprachen: Tetum, Portugiesisch, Bahasa Indonesia
Religionen: Überwiegend Katholiken
Währung: 1 rupia = 100 sen

Panama

Republik Panama
Panamá
República de Panamá

Fläche: 75 517 km^2
Bevölkerung: 2 720 000 (1997)
Hauptstadt: Panama (677 000)
Verwaltung: 9 Provinzen, autonomes Indianerterritorium
Sprachen: Spanisch, indian. Sprachen, Englisch
Religionen: 96% Katholiken
Währung: 1 Balboa = 100 Centésimos
Städte:
San Miguelito (330 000), Colón (166 000), David (119 000), Santiago (76 000)

Papua-Neuguinea

Unabhängiger Staat Papua-Neuguinea
Papua New Guinea/
Papua-Niugini

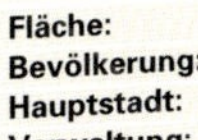

Fläche: 462 840 km²
Bevölkerung: 4 500 000 (1997)
Hauptstadt: Port Moresby (250 000)
Verwaltung: 19 Provinzen und Hauptstadtdistrikt
Sprachen: Englisch/Pidgin/Motu
Religionen: 58% Protestanten, 33% Katholiken
Währung: 1 Kina = 100 Toea
Städte:
Lae (81 000), Madang (27 000), Wewak (23 000), Goroka (18 000)

Paraguay

Republik Paraguay
Paraguay
República del Paraguay/
Tetâ Paraguay

Fläche: 406 752 km²
Bevölkerung: 5 090 000 (1997)
Hauptstadt: Asunción (502 000)
Verwaltung: 17 Departements und die Hauptstadt
Sprachen: Spanisch/Guaraní
Religionen: 94% Katholiken
Währung: 1 Guaraní = 100 Céntimos
Städte:
Ciudad del Este (134 000), San Lorenzo (133 000), Lambaré (100 000), Fernando de la Mora (95 000), Capiatà (83 000), Encarnación (55 000)

Peru

Republik Peru
Perú/Piruw
República del Perú

Fläche: 1 285 216 km²
Bevölkerung: 24 400 000 (1997)
Hauptstadt: Lima (A: 6 480 000)
Verwaltung: 24 Departements und die Provinz Callao
Sprachen: Spanisch/Ketschua/Aimará
Religionen: 89% Katholiken
Währung: 1 Neuer Sol = 100 Céntimos
Städte:
Arequipa (619 000), Callao (615 000), Trujillo (509 000), Chiclayo (412 000), Piura (286 000), Iquitos (266 000), Cuzco (258 000)

Philippinen

Republik der Philippinen
Pilipinas
Republika ng Pilipinas

Fläche: 300 000 km²
Bevölkerung: 70 600 000 (1997)
Hauptstadt: Manila (1 655 000, A: 7 830 000)
Verwaltung: 16 Regionen
Sprachen: Pilipino, Tagalog, Englisch
Religionen: 89% Katholiken
Währung: 1 Peso = 100 Centavos
Städte:
Davao (1 007 000), Cebu (662 000), Zamboanga (511 000), Cagayan de Oro (428 000), Bacolod (402 000), Iloilo (335 000), Iligan (273 000)

Portugal

Portugiesische Republik
Portugal
República Portuguesa

Fläche: 91 982 km²
Bevölkerung: 9 800 000 (1997)
Hauptstadt: Lissabon (681 000, A: 2 050 000)
Verwaltung: 5 Regionen und 2 autonome Regionen
Sprachen: Portugiesisch
Religionen: 90% Katholiken
Währung: 1 Escudo = 100 Centavos
Städte:
Porto (309 000), Vila Nova de Gaia (247 000), Amadora (176 000), Coimbra (148 000), Braga (144 000), Setúbal (103 000)

Autonome Regionen:

Azoren

Açores

Fläche: 2 330 km²
Bevölkerung: 244 000 (1997)
Hauptort: Ponta Delgada

Madeira

Fläche: 779 km²
Bevölkerung: 260 000 (1997)
Hauptort: Funchal (127 000)

Polen

Republik Polen
Polska
Rzeczpospolita Polska

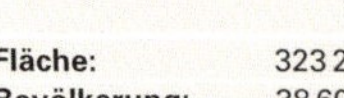

Fläche: 323 250 km^2
Bevölkerung: 38 600 000 (1997)
Hauptstadt: Warschau (1 629 000)
Verwaltung: 16 Bezirke
Sprachen: Polnisch, Deutsch, Ukrain.
Religionen: 91% Katholiken
Währung: 1 Złoty = 100 Groszy
Städte:
Łódź (818 000), Krakau (741 000), Breslau (646 000), Posen (581 000), Danzig (462 000), Stettin (419 000), Bromberg (387 000), Lublin (355 000), Katowice (351 000), Białystok (281 000)

Ruanda

Republik Ruanda
Rwanda
Republika y'u Rwanda/
République rwandaise/
Rwandese Republic

Fläche 26 338 km^2
Bevölkerung: 6 070 000 (1997)
Hauptstadt: Kigali (234 000)
Verwaltung: 11 Präfekturen
Sprachen: Kinyarwanda/Französisch/Englisch
Religionen: ca. 50% Christen, 10% Muslime
Währung: 1 Ruanda-Franc = 100 Centimes
Städte:
Butare (43 000), Ruhengeri (29 000)

Russland

Russische Föderation
Rossija
Rossijskaja Federazija

Fläche: 17 075 400 km^2
Bevölkerung: 147 600 000 (1997)
Hauptstadt: Moskau (8 718 000, A: 12 410 000)
Verwaltung: 21 Republiken, 1 Autonomes Gebiet, 10 Autonome Kreise, 6 Regionen, 49 Gebiete, 2 Städte mit Subjektstatus (Moskau, St. Petersburg)
Sprachen: Russisch, Sprachen der übrigen Nationalitäten
Religionen: 24% Russisch-Orthodoxe, 10–15% Muslime
Währung: 1 Rubel = 100 Kopeken
Städte:
St. Petersburg (4 837 000), Nishni Nowgorod (1 383 000), Nowosibirsk (1 369 000), Jekaterinburg (1 280 000), Samara (1 184 000), Omsk (1 163 000), Ufa (1 094 000), Tscheljabinsk (1 086 000), Kasan (1 085 000), Perm (1 032 000), Rostow-n.-D. (1 026 000), Wolgograd (1 003 000), Woronesh (908 000), Saratow (895 000), Krasnojarsk (869 000), Toljatti (702 000), Simbirsk (678 000), Ishewsk (654 000), Krasnodar (646 000), Wladiwostok (632 000), Jaroslawl (629 000), Chabarowsk (618 000), Barnaul (596 000), Irkutsk (585 000), Nowokusnezk (572 000), Rjasan (536 000), Pensa (534 000), Orenburg (532 000)

Rumänien

România

Fläche 238 391 km^2
Bevölkerung: 22 600 000 (1997)
Hauptstadt: Bukarest (2 037 000)
Verwaltung: 41 Bezirke
Sprachen: Rumänisch, Sprachen der Minderheiten
Religionen: 87% Rumänisch-Orthodoxe
Währung: 1 Leu = 100 Bani
Städte:
Constanţa (347 000), Iaşi (347 000), Timişoara (332 000), Klausenburg (332 000), Galaţi (328 000), Kronstadt (320 000), Craiova (311 000)

Saint Kitts und Nevis

Föderation St. Kitts und Nevis
Saint Kitts and Nevis
Federation of St. Kitts and Nevis

Fläche: 261 km^2
Bevölkerung: 41 000 (1997)
Hauptstadt: Basseterre (12 000)
Verwaltung: 14 Bezirke
Sprachen: Englisch, kreol. Englisch
Religionen: 36% Anglikaner, 32% Methodisten, 11% Katholiken
Währung: 1 Ostkaribischer Dollar = 100 Cents
Städte:
Charlestown (1 700)

Saint Lucia

Fläche: 622 km²
Bevölkerung: 144 000 (1997)
Hauptstadt: Castries (A: 55 000)
Verwaltung: 10 Distrikte
Sprachen: Englisch, kreol. Englisch
Religionen: 77% Katholiken, 19% Protestanten
Währung: 1 Ostkaribischer Dollar = 100 Cents
Städte:
Vieux Fort (23 000), Micoud (15 000)

Sambia

Republik Sambia
Zambia
Republic of Zambia

Fläche: 752 618 km²
Bevölkerung: 8 490 000 (1997)
Hauptstadt: Lusaka (982 000)
Verwaltung: 9 Provinzen
Sprachen: Englisch, Bantu-Sprachen
Religionen: 72% Christen, 27% Anhänger von Naturreligionen
Währung: 1 Kwacha = 100 Ngwee
Städte:
Ndola (376 000), Kitwe (349 000), Chingola (187 000), Mufulira (175 000), Kabwe (167 000), Luanshya (148 000), Kalulushi (91 000)

Saint Vincent und die Grenadinen

Saint Vincent and the Grenadines

Fläche: 388 km²
Bevölkerung: 113 000 (1997)
Hauptstadt: Kingstown (16 000)
Sprachen: Englisch, kreol. Englisch
Religionen: 75% Protestanten, 9% Katholiken
Währung: 1 Ostkaribischer Dollar = 100 Cents
Städte:
Georgetown

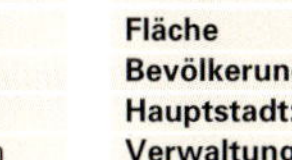

Samoa

Unabhängiger Staat Samoa
Samoa
Malo Tutoetasi o Samoa/ Independent State of Samoa

Fläche 2 831 km²
Bevölkerung: 169 000 (1997)
Hauptstadt: Āpia (34 000)
Verwaltung: 11 Distrikte
Sprachen: Samoanisch/Englisch
Religionen: 71% Protestanten, 22% Katholiken
Währung: 1 Tala = 100 Sene
Städte:
Sataua, Salelologa

Salomonen

Solomon Islands

Fläche 28 896 km²
Bevölkerung: 403 000 (1997)
Hauptstadt: Honiara (35 000)
Verwaltung: 8 Provinzen u. die Hauptstadt
Sprachen: Englisch, melanesische und polynesische Sprachen
Religionen: ca. 95% Christen
Währung: 1 Salomonen-Dollar = 100 Cents
Städte:
Gizo (4 000), Auki (3 000), Kirakira (3 000), Buala (2 000)

San Marino

Republik San Marino
San Marino
Repubblica di San Marino

Fläche 61 km²
Bevölkerung: 25 000 (1997)
Hauptstadt: San Marino (4 400)
Verwaltung: 9 Distrikte
Sprachen: Italienisch
Religionen: 93% Katholiken
Währung: Italienische Lira und eigene Geldzeichen
Städte:
Serravalle (7 300)

São Tomé und Príncipe

Demokrat. Rep. São Tomé u. Príncipe
São Tomé e Príncipe
República Democrática de São Tomé e Príncipe

Fläche 964 km²
Bevölkerung: 135 000 (1997)
Hauptstadt: São Tomé (43 000)
Verwaltung: 6 Distrikte auf São Tomé u. Insel Príncipe mit Autonomiestatus
Sprachen: Portugiesisch, Crioulo
Religionen: 93% Katholiken
Währung: 1 Dobra = 100 Centimos
Städte:
Santo António (1 000)

Schweiz

Schweizerische Eidgenossenschaft
Schweiz/Suisse/Svizzera/Svizra
Schweizerische Eidgenossenschaft/ Confédération suisse/ Confederazione Svizzera/ Confederaziun Svizra

Fläche 41 284 km²
Bevölkerung: 7 260 000 (1997)
Hauptstadt: Bern (124 000)
Verwaltung: 26 Voll- und Halbkantone
Sprachen: Deutsch/Französisch/ Italienisch/Rätoromanisch
Religionen: 46% Katholiken, 40% Protest.
Währung: 1 Schweizer Franken = 100 Rappen/Centimes
Städte:
Zürich (339 000), Genf (173 000), Basel (171 000), Lausanne (114 000)

Saudi-Arabien

Königreich Saudi-Arabien
Arabija as-Saudija
Al-Mamlaka al-Arabija as-Saudija

Fläche 2 149 690 km²
Bevölkerung: 19 500 000 (1997)
Hauptstadt: Riad (1 800 000)
Verwaltung: 13 Regionen
Sprachen: Arabisch, Englisch
Religionen: 98% Muslime
Währung: 1 Saudi Riyal = 100 Hallalas
Städte:
Jiddah (1 500 000), Mekka (630 000), At-Tāif (410 000), Medina (400 000), Ad-Dammām (350 000)

Senegal

Republik Senegal
Sénégal/Sounougal
République du Sénégal

Fläche 196 722 km²
Bevölkerung: 8 770 000 (1997)
Hauptstadt: Dakar (1 641 000)
Verwaltung: 10 Regionen
Sprachen: Französisch/Wolof
Religionen: 95% Muslime, 5% Christen
Währung: 1 CFA-Franc = 100 Centimes
Städte:
Thiès (216 000), Kaolack (193 000), Ziguinchor (162 000), Saint-Louis (132 000)

Schweden

Königreich Schweden
Sverige
Konungariket Sverige

Fläche 449 964 km²
Bevölkerung: 8 830 000 (1997)
Hauptstadt: Stockholm (727 000)
Verwaltung: 21 Bezirke (län)
Sprachen: Schwedisch, Finnisch, Samisch, Engl., Deutsch
Religionen: 89% Lutheraner
Währung: 1 Krone = 100 Öre
Städte:
Göteborg (457 000), Malmö (251 000), Uppsala (186 000), Linköping (132 000), Västerås (124 000), Norrköping (123 000), Örebro (122 000)

Seychellen

Republik Seychellen
Sesel/Seychelles
Repiblik Sesel/Republic of Seychelles/République des Seychelles

Fläche 455 km²
Bevölkerung: 76 000 (1997)
Hauptstadt: Victoria (25 000)
Verwaltung: 23 Distrikte
Sprachen: Kreolisch/Englisch/ Französisch
Religionen: 90% Katholiken, 8% Anglikaner
Währung: 1 Seychellen-Rupie = 100 Cents

Sierra Leone

Republik Sierra Leone
Sierra Leone
Republic of Sierra Leone

Fläche: 71 740 km²
Bevölkerung: 4 450 000 (1997)
Hauptstadt: Freetown (669 000)
Verwaltung: 4 Provinzen, 1 Stadtgebiet
Sprachen: Englisch, Mande-Sprachen, Krio, Temne, Limba
Religionen: 52% Anhänger von Naturreligionen, 39% Muslime
Währung: 1 Leone = 100 Cents
Städte:
Koidu (82 000), Bo (60 000), Kenema (52 000), Makeni (49 000)

Slowakei

Slowakische Republik
Slovensko
Slovenská republika

Fläche: 49 012 km²
Bevölkerung: 5 350 000 (1997)
Hauptstadt: Bratislava (Preßbg.) (452 000)
Verwaltung: 8 Bezirke
Sprachen: Slowakisch, Ungar. (region.)
Religionen: 60% Katholiken, 8% Protest.
Währung: 1 Slowakische Krone = 100 Heller
Städte:
Košice (24 2000), Prešov (93 000), Nitra (88 000), Žilina (87 000), Banská Bystrica (85 000), Trnava (70 000), Martin (61 000)

Simbabwe

Republik Simbabwe
Zimbabwe
Republic of Zimbabwe

Fläche: 390 757 km²
Bevölkerung: 11 700 000 (1997)
Hauptstadt: Harare (1 189 000)
Verwaltung: 8 Provinzen, 2 Stadtgebiete
Sprachen: Englisch, Fanagalo, Bantu-Sprachen
Religionen: 55 % Christen, Anhänger von Naturreligionen
Währung: 1 Simb.-Dollar = 100 Cents
Städte:
Bulawayo (622 000), Chitungwiza (275 000), Mutare (131 000), Gweru (128 000)

Slowenien

Republik Slowenien
Slovenija
Republika Slovenija

Fläche: 20 256 km²
Bevölkerung: 1 920 000 (1997)
Hauptstadt: Ljubljana (Laibach) (270 000)
Verwaltung: 148 Gemeinden
Sprachen: Slowenisch, Kroatisch, Ungarisch, Italienisch
Religionen: 71% Katholiken
Währung: 1 Tolar = 100 Stotin
Städte:
Maribor (134 000), Kranj (51 000), Novo Mesto (51 000), Celje (49 000)

Singapur

Republik Singapur
Singapura/Xinjiapo/Singapur/Singapore
Republik Singapura/Xinjiapo Gongheguo/Singapore Kutiyarasu/Republic of Singapore

Fläche: 618 km²
Bevölkerung: 3 430 000 (1997)
Hauptstadt: Singapur (3 040 000)
Verwaltung: 5 Bezirke
Sprachen: Malaiisch/Chinesisch/Tamilisch/Englisch
Religionen: 32% Buddhisten, 22% Daoisten, 15% Muslime, 13% Christen
Währung: 1 Singapur-Dollar = 100 Cents

Somalia

Demokratische Republik Somalia
Soomaaliya
Jamhuriyadda Dimuqradiga Soomaaliya

Fläche: 637 657 km²
Bevölkerung: 10 300 000 (1997)
Hauptstadt: Mogadischu (997 000)
Verwaltung: 18 Provinzen
Sprachen: Somali, Arabisch, Italienisch
Religionen: fast 100% Muslime
Währung: 1 Somalia-Shilling = 100 Centesimi
Städte:
Hargeysa (ca. 175 000), Kismaayo (ca. 174 000), Berbera (161 000), Marka (150 000)

Spanien

Königreich Spanien
España/Espanya
Reino de España/
Regne d'Espanya/
Reino de España/
Espainiako Erresuma

Fläche: 505 992 km²
Bevölkerung: 39 700 000 (1997)
Hauptstadt: Madrid (2 900 000, A: 5 000 000)
Verwaltung: 17 autonome Regionen
Sprachen: Spanisch/ Katalanisch(regional)/ Galicisch (regional)/ Baskisch(regional)
Religionen: 96% Katholiken
Währung: 1 Peseta = 100 Céntimos
Städte:
Barcelona (1 509 000; A: 4 600 000), Valencia (747 000), Sevilla (697 000), Zaragoza (602 000), Málaga (549 000), Bilbao (359 000), Las Palmas (356 000), Murcia (346 000), Valladolid (320 000), Córdoba (306 000), Palma de Mallorca (304 000), Vigo (287 000), Gijón (284 000), Alicante (275 000)

Spanische Hoheitsplätze in Nordafrika:

Ceuta

Fläche: 19 km²
Bevölkerung: 69 000 (1996)

Melilla

Fläche: 13 km²
Bevölkerung: 60 000 (1996)

Südafrika

Republik Südafrika
South Africa/Suid-Afrika
Republic of South Africa/
Republiek van Suid-Afrika

Fläche: 1 221 037 km²
Bevölkerung: 43 300 000 (1997)
Hauptstadt: Pretoria (526 000, A: 1 100 000)
Verwaltung: 9 Provinzen
Sprachen: Englisch/Afrikaans/ Ndebele/Nordsotho/ Südsotho/Setswana/ Swati/Tsonga/ Venda/Xhosa/Zulu
Religionen: 78% Christen
Währung: 1 Rand = 100 Cents
Städte:
Kapstadt (855 000; A: 2 400 000), Durban (716 000; A: 1 100 000), Johannesburg (713 000; A: 1 900 000), Soweto (597 000), Port Elizabeth (303 000), Umlazi (299 000), Diepmeadow (241 000), Lekoa (218 000), Tembisa (209 000), Katlehong (202 000)

Außengebiet:

Prinz-Eduard- und Marioninseln

Prince Edward and Marion Islands

Prinz-Eduard-Insel: 41 km², unbewohnt
Marioninsel: 388 km², unbewohnt

Sri Lanka

Demokratische Sozialistische Republik Sri Lanka
Srī Lankā/Ilankai
Srī Lankā Prajātāntrika Samājavādī Janarajaya/Ilankais Sananāyaka Sōsalisak Kutiyarasa

Fläche: 65 610 km²
Bevölkerung: 18 300 000 (1997)
Hauptstadt: Colombo (645 000)
Verwaltung: 9 Provinzen
Sprachen: Singhalesisch/Tamil, Engl.
Religionen: 69% Buddhisten, 16% Hindus, 8% Muslime
Währung: 1 Sri-Lanka-Rupie = 100 Cents
Städte:
Moratuwa (170 000), Jaffna (129 000), Anuradhapura (109 000), Sri Jayawardenepura (109 000), Kandy (104 000), Galle (84 000)

Sudan

Republik Sudan
Sudan
Djumhurijat as-Sudan

Fläche: 2 505 813 km²
Bevölkerung: 27 900 000 (1997)
Hauptstadt: Khartum (925 000)
Verwaltung: 26 Provinzen
Sprachen: Arabisch, Englisch
Religionen: 70% Muslime, 20% Anh. von Naturreligionen
Währung: 1 Sudan. Dinar = 100 Piaster
Städte:
Omdurman (1 267 000), Khartoum North (879 000), Port Sudan (305 000), Kassalā (234 000), Nyala (229 000), El-Obeid (228 000)

Suriname

Republik Suriname
Suriname
Republiek Suriname

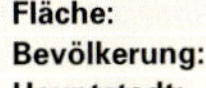

Fläche: 163 265 km²
Bevölkerung: 437 000 (1997)
Hauptstadt: Paramaribo (201 000)
Verwaltung: 9 Distrikte und Hauptstadtdistrikt
Sprachen: Niederländisch, Englisch, Hindi
Religionen: 27% Hindus, 23% Katholiken, 20% Muslime, 19% Protest.
Währung: 1 Surin.-Gulden = 100 Cents
Städte:
Wanica (55 000), Nieuw Nickerie (6 100)

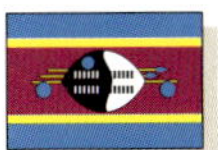

Swasiland

Königreich Swasiland
kaNgwane
Umbuso wakaNgwane

Fläche: 17 364 km²
Bevölkerung: 910 000 (1997)
Hauptstadt: Mbabane (52 000)
Verwaltung: 4 Distrikte
Sprachen: Siswati, Englisch
Religionen: 78% Christen, 21% Anhänger von Naturreligionen
Währung: 1 Lilangeni = 100 Cents
Städte:
Manzini (18 000)

Syrien

Arabische Republik Syrien
Surija
Al-Djumhurija al Arabija as-Surija

Fläche: 185 180 km² (mit 1 176 km² Golanhöhen)
Bevölkerung: 14 900 000 (1997)
Hauptstadt: Damaskus (1 394 000)
Verwaltung: 13 Prov., Hauptstadtdistrikt
Sprachen: Arabisch, Kurdisch, Armen.
Religionen: 90% Muslime, 9% Christen
Währung: 1 Syrisches Pfund = 100 Piaster
Städte:
Aleppo (1 583 000), Homs (540 000), Latakia (312 000), Hamāh (264 000), Ar-Raqqah (165 000)

Tadschikistan

Republik Tadschikistan
Toçikiston
Çumhurii Toçikiston

Fläche: 143 100 km²
Bevölkerung: 6 050 000 (1997)
Hauptstadt: Duschanbe (529 000)
Verwaltung: 3 Prov., auton. Rep. Berg-Badachschan, Hauptstadtbez.
Sprachen: Tadschikisch, Russisch, Usbekisch
Religionen: überw. sunnitische Muslime
Währung: 1 Tadschikistan-Rubel = 100 Kopeken
Städte:
Chudshand (162 000), Kurghonteppa (79 000)

Taiwan

Republik China
Chung-hua
Ta Chung-hua Min-Kuo

Fläche: 36 000 km²
Bevölkerung: 21 600 000 (1997)
Hauptstadt: Taipeh (2 605 000)
Verwaltung: 7 Stadtkreise, 16 Landkreise
Sprachen: Chinesisch
Religionen: 43 % Buddhisten, 34% Daoisten
Währung: 1 Neuer Taiwan-Dollar = 100 Cents
Städte:
Kaohsiung (1 434 000), Taichung (876 000), Tainan (711 000), Chilung (375 000)

Tansania

Vereinigte Republik Tansania
Tanzania
Jamhuri ya Muungano wa Tanzania/United Republic of Tanzania

Fläche: 883 749 km²
Bevölkerung: 31 400 000 (1997)
Hauptstadt: Dodoma (204 000, A: 1 800 000)
Verwaltung: 25 Regionen
Sprachen: Kisuaheli/Englisch
Religionen: 35% Muslime, 33% Katholiken, 13% Protestanten
Währung: 1 Tans.-Schilling = 100 Cents
Städte:
Daressalam (1 436 000), Mwanza (223 000), Tanga (188 000), Sansibar (158 000)

Thailand

Königreich Thailand
Prathet Thai/Muang Thai
Ratcha Anachak Thai

Fläche: 513 115 km²
Bevölkerung: 59 100 000 (1997)
Hauptstadt: Bangkok (5 573 000)
Verwaltung: 5 Regionen
Sprachen: Thai, Chinesisch, Malaiisch, Englisch
Religionen: 94% Buddhisten
Währung: 1 Baht = 100 Stangs
Städte:
Nakhon Ratchasima (188 000), Chiang Mai (170 000), Hat Yai (149 000), Sara Buri (107 000), Ubon Ratchathani (106 000)

Togo

Republik Togo
Togo
République togolaise

Fläche: 56 785 km²
Bevölkerung: 4 310 000 (1997)
Hauptstadt: Lomé (Pop. A: 513 000)
Verwaltung: 5 Regionen
Sprachen: Französich/Ewe/Kabyé
Religionen: 50% Anhänger von Naturreligionen, 35% Christen, 15% Muslime
Währung: 1 CFA-Franc = 100 Centimes
Städte:
Sokodé (55 000), Lama-Kara (41 000), Atakpamé (30 000), Tsévié (26 000)

Tonga

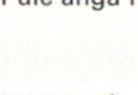

Königreich Tonga
Tonga
Pule'anga Fakatu'i'o Tonga

Fläche: 747 km²
Bevölkerung: 99 000 (1997)
Hauptstadt: Nuku'alofa (34 000)
Verwaltung: 5 Bezirke
Sprachen: Tongaisch, Englisch
Religionen: 70% Protestanten, 20% Katholiken
Währung: 1 Pa'anga = 100 Seniti
Inselgruppen:
Tongatapu (67 000), Vava'u (16 000), Ha'apai (8 000), Eua (5 000), Niuas (2 000)

Trinidad und Tobago

Republik Trinidad und Tobago
Trinidad and Tobago
Republic of Trinidad and Tobago

Fläche: 5 130 km²
Bevölkerung: 1 310 000 (1997)
Hauptstadt: Port of Spain (51 000)
Verwaltung: 8 Counties, 3 Stadtbezirke und Tobago
Sprachen: Englisch, Französisch, Spanisch, Hindi
Religionen: 40% Christen, 24% Hindus
Währung: 1 Trinidad-und-Tobago-Dollar = 100 Cents
Städte:
San Fernando (30 000), Arima (30 000)

Tschad

Republik Tschad
Tchad/Tashad
République du Tchad/ Djumhurija Tashad

Fläche: 1 284 000 km²
Bevölkerung: 6 690 000 (1997)
Hauptstadt: N'Djamena (530 000)
Verwaltung: 14 Präfekturen
Sprachen: Französisch/Arabisch
Religionen: 50% Muslime, 30% Christen
Währung: 1 CFA-Franc = 100 Centimes
Städte:
Moundou (281 000), Sarh (198 000), Bongor (195 000), Abéché (188 000), Doba (185 000)

Tschechische Republik

Česko
Česká republika

Fläche: 78 864 km²
Bevölkerung: 10 200 000 (1997)
Hauptstadt: Prag (1 205 000)
Verwaltung: 76 Bezirke
Sprachen: Tschechisch, Slowakisch
Religionen: 39% Katholiken, 40% konfessionslos
Währung: 1 Krone = 100 Heller
Städte:
Brünn (388 000), Mähr. Ostrau (324 000), Pilsen (170 000), Olmütz (104 000), Reichenberg (100 000), Königgrätz (100 000), Budweis (99 000)

Tunesien

Tunesische Republik
Tunisija
Al-Djumhurija at-Tunisija

Fläche: 163 610 km²
Bevölkerung: 9 320 000 (1997)
Hauptstadt: Tunis (674 000, A: 1 600 000)
Verwaltung: 18 Provinzen
Sprachen: Arabisch, Französisch
Religionen: 99% meist sunnit. Muslime
Währung: 1 Tunes. Dinar = 1000 Millimes
Städte:
Sfax (231 000), Sousse (125 000), Kairouan (103 000), Binzert (100 000), Gabès (100 000), Gafsa (71 000)

Tuvalu

Fläche: 26 km²
Bevölkerung: 10 000 (1997)
Hauptstadt: Funafuti (4 000, auf d. Insel)
Verwaltung: 9 Atolle
Sprachen: Tuvaluisch/Englisch
Religionen: 98% Protestanten
Währung: 1 Austral. Dollar = 100 Cents

Türkei

Republik Türkei
Türkiye
Türkiye Cumhuriyeti

Fläche: 774 815 km²
Bevölkerung: 62 800 000 (1997)
Hauptstadt: Ankara (2 838 000)
Verwaltung: 79 Provinzen
Sprachen: Türkisch, Kurdisch, Arabisch
Religionen: 99% Muslime
Währung: 1 Türk. Lira = 100 Kuruş
Städte:
İstanbul (7 774 000), İzmir (2 018 000), Adana (1 067 000), Bursa (1 017 000), Gaziantep (730 000), Konya (585 000), Mersin (533 000)

Uganda

Republik Uganda
Uganda
Jamhuri ya Uganda/
Republic of Uganda

Fläche: 241 038 km²
Bevölkerung: 20 800 000 (1997)
Hauptstadt: Kampala (773 000)
Verwaltung: 38 Distrikte
Sprachen: Kisuaheli/Englisch, Bantu-Sprachen
Religionen: 40% Katholiken, 26% Protestanten, 5% Muslime
Währung: 1 Uganda-Schilling = 100 Cents
Städte:
Jinja (61 000), Mbale (54 000), Masaka (49 000)

Turkmenistan

Türkmenistan

Fläche: 488 100 km²
Bevölkerung: 4 230 000 (1997)
Hauptstadt: Aschgabat (517 000)
Verwaltung: 5 Regionen
Sprachen: Turkmenisch, Russisch, Usbekisch
Religionen: überw. sunnit. Muslime
Währung: 1 Manat = 100 Tenge
Städte:
Tschardshou (166 000), Daschchowus (117 000), Mary (100 000), Nebitdag (89 000), Türkmenbaschi (60 000)

Ukraine

Ukraïna

Fläche: 603 700 km²
Bevölkerung: 51 400 000 (1997)
Hauptstadt: Kiew (2 620 000)
Verwaltung: 24 Regionen, Hauptstadtbezirk und Republik Krim
Sprachen: Ukrainisch, Russisch
Religionen: Orthodoxe, 10% Katholiken
Währung: 1 Griwna = 100 Kopeken
Städte:
Charkiw (1 536 000), Dnipropetrowsk (1 134 000), Donezk (1 075 000), Odessa (1 037 000), Saporishshja (871 000), Lemberg (797 000)

Ungarn

Republik Ungarn
Magyarország
Magyar Köztársaság

Fläche: 93 032 km²
Bevölkerung: 9 990 000 (1997)
Hauptstadt: Budapest (1 907 000)
Verwaltung: 19 Komitate und Hauptstadt
Sprachen: Ungarisch, Deutsch, Slowakisch, Kroatisch
Religionen: 68% Katholiken, 25% Protest.
Währung: 1 Forint = 100 Filler
Städte:
Debrecen (210 000), Miskolc (180 000), Szeged (167 000), Pécs (Fünfkirchen) (162 000), Győr (Raab) (127 000), Nyíregyháza (113 000)

Vanuatu

Republik Vanuatu
Vanuatu
Ripablik blong Vanuatu/
Republic of Vanuatu/
République de Vanuatu

Fläche: 12 189 km²
Bevölkerung: 178 000 (1997)
Hauptstadt: Port Vila (34 000)
Verwaltung: 6 Provinzen
Sprachen: Bislama/Englisch/Französisch
Religionen: 80% Christen
Währung: 1 Vatu = 100 Centimes
Städte:
Luganville (10 000)

Uruguay

Republik Östlich des Uruguay
Uruguay
República Oriental del Uruguay

Fläche: 177 414 km²
Bevölkerung: 3 220 000 (1997)
Hauptstadt: Montevideo (1 379 000)
Verwaltung: 19 Departements
Sprachen: Spanisch
Religionen: 78% Katholiken
Währung: 1 Uruguayischer Peso = 100 Centésimos
Städte:
Salto (81 000), Paysandú (76 000), Las Piedras (58 000), Rivera (57 000), Melo (43 000), Tacuarembó (41 000), Mercedes (37 000)

Vatikanstadt

Staat Vatikanstadt
Vaticanus/Vaticano
Civitas Vaticana/
Stato della Città del Vaticano

Fläche: 0,44 km²
Bevölkerung: 1 034 (1997)(sowie rd. 3000 Angestellte und ca. 100 Schweizer Gardisten mit Bürgerrechten während ihrer Dienstzeit)
Sprachen: Latein/Italienisch, Franz.
Religionen: Katholizismus ist offizielle Religion
Währung: Italienische Lira und eigene Geldzeichen

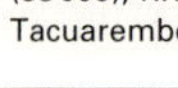

Usbekistan

Republik Usbekistan
Uzbekiston
Uzbekiston Respublikasy

Fläche: 447 400 km²
Bevölkerung: 23 600 000 (1997)
Hauptstadt: Taschkent (2 130 000)
Verwaltung: 12 Regionen, Autonome Republik Karakalpakistan
Sprachen: Usbekisch, Russisch
Religionen: 88% sunnit. Muslime
Währung: 1 Usbekistan-Sum = 100 Tijin
Städte:
Samarkand (372 000), Namangan (333 000), Andishon (302 000), Buchara (235 000), Farghona (193 000), Nukus (182 000)

Venezuela

Republik Venezuela
Venezuela
República de Venezuela

Fläche: 912 050 km²
Bevölkerung: 22 700 000 (1997)
Hauptstadt: Caracas (1 825 000)
Verwaltung: 22 Bundesstaaten und Hauptstadtdistrikt
Sprachen: Spanisch, indian. Sprachen
Religionen: 93% Katholiken
Währung: 1 Bolívar = 100 Céntimos
Städte:
Maracaibo (1 208 000), Valencia (903 000), Barquisimeto (603 000), Ciudad Guayana (453 000), Maracay (354 000), Ciudad Bolívar (226 000)

Vereinigte Arabische Emirate

Daulat al-Imarat al-Arabija al-Muttahida

Fläche: 83 600 km²
Bevölkerung: 2 300 000 (1997)
Hauptstadt: Abu Dhabi (363 000)
Verwaltung: 7 Emirate
Sprachen: Arabisch, Hindu, Urdu, Farsi, Englisch
Religionen: 96% Muslime
Währung: 1 Dirham = 100 Fils
Städte:
Dubai (585 000), Sharjah (125 000)

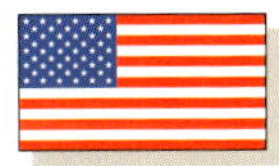

Vereinigte Staaten/ USA

Vereinigte Staaten von Amerika
United States/U.S.A.
United States of America

Fläche: 9 809 431 km²
Bevölkerung: 267 600 000 (1997)
Hauptstadt: Washington (543 000, A: 3 920 000)
Verwaltung: 50 Bundesstaaten und der District of Columbia
Sprachen: Englisch/Spanisch (regional)
Religionen: 56% Protestanten, 28% Katholiken, 2% Juden
Währung: 1 US-Dollar = 100 Cents
Städte:
New York (7 381 000, A: 18 090 000), Los Angeles (3 554 000, A: 14 530 000), Chicago (2 722 000, A: 8 070 000), Houston (1 744 000, A: 3 710 000), Philadelphia (1 478 600, A: 5 900 000), San Diego (1 171 000, A: 2 500 000), Phoenix (1 159 000, A: 2 120 000), San Antonio (1 068 000, A: 1 300 000), Dallas (1 053 000, A: 3 890 000), Detroit (1 000 000, A: 4 670 000), San Jose (839 000), Indianapolis (747 000), San Francisco (735 000, A: 6 250 000), Jacksonville (680 000), Baltimore (675 000, A: 2 380 000), Columbus (657 000), El Paso (600 000), Memphis (597 000), Milwaukee (591 000), Boston (558 000, A: 4 170 000), Austin (541 000), Seattle (525 000, A: 2 560 000), Nashville-Davidson (511 000)

Bundesstaat	Fläche* km²	Bevölkerung (1997)**	Hauptstadt
Alabama	135 775	4 319 000	Montgomery
Alaska	1 700 139	609 000	Juneau
Arizona	295 276	4 555 000	Phoenix
Arkansas	137 742	2 523 000	Little Rock
Colorado	269 620	3 893 000	Denver
Connecticut	14 358	3 270 000	Hartford
Delaware	6 447	723 000	Dover
District of Columbia	177	529 000	Washington
Florida	170 313	14 654 000	Tallahassee
Georgia	153 953	7 486 000	Atlanta
Hawaii	28 313	1 187 000	Honolulu
Idaho	216 456	1 210 000	Boise
Illinois	150 007	11 896 000	Springfield
Indiana	94 328	5 864 000	Indianapolis
Iowa	145 754	2 852 000	Des Moines
Kalifornien	424 002	32 268 000	Sacramento
Kansas	213 110	2 595 000	Topeka
Kentucky	104 665	3 908 000	Frankfort
Louisiana	134 275	4 352 000	Baton Rouge
Maine	91 653	1 242 000	Augusta
Maryland	32 135	5 094 000	Annapolis
Massachusetts	27 337	6 118 000	Boston
Michigan	250 738	9 774 000	Lansing
Minnesota	225 182	4 686 000	Saint Paul
Mississippi	125 443	2 731 000	Jackson
Missouri	180 546	5 402 000	Jefferson City
Montana	380 850	879 000	Helena
Nebraska	200 358	1 657 000	Lincoln
Nevada	286 368	1 677 000	Carson City
New Hampshire	24 219	1 173 000	Concord
New Jersey	22 590	8 053 000	Trenton
New Mexico	314 939	1 730 000	Santa Fe
New York	141 089	18 137 000	Albany
Norddakota	183 123	641 000	Bismarck
Nordkarolina	139 397	7 425 000	Raleigh
Ohio	116 103	11 186 000	Columbus
Oklahoma	181 049	3 317 000	Oklahoma City
Oregon	254 819	3 243 000	Salem
Pennsylvania	119 291	12 020 000	Harrisburg
Rhode Island	4 002	987 000	Providence
Süddakota	199 745	738 000	Pierre
Südkarolina	82 898	3 760 000	Columbia
Tennessee	109 158	5 368 000	Nashville
Texas	695 676	19 439 000	Austin
Utah	219 902	2 059 000	Salt Lake City
Vermont	24 903	589 000	Montpelier
Virgina	110 771	6 734 000	Richmond
Washington	184 674	5 610 000	Olympia
Westvirgina	62 759	1 816 000	Charleston
Wisconsin	169 653	5 170 000	Madison
Wyoming	253 349	480 000	Cheyenne

*einschließlich Binnengewässer
**einschließlich der im Ausland weilenden Militärangehörigen

Amerikanische Außengebiete in der Karibik:

Amerikanische Jungferninseln
Virgin Islands of the United States

Fläche: 347 km²
Bevölkerung: 106 000 (1997)
Hauptort: Charlotte Amalie (12 000)
Sprachen: Englisch, Spanisch

Navassa

Fläche: 5 km², unbewohnt

Puerto Rico
Freistaat Puerto Rico
Puerto Rico
Estado Libre Asociado de Puerto Rico/ Commonwealth of Puerto Rico

Fläche: 8 875 km²
Bevölkerung: 3 740 000 (1997)
Hauptstadt: San Juan (438 000)
Sprachen: Spanisch/Englisch
Religion: 81% Katholiken
Städte:
Bayamón (232 000), Ponce (190 000), Carolina (188 000), Caguas (140 000), Mayagüez (101 000)

Amerikanische Außengebiete im Pazifischen Ozean:

Amerikanisch-Samoa
American Samoa

Fläche: 199 km²
Bevölkerung: 56 000 (1997)
Hauptort: Pago Pago (3 500)
Sprachen: Samoanisch/Englisch

Bakerinsel
Baker Island

Fläche: 2 km², unbewohnt

Guam

Fläche: 549 km²
Bevölkerung: 153 000 (1997)
Hauptort: Agaña (1 100)
Sprachen: Englisch, Chamorro

Howlandinsel
Howland Island

Fläche: 2 km², unbewohnt

Jarvisinsel
Jarvis Island

Fläche: 8 km², unbewohnt

Johnstoninsel
Johnston Island

Fläche: 3 km²
Bevölkerung: 1 200 (1997)

Kingmanriff
Kingman Reef

Fläche: 8 km², unbewohnt

Midway
Midway Islands

Fläche: 5 km²
Bevölkerung: ca. 450 (1997)

Nördliche Marianen
Commonwealth der Nördlichen Marianen
Northern Mariana Islands
Commonwealth of the Northern Mariana Islands

Fläche: 464 km²
Bevölkerung: 49 000 (1997)

Palmyra

Fläche: 6 km², unbewohnt

Wake

Fläche: 8 km²
Bevölkerung: ca. 200 (1997)

Vietnam
Sozialistische Republik Vietnam
Viêt-Nam
Công-hòa xã-hôi chu-nghia Viêt-Nam

Fläche: 331 689 km²
Bevölkerung: 76 400 000 (1997)
Hauptstadt: Hanoi (2 155 000)
Verwaltung: 7 Regionen, 3 Stadtbezirke
Sprachen: Vietnamesisch, Chinesisch, Französisch, Englisch
Religionen: 55% Buddhisten
Währung: 1 Dong = 100 Xu
Städte:
Hô Chi Minh (Saigon) (4 322 000), Hai Phong (783 000), Đă Nâng (383 000), Buôn Ma Thuôt (282 000), Nha Trang (221 000), Huê (219 000)

Weißrussland

Republik Weißrussland
Belarus
Respublíka Belarus

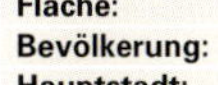

Fläche: 207 600 km²
Bevölkerung: 10 300 000 (1997)
Hauptstadt: Minsk (1 680 000)
Verwaltung: 6 Regionen, Hauptstadtbezirk
Sprachen: Weißrussisch/Russisch
Religionen: 60% Russisch-Orthodoxe, 8% Katholiken
Währung: 1 Belarus-Rubel = 100 Kopeken
Städte:
Homjel (502 000), Mahiljov (368 000), Wizjebsk (356 000), Hrodna (304 000), Brest (295 000)

Westsahara

Demokratische Arabische Republik Sahara

Von Marokko besetzt und verwaltet

Fläche: 266 000 km²
Bevölkerung: 260 000 (1997)
Hauptstadt: El-Aaiún (139 000)
Verwaltung: 4 Provinzen
Sprachen: Arabisch, Spanisch
Religionen: fast 100% Muslime
Währung: Saharaui-Pesete, marokkanischer Dirham
Städte:
Ad-Dakhla (18 000), Smara (18 000)

Zentralafrikanische Republik

Ködrö tî Bê-Afrîka/
République centrafricaine

Fläche: 622 984 km²
Bevölkerung: 3 420 000 (1997)
Hauptstadt: Bangui (A: 706 000)
Verwaltung: 16 Präfekturen und Hauptstadt
Sprachen: Sangho/Französisch
Religionen: 57% Anhänger von Naturrel., 35% Christen, 8% Muslime
Währung: 1 CFA-Franc = 100 Centimes
Städte:
Berbérati (53 000), Bouar (49 000), Bambari (41 000), Bossangoa (32 000)

Zypern

Republik Zypern
Kýpros/Kıbrıs
Kypriaki Dimokratía/
Kıbrıs Cumhuriyeti

Fläche: 9 251 km²
Bevölkerung: 764 000 (1997)
Hauptstadt: Nikosia (191 000)
Verwaltung: 6 Distrikte
Sprachen: Griechisch/Türkisch, Engl.
Religionen: 80% orthodoxe Christen (Griechen), 19% sunnit. Muslime (Türken)
Währung: 1 Zypern-Pfund = 100 Cents
Städte:
Limassol (149 000), Lárnaka (66 000), Páfos (36 000)

Die Staaten der Erde nach ihrer Flächengröße

		km²
1.	Russland	17 075 400
2.	Kanada	9 970 610
3.	Vereinigte Staaten	9 809 431
4.	China	9 598 054
5.	Brasilien	8 547 403
6.	Australien	7 682 300
7.	Indien	3 165 596
8.	Argentinien	2 780 400
9.	Kasachstan	2 717 300
10.	Sudan	2 505 813
11.	Algerien	2 381 741
12.	Kongo, Demokratische Republik	2 344 858
13.	Saudi-Arabien	2 149 690
14.	Mexiko	1 958 201
15.	Indonesien	1 889 695
16.	Libyen	1 759 540
17.	Iran	1 633 188
18.	Mongolei	1 566 500
19.	Peru	1 285 216
20.	Tschad	1 284 000
21.	Niger	1 267 000
22.	Angola	1 246 700
23.	Mali	1 240 192
24.	Südafrika	1 221 037
25.	Kolumbien	1 138 914
26.	Äthiopien	1 104 300
27.	Bolivien	1 098 581
28.	Mauretanien	1 025 520
29.	Ägypten	1 001 449
30.	Nigeria	923 768
31.	Venezuela	912 050
32.	Tansania	883 749
33.	Namibia	824 292
34.	Mosambik	801 590
35.	Pakistan	796 095
36.	Türkei	774 815
37.	Chile	756 626
38.	Sambia	752 618
39.	Myanmar	676 578
40.	Afghanistan	652 090
41.	Somalia	637 657
42.	Zentralafrikanische Rep.	622 984
43.	Ukraine	603 700
44.	Madagaskar	587 041
45.	Botsuana	581 730
46.	Kenia	580 367
47.	Frankreich	543 965
48.	Jemen	527 968
49.	Thailand	513 115
50.	Spanien	505 992
51.	Turkmenistan	488 100
52.	Kamerun	475 442
53.	Papua-Neuguinea	462 840
54.	Marokko	458 730
55.	Schweden	449 964
56.	Usbekistan	447 400
57.	Irak	438 317
58.	Paraguay	406 752
59.	Simbabwe	390 757
60.	Japan	377 829
61.	Deutschland	357 021
62.	Kongo, Republik	342 000
63.	Finnland	338 145
64.	Vietnam	331 689
65.	Malaysia	329 758
66.	Norwegen	323 877
67.	Polen	323 250
68.	Côte d'Ivoire	322 463
69.	Italien	301 268
70.	Philippinen	300 000
71.	Ecuador	283 561
72.	Burkina Faso	274 000
73.	Neuseeland	270 534
74.	Gabun	267 668
75.	Westsahara	266 000
76.	Guinea	245 857
77.	Großbritannien	241 751
78.	Uganda	241 038
79.	Ghana	238 533
80.	Rumänien	238 391
81.	Laos	236 800
82.	Guyana	214 969
83.	Oman	212 457
84.	Weißrussland	207 600
85.	Kirgisistan	198 500
86.	Senegal	196 722
87.	Syrien	185 180
88.	Kambodscha	181 035
89.	Uruguay	177 414
90.	Tunesien	163 610
91.	Suriname	163 265
92.	Nepal	147 181
93.	Bangladesch	143 998
94.	Tadschikistan	143 100
95.	Griechenland	131 957

96. Nicaragua	130 000
97. Korea, Nord-	120 538
98. Malawi	118 484
99. Eritrea	117 600
100. Benin	112 622
101. Honduras	112 088
102. Liberia	111 369
103. Bulgarien	110 912
104. Kuba	110 861
105. Guatemala	108 889
106. Island	103 000
107. Jugoslawien	102 173
108. Korea, Süd-	99 268
109. Ungarn	93 032
110. Portugal	91 982
111. Jordanien	89 342
112. Aserbaidschan	86 600
113. Österreich	83 859
114. Vereinigte Arab. Emirate	83 600
115. Tschechische Republik	78 864
116. Panama	75 517
117. Sierra Leone	71 740
118. Irland	70 284
119. Georgien	69 700
120. Sri Lanka	65 610
121. Litauen	65 200
122. Lettland	64 600
123. Togo	56 785
124. Kroatien	56 538
125. Bosnien und Herzegowina	51 129
126. Costa Rica	51 100
127. Slowakei	49 012
128. Dominikanische Republik	48 734
129. Bhutan	47 000
130. Estland	45 100
131. Dänemark	43 094
132. Niederlande	41 526
133. Schweiz	41 284
134. Guinea-Bissau	36 125
135. Taiwan	36 000
136. Moldau	33 700
137. Belgien	30 519
138. Lesotho	30 355
139. Armenien	29 800
140. Salomonen	28 896
141. Albanien	28 748
142. Äquatorialguinea	28 051
143. Burundi	27 834
144. Haiti	27 750
145. Ruanda	26 338
146. Mazedonien	25 713
147. Dschibuti	23 200
148. Belize	22 696
149. Israel	21 946
150. El Salvador	21 041
151. Slowenien	20 256
152. Fidschi	18 274
153. Kuwait	17 818
154. Swasiland	17 364
155. Bahamas	13 878
156. Vanuatu	12 189
157. Gambia	11 295
158. Katar	11 000
159. Jamaika	10 990
160. Libanon	10 400
161. Zypern	9 251
162. Brunei	5 765
163. Trinidad und Tobago	5 130
164. Kap Verde	4 033
165. Samoa	2 831
166. Luxemburg	2 586
167. Mauritius	2 040
168. Komoren	1 862
169. São Tomé und Príncipe	964
170. Dominica	751
171. Tonga	747
172. Kiribati	726
173. Mikronesien	702
174. Bahrain	694
175. Saint Lucia	622
176. Singapur	618
177. Palau	459
178. Seychellen	455
179. Andorra	453
180. Antigua und Barbuda	442
181. Barbados	430
182. St. Vincent und die Grenad.	388
183. Grenada	344
184. Malta	316
185. Malediven	298
186. Saint Kitts und Nevis	261
187. Marshallinseln	181
188. Liechtenstein	160
189. San Marino	61
190. Tuvalu	26
191. Nauru	21
192. Monaco	1,95
193. Vatikanstadt	0,44

Die Staaten der Erde nach ihrer Einwohnerzahl

Einwohner 1997

	Staat	Einwohner
1.	China	1 220 800 000
2.	Indien	959 400 000
3.	Vereinigte Staaten	267 600 000
4.	Indonesien	202 560 000
5.	Brasilien	163 000 000
6.	Russland	147 600 000
7.	Pakistan	143 800 000
8.	Japan	125 600 000
9.	Bangladesch	122 200 000
10.	Nigeria	118 300 000
11.	Mexiko	94 200 000
12.	Deutschland	82 057 000
13.	Vietnam	76 400 000
14.	Iran	71 500 000
15.	Philippinen	70 600 000
16.	Ägypten	64 440 000
17.	Türkei	62 800 000
18.	Äthiopien	60 100 000
19.	Thailand	59 100 000
20.	Großbritannien	58 800 000
21.	Frankreich	58 500 000
22.	Italien	57 200 000
23.	Ukraine	51 400 000
24.	Kongo, Demokratische Republik	47 900 000
25.	Myanmar	46 800 000
26.	Korea, Süd-	45 700 000
27.	Südafrika	43 300 000
28.	Spanien	39 700 000
29.	Polen	38 600 000
30.	Kolumbien	37 000 000
31.	Argentinien	35 700 000
32.	Tansania	31 400 000
33.	Kanada (1998)	30 300 000
34.	Algerien	29 500 000
35.	Kenia	28 400 000
36.	Sudan	27 900 000
37.	Marokko	27 500 000
38.	Peru	24 400 000
39.	Usbekistan	23 600 000
40.	Korea, Nord-	22 800 000
41.	Venezuela	22 700 000
42.	Nepal	22 600 000
	Rumänien	22 600 000
44.	Afghanistan	21 800 000
45.	Taiwan	21 600 000
46.	Irak	21 300 000
47.	Malaysia	21 000 000
48.	Uganda	20 800 000
49.	Saudi-Arabien	19 500 000
50.	Ghana	18 300 000
	Sri Lanka	18 300 000
52.	Australien	18 200 000
53.	Mosambik	18 100 000
54.	Kasachstan	16 900 000
55.	Jemen	16 200 000
56.	Madagaskar	15 800 000
57.	Niederlande	15 600 000
58.	Syrien	14 900 000
59.	Chile	14 600 000
60.	Côte d'Ivoire	14 300 000
61.	Kamerun	13 900 000
62.	Ecuador	11 900 000
63.	Simbabwe	11 700 000
64.	Angola	11 600 000
65.	Mali	11 500 000
66.	Guatemala	11 200 000
67.	Burkina Faso	11 100 000
	Kuba	11 100 000
69.	Kambodscha	10 500 000
	Griechenland	10 500 000
71.	Jugoslawien	10 400 000
72.	Weißrussland	10 300 000
	Somalia	10 300 000
74.	Belgien	10 200 000
	Tschechische Republik	10 200 000
	Malawi	10 200 000
77.	Ungarn	9 990 000
78.	Portugal	9 800 000
79.	Niger	9 780 000
80.	Tunesien	9 320 000
81.	Schweden	8 830 000
82.	Senegal	8 770 000
83.	Sambia	8 490 000
84.	Bulgarien	8 430 000
85.	Österreich	8 140 000
86.	Dominikanische Rep.	8 090 000
87.	Bolivien	7 770 000
88.	Aserbaidschan	7 650 000
89.	Guinea	7 550 000
90.	Haiti	7 390 000
91.	Schweiz	7 260 000
92.	Tschad	6 690 000
93.	Burundi	6 410 000
94.	Ruanda	6 070 000
95.	Tadschikistan	6 050 000

96. Honduras	5 970 000	145. Estland	1 460 000
97. El Salvador	5 920 000	146. Trinidad und Tobago	1 310 000
98. Libyen	5 780 000	147. Gambia	1 160 000
99. Israel	5 740 000	148. Gabun	1 140 000
100. Benin	5 720 000	Mauritius	1 140 000
101. Georgien	5 440 000	150. Guinea-Bissau	1 110 000
102. Slowakei	5 350 000	151. Swasiland	910 000
103. Dänemark	5 240 000	152. Guyana	847 000
104. Laos	5 190 000	153. Fidschi	809 000
105. Finnland	5 140 000	154. Zypern	764 000
106. Paraguay	5 090 000	155. Komoren	651 000
107. Kroatien	4 500 000	156. Dschibuti	634 000
Papua-Neuguinea	4 500 000	157. Bahrain	581 000
109. Kirgisistan	4 490 000	158. Katar	568 000
110. Moldau	4 450 000	159. Suriname	437 000
Sierra Leone	4 450 000	160. Äquatorialguinea	420 000
112. Norwegen	4 360 000	161. Luxemburg	416 000
113. Nicaragua	4 340 000	162. Kap Verde	406 000
114. Jordanien	4 320 000	163. Salomonen	403 000
115. Togo	4 310 000	164. Malta	370 000
116. Turkmenistan	4 230 000	165. Brunei	306 000
117. Bosnien u. Herzegowina	3 860 000	166. Bahamas	288 000
118. Litauen	3 720 000	167. Island	274 000
119. Armenien	3 640 000	168. Malediven	270 000
Neuseeland	3 640 000	169. Barbados	262 000
121. Costa Rica	3 570 000	170. Westsahara	260 000
122. Irland	3 560 000	171. Belize	224 000
123. Albanien	3 430 000	172. Vanuatu	178 000
Singapur	3 430 000	173. Samoa	169 000
125. Zentralafrikanische Rep.	3 420 000	174. Saint Lucia	144 000
126. Eritrea	3 410 000	175. São Tomé und Príncipe	135 000
127. Uruguay	3 220 000	176. St. Vincent und die Grenad.	113 000
128. Libanon	3 120 000	177. Mikronesien	109 000
129. Kongo, Republik	2 740 000	178. Grenada	99 000
130. Panama	2 720 000	Tonga	99 000
131. Mongolei	2 570 000	180. Kiribati	80 000
132. Jamaika	2 520 000	181. Seychellen	76 000
Liberia	2 520 000	182. Andorra	74 000
134. Lettland	2 480 000	183. Dominica	71 000
135. Oman	2 400 000	184. Antigua und Barbuda	66 000
136. Mauretanien	2 390 000	185. Marshallinseln	57 000
137. Vereinigte Arab. Emirate	2 300 000	186. Saint Kitts und Nevis	41 000
138. Mazedonien	2 190 000	187. Monaco	32 000
139. Lesotho	2 130 000	188. Liechtenstein	31 000
140. Slowenien	1 920 000	189. San Marino	25 000
141. Bhutan	1 870 000	190. Palau	17 000
142. Kuwait	1 800 000	191. Nauru	11 000
143. Namibia	1 610 000	192. Tuvalu	10 000
144. Botsuana	1 520 000	193. Vatikanstadt	1 034

Größenangaben

Äquatorradius	6 378,160 km
Halbe Erdachse	6 356,775 km
Abplattung	1/298,254
Äquatorumfang	40 075,161 km
Umfang über die Pole	40 008,006 km
Länge eines Äquatorgrades	111,320 km
Mittlere Länge eines Meridiangrades	111,133 km
Oberfläche	510,068 Mio. km²
Landfläche (ca. 29%)	≈ 148,1 Mio. km²
Wasserfläche (ca. 71%)	≈ 362,0 Mio. km²
Masse	$5{,}976 \cdot 10^{24}$ kg
Volumen	$1{,}083 \cdot 10^{12}$ km³
Mittlere Dichte	5,517 g/cm³
Siderische Rotationsdauer	$23^h\,56^m\,4{,}09^s$
Mittlere Entfernung Erde–Sonne	149,598 Mio. km
Entfernung Erde–Sonne im Aphel (Sonnenferne)	152,099 Mio. km
Entfernung Erde–Sonne im Perihel (Sonnennähe)	147,096 Mio. km
Erdbahnlänge	939,886 Mio. km
Ekliptikschiefe (2000)	23° 26′ 21″, 4
Mittlere Umlaufgeschwindigkeit um die Sonne	29,783 km/s
Siderisches Jahr	$365^d\,6^h\,9^m\,9^s$
Tropisches Jahr	$365^d\,5^h\,48^m\,46^s$
Mittlere Entfernung Erde–Mond	384 400 km
Entfernung Erde–Mond im Apogäum (Erdferne)	406 740 km
Entfernung Erde–Mond im Perigäum (Erdnähe)	356 410 km
Siderischer Monat	$27^d\,7^h\,43^m\,12^s$
Synodischer Monat	$29^d\,12^h\,44^m\,3^s$

Die Kontinente

	Fläche Mio. km²	Bevölkerung 1998 Mio. Einw.
Europa	10,5	729,4
Asien	44,4	3 588,9
Australien und Ozeanien	8,5	29,5
Afrika	30,3	778,5
Nordamerika	21,5	304,1
Mittel- und Südamerika	20,5	462,6
Antarktika	12,4	–
Erde	148,1	5 893,0

Ausgewählte Berge, Flüsse, Inseln und Seen

Berge

Europa

Mont Blanc (Westalpen)	4807 m
Dufourspitze, Monte Rosa (Walliser Alpen)	4634 m
Matterhorn (Walliser Alpen)	4478 m
Finsteraarhorn (Berner Alpen)	4274 m
Jungfrau (Berner Alpen)	4158 m
Pelvoux (Westalpen)	4102 m
Gran Paradiso (Grajische A.)	4061 m
Bernina (Rätische Alpen)	4049 m
Ortler (Zentralalpen)	3905 m
Monte Viso (Cottische Alpen)	3841 m
Großglockner (Hohe Tauern)	3798 m
Mulhacén (Sierra Nevada)	3481 m
Aneto (Pyrenäen)	3404 m
Marmolada (Dolomiten)	3342 m
Ätna (Sizilien)	3323 m
Argentera (Meeralpen)	3297 m
Zugspitze (Bayerische Alpen)	2962 m
Musala (Rila)	2925 m
Olymp (Piería)	2917 m
Vihren (Pirin)	2914 m
Gran Sasso d'Italia (Abruzzen)	2912 m
Triglav (Julische Alpen)	2864 m
Monte Cinto (Korsika)	2706 m
Jezerca (Nordalban. Alpen)	2694 m
Gerlsdorfer Spitze (Hohe Tatra)	2655 m
Picos de Europa (Kantabrisches Gebirge)	2648 m
Almanzor (Kastilisches Scheidegebirge)	2592 m
Grintavec (Karawanken)	2558 m
Moldoveanu (Südkarpaten)	2544 m
Durmitor (Dinarisches Geb.)	2522 m
Galdhøpiggen (Skandinavien)	2469 m
Ídi (Kreta)	2456 m
Ágios Ilías (Taýgetos)	2407 m
Botev (Balkan)	2376 m
Pietrosu (Karpaten)	2303 m
Goljam Perelik (Rhodopen)	2191 m
Öræfajökull (Island)	2119 m
Kebnekaise (Skandinavien)	2111 m
Ďumbier (Niedere Tatra)	2043 m
Estrêla (Portugal)	1991 m
Narodnaja (Ural)	1895 m
Puy de Sancy (Zentralmassiv)	1885 m
Monti del Gennargentu (Sardinien)	1834 m
Newtontoppen (Spitzbergen)	1712 m
Schneekoppe (Riesengebirge)	1602 m
Roman-Kasch (Krimgebirge)	1545 m
Feldberg (Schwarzwald)	1493 m
Großer Arber (Böhmerwald)	1456 m
Grand Ballon (Vogesen)	1426 m
Ben Nevis (Grampian Mountains)	1343 m
Halti (Nordfinnland)	1328 m
Vesuv (Italien)	1277 m
Keilberg (Erzgebirge	1244 m
Fichtelberg (Erzgebirge)	1214 m
Brocken (Harz)	1142 m
Snowdon (Cambrisches Gebirge)	1085 m
Carrauntoohil (Irland)	1041 m
Kékes (Mátra)	1015 m
Scafell Pike (Cumbrisches Gebirge)	978 m

Asien

Mount Everest (Himalaya)	8850 m
K 2 (Karakorum)	8611 m
Dhaulagiri (Himalaya)	8167 m
Nanga Parbat (Himalaya)	8125 m
Muztag Feng (Kunlun)	7723 m
Kongur (Kunlun)	7719 m
Tirich Mir (Hindukusch)	7690 m
Gongga Shan (Daxue Shan)	7556 m
Pik Kommunismus (Pamir)	7495 m
Pik Pobeda (Tienschan)	7439 m
Pik Lenin (Transalai)	7134 m
Nyainqêntanglha (Transhimalaya)	7111 m
Demavend (Elburs)	5671 m

Elbrus (Kaukasus)	5 642 m
Pik Piramidalny (Turkestangebirge)	5 621 m
Tschimtarga (Serawschangeb.)	5 489 m
Ararat (Hochland v. Armenien)	5 165 m
Kljutschewskaja Sopka (Kamtschatka)	4 750 m
Zard Kūh (Zagrosgebirge)	4 548 m
Belucha (Altai)	4 506 m
Munkchairchan (Altai)	4 362 m
Uludoruk (Osttaurus)	4 135 m
Kinabalu (Borneo)	4 101 m
Ich Bogd (Gobi-Altai)	3 957 m
Kaçkar (Pontisches Gebirge)	3 932 m
Erciyeş (Anatolien)	3 917 m
Otgon Tenger (Changai)	3 905 m
Kerinci (Sumatra)	3 805 m
Fuji (Honshū)	3 776 m
Rinjani (Lombok)	3 726 m
Semeru (Java)	3 676 m
Nabī Shuayb (Jemen)	3 620 m
Munku-Sardyk (Ostsajan)	3 491 m
Rantekombola (Celebes)	3 455 m
Pobeda (Tscherskigebirge)	3 147 m
Phan Si Pang (Hoanglien Son)	3 143 m
Kysyl Taiga (Westsajan)	3 121 m
Qurnat as-Sawdā (Libanon)	3 083 m
Jabal ash-Shām (Omangebirge)	2 980 m
Apo (Mindanao)	2 954 m
Pulog (Luzon)	2 929 m
Baitou Shan (China/Korea)	2 744 m
Anai Mudi (Westghats)	2 695 m
Jabal Katherina (Halbinsel Sinai)	2 637 m
Pidurutalagala (Ceylon)	2 524 m
Tahan (Halbinsel Malakka)	2 187 m
Tardoki-Jani (Sichote-Alin)	2 077 m
Huangganliang (Großer Chingan)	2 029 m
Ólympos (Zypern)	1 953 m
Topko (Dshugdshur)	1 906 m
Devodi Munda (Ostghats)	1 680 m
Aksoran (Kasach. Schwelle)	1 566 m

Australien und Ozeanien

Puncak Jaya (Maokegebirge)	5 030 m
Mount Wilhelm (Bismarckgebirge)	4 509 m
Mauna Kea (Hawaii)	4 205 m
Mount Victoria (Owen-Stanley-Kette)	4 073 m
Mount Cook (Südliche Alpen)	3 764 m
Ruapehu (Nordinsel, Neuseeland)	2 797 m
Mount Balbi (Bougainville)	2 685 m
Mount Popomanaseu (Guadalcanal)	2 331 m
Orohena (Tahiti)	2 241 m
Mount Kosciusko (Australische Alpen)	2 228 m
Mount Tabwemasana (Espíritu Santo)	1 879 m
Mont Panié (Neukaledonien)	1 628 m
Mount Ossa (Tasmanien)	1 617 m
Mount Victoria (Viti Levu)	1 322 m

Afrika

Kilimandscharo (Tansania)	5 892 m
Mount Kenya (Kenia)	5 200 m
Margherita (Ruwenzori)	5 109 m
Ras Dashen (Hochland von Äthiopien)	4 620 m
Toubkal (Hoher Atlas)	4 165 m
Kamerunberg (Kamerun)	4 095 m
Teide (Teneriffa)	3 718 m
Thabana Ntlenyana (Drakensberg)	3 482 m
Emi Koussi (Tibesti)	3 415 m
Kinyeti (Lolibai)	3 187 m
Jebel Marra (Darfur)	3 071 m
Piton des Neiges (Réunion)	3 069 m
Santa Isabel (Bioko)	3 008 m
Sapitwa (Mlanje)	3 002 m
Tahat (Ahaggar)	2 918 m
Maromokotro (Madagaskar)	2 876 m
Môco (Hochland von Bié)	2 619 m
Brandberg (Namibia)	2 574 m
Kompasberg (Sneeuberg)	2 504 m
Shimbiris (Somalia)	2 416 m

Kartala (Ngazidja)	2361 m
Bintimani (Lomagebirge)	1948 m
Ruivo (Madeira)	1847 m
Shere Hill (Josplateau)	1780 m
Mont Nimba (Nimbagebirge)	1752 m
Tamgue (Fouta Djallon)	1538 m
Tafelberg (Südafrika)	1087 m

Nordamerika/Mittelamerika

Mount McKinley (Alaskakette)	6194 m
Mount Logan (Saint-Elias-Gebirge)	5950 m
Pico de Orizaba (Mexiko)	5675 m
Popocatépetl (Mexiko)	5452 m
Mount Whitney (Sierra Nevada)	4418 m
Mount Elbert (Rocky Mountains)	4399 m
Mount Rainier (Kaskadenkette)	4392 m
Nevado de Colima (Westliche Sierra Madre)	4340 m
Tajumulco (Sierra Madre)	4220 m
Mount Waddington (Küstengebirge)	4016 m
Cerro Mohinora (Westliche Sierra Madre)	3992 m
Mount Robson (Rocky Mountains)	3954 m
Chirripó Grande (Cordillera de Talamanca)	3820 m
Gunnbjørn Fjeld (Grönland)	3700 m
Cerro Peña Nevada (Östliche Sierra Madre)	3664 m
Pico Duarte (Hispaniola)	3175 m
Blue Mountain Peak (Jamaika)	2256 m
Mount Mitchell (Appalachen)	2037 m
Pico Turquino (Sierra Maestra)	1974 m

Südamerika

Aconcagua (Anden)	6959 m
Pissis (Anden)	6882 m
Ojos del Salado (Anden)	6864 m
Huascarán (Anden)	6768 m
Llullaillaco (Anden)	6723 m
Sajama (Anden)	6542 m
Illimani (Anden)	6462 m
Chimborazo (Anden)	6310 m
Cotopaxi (Anden)	5897 m
Pico Cristóbal Colón (Sierra Nevada de Santa Marta)	5775 m
Huila (Anden)	5750 m
Pico Bolívar (Kordillere von Mérida)	5007 m
San Valentín (Patagonische Kordillere)	4058 m
Pico da Neblina (Bergland von Guayana)	3014 m
Pico da Bandeira (Bergland von Brasilien)	2890 m
Yogan (Feuerland)	2469 m

Antarktika

Vinsonmassif	4897 m
Mount Kirkpatrick	4528 m
Mount Jackson	4190 m
Erebus	3794 m

Flüsse

Europa

Wolga	3 531 km
Donau	2 858 km
Ural	2 428 km
Dnepr	2 201 km
Kama	2 032 km
Don	1 870 km
Petschora	1 809 km
Oka	1 480 km
Belaja	1 430 km
Dnister	1 352 km
Rhein	1 320 km
Wjatka	1 314 km
Nördliche Dwina/Suchona	1 302 km
Elbe	1 165 km
Desna	1 130 km
Wytschegda	1 130 km
Donez	1 053 km
Weichsel	1 047 km
Westliche Dwina	1 020 km
Loire	1 020 km
Tajo	1 007 km
Theiß	966 km
Prut	950 km
Maas	933 km
Oder	912 km
Ebro	910 km
Rhône	812 km
Seine	776 km
Klarälven/Göta Älv	720 km
Po	652 km
Glomma	598 km
Mariza	533 km
Kemijoki	483 km
Tiber	393 km
Shannon	361 km
Themse	346 km

Asien

Jangtsekiang	5 526 km
Huang He (Gelber Fluss)	5 464 km
Amur/Schilka/Onon	4 416 km
Ob/Katun	4 345 km
Lena	4 313 km
Irtysch	4 248 km
Mekong	4 184 km
Jenissej	4 102 km
Syr-Darja/Naryn	3 012 km
Untere Tunguska	2 989 km
Indus	2 897 km
Brahmaputra	2 896 km
Tarim/Yarkant	2 750 km
Euphrat	2 736 km
Amu-Darja/Pjandsh/Wakhan	2 574 km
Kolyma	2 513 km
Ganges	2 511 km
Salween	2 414 km
Aldan	2 242 km
Xi Jiang	2 129 km
Irrawaddy	2 092 km
Songhua	1 927 km
Tigris	1 899 km

Australien und Ozeanien

Darling	2 740 km
Murray	2 570 km
Murrumbidgee	2 160 km
Lachlan	1 480 km
Sepik	1 127 km
Fly	1 120 km
Flinders	832 km
Waikato (Neuseeland)	425 km

Africa

Nil/Kagera	6 671 km
Kongo	4 374 km
Niger	4 184 km
Sambesi	2 736 km
Ubangi/Uele	2 300 km
Kasai	2 153 km
Oranje	2 092 km
Cubango/Okavango	1 800 km
Juba	1 650 km
Limpopo	1 600 km
Volta	1 600 km
Lomami	1 450 km

Senegal	1 430 km
Chari	1 400 km
Vaal	1 251 km
Gambia	1 127 km

Nordamerika/Mittelamerika

Mississippi/Missouri	6 420 km
Mackenzie/Peace	4 241 km
Mississippi	3 766 km
Missouri	3 726 km
Yukon	3 185 km
Río Grande (Rio Bravo del Norte)	2 840 km
Nelson/Saskatchewan	2 575 km
Arkansas	2 348 km
Colorado	2 333 km
Ohio/Allegheny	2 101 km
Columbia	2 000 km
Snake	1 670 km
Churchill	1 609 km
Brazos	1 529 km
Tennessee/French Broad	1 421 km
Fraser	1 368 km
St.-Lorenz-Strom	1 287 km
Hudson	492 km

Südamerika

Amazonas	6 437 km
Paraná/Río de la Plata	4 264 km
Madeira	3 240 km
Purus	3 211 km
São Francisco	3 199 km
Japurá/Caquetá	2 816 km
Tocantins	2 699 km
Orinoco	2 575 km
Paraguay	2 549 km
Rio Negro	2 253 km
Tapajós/Juruena	2 200 km
Xingu	2 100 km
Uruguay	1 609 km
Magdalena	1 538 km

Inseln

(In die Fläche sind z.T. benachbarte kleine Inseln einbezogen.)

Europa

Großbritannien	219 081 km²
Island	103 000 km²
Irland	84 420 km²
Nowaja Semlja (Nordinsel)	48 904 km²
Spitzbergen	39 044 km²
Nowaja Semlja (Südinsel)	33 275 km²
Sizilien	25 426 km²
Sardinien	23 813 km²
Nordostland	14 530 km²
Korsika	8 682 km²
Kreta	8 263 km²
Seeland	7 016 km²
Kolgujew	5 250 km²
Euböa	3 655 km²
Mallorca	3 505 km²
Waigatsch	3 383 km²
Gotland	3 001 km²
Fünen	2 977 km²
Saaremaa	2 714 km²
Hinnøy	2 198 km²
Lésvos	1 630 km²
Ródos	1 398 km²
Öland	1 344 km²
Lolland	1 241 km²
Hiiumaa	965 km²
Rügen	926 km²
Menorca	683 km²
Korfu	592 km²
Bornholm	588 km²
Man	572 km²
Krk	410 km²
Malta	246 km²
Fehmarn	185 km²
Oléron	175 km²

Asien

Borneo (Kalimantan)	736 000 km²
Sumatra	425 000 km²
Honshū	227 414 km²

Celebes (Sulawesi)	180 000 km²
Java	126 650 km²
Luzon	104 700 km²
Mindanao	94 600 km²
Hokkaidō	78 073 km²
Sachalin	76 400 km²
Ceylon	65 610 km²
Kyūshū	36 554 km²
Taiwan	35 692 km²
Hainan	34 000 km²
Timor	33 850 km²
Shikoku	18 256 km²
Halmahera	17 800 km²
Seram	17 150 km²
Flores	14 250 km²
Oktoberrevolutionsinsel	14 200 km²
Sumbawa	13 280 km²
Samar	13 080 km²
Negros	12 700 km²
Bangka	11 930 km²
Palawan	11 785 km²
Kotelny	11 665 km²
Panay	11 515 km²
Bolschewik	11 312 km²
Sumba	11 150 km²
Mindoro	9 735 km²
Buru	9 500 km²
Zypern	9 251 km²
Komsomolez	9 200 km²
Wrangel-Insel	7 300 km²
Neusibirien	6 200 km²

Australien und Ozeanien

Neuguinea	771 600 km²
Südinsel (Neuseeland)	151 971 km²
Nordinsel (Neuseeland)	114 489 km²
Tasmanien	64 410 km²
Neubritannien	36 500 km²
Neukaledonien	16 177 km²
Viti Levu	10 429 km²
Hawaii (Big Island)	10 414 km²
Bougainville	10 050 km²
Neuirland	8 600 km²
Guadalcanal	6 475 km²
Melville-Insel	5 800 km²
Vanua Levu	5 556 km²
Känguru-Insel	4 350 km²
Espíritu Santo	3 677 km²
Savai'i	1 715 km²
Tahiti	1 042 km²

Afrika

Madagaskar	587 041 km²
Sokotra	3 580 km²
Réunion	2 510 km²
Teneriffa	2 057 km²
Bioko	2 017 km²
Mauritius	1 865 km²
Sansibar	1 658 km²
Ngazidja	1 148 km²
Santiago	991 km²
Pemba	984 km²
Madeira	740 km²

Nordamerika/Mittelamerika

Grönland	2 175 600 km²
Baffininsel	688 808 km²
Victoria-Insel	217 291 km²
Ellesmere-Insel	196 237 km²
Neufundland	112 300 km²
Kuba	105 007 km²
Hispaniola	75 606 km²
Banksinsel	70 028 km²
Devoninsel	55 247 km²
Axel-Heiberg-Insel	43 178 km²
Melville-Insel	42 150 km²
Southampton	41 215 km²
Prince-of-Wales-Insel	33 338 km²
Vancouver	31 285 km²
Somersetinsel	24 786 km²
Bathurst	16 042 km²
Prince-Patrick-Insel	15 848 km²
King-William-Insel	13 111 km²
Ellef-Ringnes-Insel	11 250 km²
Bylot	11 067 km²
Jamaika	10 962 km²
Kap-Breton-Insel	10 311 km²
Puerto Rico	8 644 km²

Andros	5 957 km²
Long Island (USA)	4 463 km²
Guadeloupe	1 433 km²

Südamerika

Feuerland	47 000 km²
Chiloé	8 395 km²
East Falkland	6 605 km²
Isabela	5 825 km²
Trinidad	4 820 km²
West Falkland	4 532 km²

Antarktis

Kerguelen	5 820 km²
Südgeorgien	3 755 km²
Rossinsel	2 300 km²

Seen (* ohne Inseln)

Europa

Ladogasee	18 135 km²
Onegasee	9 720 km²
Vänersee*	5 584 km²
Peipussee	3 550 km²
Vättersee*	1 899 km²
Saimaa	1 460 km²
Segsee	1 200 km²
Mälarsee*	1 140 km²
Weißer See	1 125 km²
Inarisee*	1 085 km²
Päijänne*	1 054 km²
Ilmensee	982 km²
Oulusee	893 km²
Balaton	596 km²
Genfer See	580 km²
Bodensee	572 km²
Hjälmarsee	484 km²
Lough Neagh	388 km²
Gardasee	370 km²
Mjøsa	368 km²
Torneträsk	322 km²
Neusiedler See	320 km²
Neuenburger See	218 km²
Lago Maggiore	210 km²
Müritz	110 km²
Chiemsee	80 km²
Loch Ness	65 km²

Asien

Kaspisches Meer	367 000 km²
Aralsee*	ca. 33 600 km²
Baikalsee	31 499 km²
Balchaschsee	18 428 km²
Ysyk-Köl	6 099 km²
Qinghai	5 000 km²
Urmiasee	4 686 km²
Taimyrsee	4 560 km²
Chankasee	4 401 km²
Vansee	3 713 km²
Sewansee	1 256 km²
Totes Meer	910 km²
Biwasee	672 km²

Australien und Ozeanien

Eyresee	ca. 9 300 km^2
Torrenssee	ca. 5 700 km^2
Gairdnersee	ca. 4 700 km^2
Tauposee	606 km^2

Afrika

Victoriasee	69 484 km^2
Tanganyikasee	32 893 km^2
Malawisee	28 878 km^2
Tschad	16 316 km^2
Turkanasee	6 405 km^2
Albertsee	5 374 km^2
Mwerusee	4 920 km^2
Tanasee	3 630 km^2
Kivusee	2 650 km^2
Edwardsee	2 200 km^2

Nordamerika/Mittelamerika

Oberer See	82 103 km^2
Huronsee	59 570 km^2
Michigansee	57 866 km^2
Großer Bärensee	31 328 km^2
Großer Sklavensee	28 570 km^2
Eriesee	25 667 km^2
Winnipegsee	24 390 km^2
Ontariosee	19 011 km^2
Nicaraguasee	8 029 km^2
Athabascasee	7 935 km^2
Rentiersee	6 651 km^2
Großer Salzsee	5 905 km^2
Nettillingsee	5 542 km^2
Winnipegosissee	5 374 km^2
Manitobasee	4 659 km^2

Südamerika

Maracaibosee	13 512 km^2
Titicacasee	8 288 km^2
Poopósee	2 530 km^2
Lago Argentino	1 415 km^2
Nahuel-Huapi-See	550 km^2

Zur Benutzung des Registers

Inhalt, Reihenfolge der Namen

- Das Register enthält sämtliche Namen der Atlaskarten.
- Die Reihenfolge der Namen entspricht dem lateinischen Alphabet.
  Dabei wurden Buchstaben mit diakritischen Zeichen wie die gleichen Buchstaben ohne solche eingereiht. Die Ligaturen æ und œ wurden den getrennten Buchstaben gleichgesetzt, die Sonderbuchstaben đ als dh, þ als th und das deutsche ß als ss angesehen.
- In den Karten abgekürzte Namen sind im Register grundsätzlich ausgeschrieben:
  Liechtenstein [= Liecht.]
- Bei Namen mit Klammerzusätzen erfolgt eine zusätzliche Verweisung:
  Venezia (Venedig)
  Venedig → Venezia

Erläuternde Zusätze

- Außer den Ortsnamen sind nahezu alle Namen des Registers mit Gattungssymbolen versehen.
  Gleich lautende Ortsnamen wurden zur Unterscheidung mit einem geographischen Zusatz versehen, ebenso wie gleich lautende Namen mit gleichem Gattungssymbol:

Albany *[Australien]*	Long Island *[Bahamas]*
Albany *[USA, Georgia]*	Long Island *[Papua-Neuguinea]*
Albany *[USA, New York]*	Long Island *[USA]*

- Namen, die mit einem Gattungswort beginnen, wurden nur in umgestellter Form in das Register aufgenommen. Anstelle der normalen Schreibweise steht eine allgemeine Sammelverweisung. Nur Ortsnamen und Namen fremder Gattungen sind von dieser Regelung ausgenommen:
  Branco, Rio
  Negro, Rio
  Rio ... → ..., Rio
  Rio de Janeiro
  Rio Grande do Sul

Lageangabe

- Die Lageangabe jedes Registernamens besteht aus der Zahl für die jeweils linke Seite der Karte sowie dem Buchstaben für die Spalte und der Zahl für die Zeile des betreffenden Suchfeldes:

Hamburg	30 C 2
Messina, Straße von	36 D 4

- Bei den Völkernamen verweist das Register auf die in den Legenden der Völkerkarten enthaltenen Begriffe und Nummerierungen.

A

Staat
Abhängiges Gebiet
Verwaltungseinheit
Volk, Völkergruppe, Stamm
Ruinenstätte
Wissenschaftliche Station
Landschaft, Halbinsel
Gebirge, Berge
▲ Berg
)(Pass
✱ Eis, Gletscher

∽ Fluss, Kanal
⥲ Wasserfall
◒ See, Seen, Stausee
◡ Sumpf
Ⓤ Salztonebene
≋ Meer
≍ Meerenge
≋) Bucht
❯≋ Kap
⛰ Insel, Inseln
⇄ Meeresströmung
◷ Zeitzone

Staat
Abhängiges Gebiet
Verwaltungseinheit
Volk, Völkergruppe, Stamm
∴ Ruinenstätte
Wissenschaftliche Station
Landschaft, Halbinsel
Gebirge, Berge
▲ Berg
)(Pass
✱ Eis, Gletscher

Fluss, Kanal
Wasserfall
See, Seen, Stausee
Sumpf
Salztonebene
Meer
Meerenge
Bucht
Kap
Insel, Inseln
Meeresströmung
Zeitzone

■ Staat
◧ Abhängiges Gebiet
□ Verwaltungseinheit
⚇ Volk, Völkergruppe, Stamm
∴ Ruinenstätte
⌂ Wissenschaftliche Station
⌓ Landschaft, Halbinsel
▲▲ Gebirge, Berge
▲ Berg
)(Pass
✱ Eis, Gletscher

Fluss, Kanal
Wasserfall
See, Seen, Stausee
Sumpf
Salztonebene
Meer
Meerenge
Bucht
Kap
Insel, Inseln
Meeresströmung
Zeitzone

Staat
Abhängiges Gebiet
Verwaltungseinheit
Volk, Völkergruppe, Stamm
Ruinenstätte
Wissenschaftliche Station
Landschaft, Halbinsel
Gebirge, Berge
▲ Berg
Pass
Eis, Gletscher

Fluss, Kanal · Wasserfall · See, Seen, Stausee · Sumpf · Salztonebene · Meer · Meerenge · Bucht · Kap · Insel, Inseln · Meeresströmung · Zeitzone

Staat
Abhängiges Gebiet
Verwaltungseinheit
Volk, Völkergruppe, Stamm
∴ Ruinenstätte
Wissenschaftliche Station
Landschaft, Halbinsel
Gebirge, Berge
▲ Berg
)(Pass
✻ Eis, Gletscher

Fluss, Kanal — Sumpf — Meerenge — Insel, Inseln
Wasserfall — Salztonebene — Bucht — Meeresströmung
See, Seen, Stausee — Meer — Kap — Zeitzone

■ Staat
⛉ Abhängiges Gebiet
▽ Verwaltungseinheit
👥 Volk, Völkergruppe, Stamm
∴ Ruinenstätte
⌂ Wissenschaftliche Station
⌒ Landschaft, Halbinsel
⛰ Gebirge, Berge
▲ Berg
)(Pass
✱ Eis, Gletscher

∽ Fluss, Kanal
⤳ Wasserfall
◡ See, Seen, Stausee
≂ Sumpf
⩌ Salztonebene
≋ Meer
≍ Meerenge
≋) Bucht
)≋ Kap
⌓ Insel, Inseln
⇄ Meeresströmung
◷ Zeitzone

Staat
Abhängiges Gebiet
Verwaltungseinheit
Volk, Völkergruppe, Stamm
∴ Ruinenstätte
Wissenschaftliche Station
Landschaft, Halbinsel
Gebirge, Berge
▲ Berg
)(Pass
∗ Eis, Gletscher

∽ Fluss, Kanal — Wasserfall — See, Seen, Stausee — Sumpf — Salztonebene — Meer — Meerenge — Bucht — Kap — Insel, Inseln — Meeresströmung — Zeitzone

Staat
Abhängiges Gebiet
Verwaltungseinheit
Volk, Völkergruppe, Stamm
Ruinenstätte
Wissenschaftliche Station
Landschaft, Halbinsel
Gebirge, Berge
Berg
Pass
Eis, Gletscher

Fluss, Kanal
Wasserfall
See, Seen, Stausee
Sumpf
Salztonebene
Meer
Meerenge
Bucht
Kap
Insel, Inseln
Meeresströmung
Zeitzone

⛊ Staat
⛉ Abhängiges Gebiet
⛉ Verwaltungseinheit
👥 Volk, Völkergruppe, Stamm
∴ Ruinenstätte
⌂ Wissenschaftliche Station
⛰ Landschaft, Halbinsel
⛰ Gebirge, Berge
▲ Berg
)(Pass
∗ Eis, Gletscher

Fluss, Kanal
Wasserfall
See, Seen, Stausee
Sumpf
Salztonebene
Meer
Meerenge
Bucht
Kap
Insel, Inseln
Meeresströmung
Zeitzone

Staat
Abhängiges Gebiet
Verwaltungseinheit
Volk, Völkergruppe, Stamm
∴ Ruinenstätte
Wissenschaftliche Station
Landschaft, Halbinsel
Gebirge, Berge
▲ Berg
)(Pass
∗ Eis, Gletscher

G

∽ Fluss, Kanal
⥱ Wasserfall
◡ See, Seen, Stausee
⌣ Sumpf
⩌ Salztonebene
≋ Meer
≍ Meerenge
≋) Bucht
)≋ Kap
☗ Insel, Inseln
⇄ Meeresströmung
◷ Zeitzone

⛊ Staat
◧ Abhängiges Gebiet
▽ Verwaltungseinheit
⚇ Volk, Völkergruppe, Stamm
∴ Ruinenstätte
⌓ Wissenschaftliche Station
⌂ Landschaft, Halbinsel
▲▲ Gebirge, Berge
▲ Berg
)(Pass
✱ Eis, Gletscher

- Fluss, Kanal
- Wasserfall
- See, Seen, Stausee
- Sumpf
- Salztonebene
- Meer
- Meerenge
- Bucht
- Kap
- Insel, Inseln
- Meeresströmung
- Zeitzone

H

Staat
Abhängiges Gebiet
Verwaltungseinheit
Volk, Völkergruppe, Stamm
∴ Ruinenstätte
Wissenschaftliche Station
Landschaft, Halbinsel
Gebirge, Berge
▲ Berg
)(Pass
* Eis, Gletscher

Fluss, Kanal · Wasserfall · See, Seen, Stausee · Sumpf · Salztonebene · Meer · Meerenge · Bucht · Kap · Insel, Inseln · Meeresströmung · Zeitzone

I

▼ Staat
▼ Abhängiges Gebiet
▽ Verwaltungseinheit
Volk, Völkergruppe, Stamm
Ruinenstätte
Wissenschaftliche Station
Landschaft, Halbinsel
▲▲ Gebirge, Berge
▲ Berg
Pass
Eis, Gletscher

Fluss, Kanal · Wasserfall · See, Seen, Stausee · Sumpf · Salztonebene · Meer · Meerenge · Bucht · Kap · Insel, Inseln · Meeresströmung · Zeitzone

J

■ Staat
◧ Abhängiges Gebiet
▢ Verwaltungseinheit
⚇ Volk, Völkergruppe, Stamm
∴ Ruinenstätte
⌂ Wissenschaftliche Station
⌔ Landschaft, Halbinsel
⛰ Gebirge, Berge
▲ Berg
)(Pass
✱ Eis, Gletscher

Fluss, Kanal · Wasserfall · See, Seen, Stausee · Sumpf · Salztonebene · Meer · Meerenge · Bucht · Kap · Insel, Inseln · Meeresströmung · Zeitzone

■ Staat
◧ Abhängiges Gebiet
□ Verwaltungseinheit
⚇ Volk, Völkergruppe, Stamm
∴ Ruinenstätte
⌂ Wissenschaftliche Station
⊾ Landschaft, Halbinsel
▲▲ Gebirge, Berge
▲ Berg
)(Pass
✱ Eis, Gletscher

Fluss, Kanal · Wasserfall · See, Seen, Stausee · Sumpf · Salztonebene · Meer · Meerenge · Bucht · Kap · Insel, Inseln · Meeresströmung · Zeitzone

Staat
Abhängiges Gebiet
Verwaltungseinheit
Volk, Völkergruppe, Stamm
∴ Ruinenstätte
Wissenschaftliche Station
Landschaft, Halbinsel
Gebirge, Berge
▲ Berg
)(Pass
✱ Eis, Gletscher

∽ Fluss, Kanal
⤳ Wasserfall
⌣ See, Seen, Stausee
⩪ Sumpf
⩫ Salztonebene
≋ Meer
≚ Meerenge
≋) Bucht
)≋ Kap
🏝 Insel, Inseln
⥲ Meeresströmung
🕓 Zeitzone

L

⛊ Staat
⛉ Abhängiges Gebiet
▽ Verwaltungseinheit
👥 Volk, Völkergruppe, Stamm
∴ Ruinenstätte
⌂ Wissenschaftliche Station
⛰ Landschaft, Halbinsel
▲▲ Gebirge, Berge
▲ Berg
)(Pass
✱ Eis, Gletscher

∿ Fluss, Kanal
≒ Wasserfall
◡ See, Seen, Stausee
⩊ Sumpf
⩊ Salztonebene
≋ Meer
≍ Meerenge
≋) Bucht
)≋ Kap
☗ Insel, Inseln
⥲ Meeresströmung
◷ Zeitzone

Staat
Abhängiges Gebiet
Verwaltungseinheit
Volk, Völkergruppe, Stamm
∴ Ruinenstätte
Wissenschaftliche Station
Landschaft, Halbinsel
Gebirge, Berge
▲ Berg
)(Pass
✶ Eis, Gletscher

M

Fluss, Kanal
Wasserfall
See, Seen, Stausee
Sumpf
Salztonebene
Meer
Meerenge
Bucht
Kap
Insel, Inseln
Meeresströmung
Zeitzone

Staat
Abhängiges Gebiet
Verwaltungseinheit
Volk, Völkergruppe, Stamm
Ruinenstätte
Wissenschaftliche Station
Landschaft, Halbinsel
Gebirge, Berge
▲ Berg
)(Pass
✱ Eis, Gletscher

∽ Fluss, Kanal
≶ Wasserfall
◡ See, Seen, Stausee
⌣ Sumpf
⍦ Salztonebene
≋ Meer
≍ Meerenge
≋) Bucht
❯≋ Kap
⌓ Insel, Inseln
⇄ Meeresströmung
◷ Zeitzone

Staat
Abhängiges Gebiet
Verwaltungseinheit
Volk, Völkergruppe, Stamm
∴ Ruinenstätte
Wissenschaftliche Station
Landschaft, Halbinsel
Gebirge, Berge
▲ Berg
)(Pass
∗ Eis, Gletscher

Fluss, Kanal
Wasserfall
See, Seen, Stausee
Sumpf
Salztonebene
Meer
Meerenge
Bucht
Kap
Insel, Inseln
Meeresströmung
Zeitzone

Staat
Abhängiges Gebiet
Verwaltungseinheit
Volk, Völkergruppe, Stamm
∴ Ruinenstätte
Wissenschaftliche Station
Landschaft, Halbinsel
Gebirge, Berge
▲ Berg
)(Pass
✶ Eis, Gletscher

∽ Fluss, Kanal · Wasserfall · See, Seen, Stausee · Sumpf · Salztonebene · Meer · Meerenge · Bucht · Kap · Insel, Inseln · Meeresströmung · Zeitzone

⛊ Staat
◐ Abhängiges Gebiet
⛉ Verwaltungseinheit
👥 Volk, Völkergruppe, Stamm
∴ Ruinenstätte
◺ Wissenschaftliche Station
〽 Landschaft, Halbinsel
⛰ Gebirge, Berge
▲ Berg
)(Pass
✱ Eis, Gletscher

Fluss, Kanal · Wasserfall · See, Seen, Stausee · Sumpf · Salztonebene · Meer · Meerenge · Bucht · Kap · Insel, Inseln · Meeresströmung · Zeitzone

O

Staat
Abhängiges Gebiet
Verwaltungseinheit
Volk, Völkergruppe, Stamm
∴ Ruinenstätte
Wissenschaftliche Station
Landschaft, Halbinsel
Gebirge, Berge
▲ Berg
)(Pass
∗ Eis, Gletscher

Fluss, Kanal
Wasserfall
See, Seen, Stausee
Sumpf
Salztonebene
Meer
Meerenge
Bucht
Kap
Insel, Inseln
Meeresströmung
Zeitzone

■ Staat
◨ Abhängiges Gebiet
▽ Verwaltungseinheit
⚇ Volk, Völkergruppe, Stamm
∴ Ruinenstätte
⌂ Wissenschaftliche Station
⌒ Landschaft, Halbinsel
▲▲ Gebirge, Berge
▲ Berg
)(Pass
✳ Eis, Gletscher

Fluss, Kanal · Wasserfall · See, Seen, Stausee · Sumpf · Salztonebene · Meer · Meerenge · Bucht · Kap · Insel, Inseln · Meeresströmung · Zeitzone

Staat
Abhängiges Gebiet
Verwaltungseinheit
Volk, Völkergruppe, Stamm
∴ Ruinenstätte
Wissenschaftliche Station
Landschaft, Halbinsel
Gebirge, Berge
▲ Berg
)(Pass
∗ Eis, Gletscher

∽ Fluss, Kanal
≒ Wasserfall
◡ See, Seen, Stausee
⩌ Sumpf
⩌ Salztonebene
≋ Meer
≍ Meerenge
≋) Bucht
)≋ Kap
☗ Insel, Inseln
⇄ Meeresströmung
◷ Zeitzone

Staat
Abhängiges Gebiet
Verwaltungseinheit
Volk, Völkergruppe, Stamm
∴ Ruinenstätte
Wissenschaftliche Station
Landschaft, Halbinsel
▲▲ Gebirge, Berge
▲ Berg
)(Pass
✱ Eis, Gletscher

Fluss, Kanal
Wasserfall
See, Seen, Stausee
Sumpf
Salztonebene
Meer
Meerenge
Bucht
Kap
Insel, Inseln
Meeresströmung
Zeitzone

S

■ Staat
◧ Abhängiges Gebiet
▢ Verwaltungseinheit
Volk, Völkergruppe, Stamm
∴ Ruinenstätte
Wissenschaftliche Station
Landschaft, Halbinsel
Gebirge, Berge
▲ Berg
)(Pass
✱ Eis, Gletscher

Fluss, Kanal
Wasserfall
See, Seen, Stausee
Sumpf
Salztonebene
Meer
Meerenge
Bucht
Kap
Insel, Inseln
Meeresströmung
Zeitzone

⛊ Staat
◗ Abhängiges Gebiet
▽ Verwaltungseinheit
⚇ Volk, Völkergruppe, Stamm
∴ Ruinenstätte
⌂ Wissenschaftliche Station
Landschaft, Halbinsel
Gebirge, Berge
▲ Berg
)(Pass
∗ Eis, Gletscher

Fluss, Kanal · Wasserfall · See, Seen, Stausee · Sumpf · Salztonebene · Meer · Meerenge · Bucht · Kap · Insel, Inseln · Meeresströmung · Zeitzone

Staat
Abhängiges Gebiet
Verwaltungseinheit
Volk, Völkergruppe, Stamm
∴ Ruinenstätte
Wissenschaftliche Station
Landschaft, Halbinsel
Gebirge, Berge
▲ Berg
)(Pass
✱ Eis, Gletscher

Fluss, Kanal
Wasserfall
See, Seen, Stausee
Sumpf
Salztonebene
Meer
Meerenge
Bucht
Kap
Insel, Inseln
Meeresströmung
Zeitzone

Staat
Abhängiges Gebiet
Verwaltungseinheit
Volk, Völkergruppe, Stamm
∴ Ruinenstätte
Wissenschaftliche Station
Landschaft, Halbinsel
Gebirge, Berge
▲ Berg
)(Pass
∗ Eis, Gletscher

∽ Fluss, Kanal · Wasserfall · ◡ See, Seen, Stausee · ≂ Sumpf · Salztonebene · ≋ Meer · ≍ Meerenge · ≋) Bucht ·)≋ Kap · ⌓ Insel, Inseln · ⇄ Meeresströmung · ◷ Zeitzone

Staat
Abhängiges Gebiet
Verwaltungseinheit
Volk, Völkergruppe, Stamm
∴ Ruinenstätte
Wissenschaftliche Station
Landschaft, Halbinsel
Gebirge, Berge
▲ Berg
)(Pass
✱ Eis, Gletscher

Fluss, Kanal
Wasserfall
See, Seen, Stausee
Sumpf
Salztonebene
Meer
Meerenge
Bucht
Kap
Insel, Inseln
Meeresströmung
Zeitzone

⛊ Staat
◗ Abhängiges Gebiet
▽ Verwaltungseinheit
⚇ Volk, Völkergruppe, Stamm
∴ Ruinenstätte
⌂ Wissenschaftliche Station
⊾ Landschaft, Halbinsel
▲▲ Gebirge, Berge
▲ Berg
)(Pass
✳ Eis, Gletscher

∽ Fluss, Kanal
≒ Wasserfall
◡ See, Seen, Stausee
≃ Sumpf
⩊ Salztonebene
≋ Meer
≍ Meerenge
≋) Bucht
)≋ Kap
⌓ Insel, Inseln
⇄ Meeresströmung
◷ Zeitzone

Staat
Abhängiges Gebiet
Verwaltungseinheit
Volk, Völkergruppe, Stamm
∴ Ruinenstätte
Wissenschaftliche Station
Landschaft, Halbinsel
Gebirge, Berge
▲ Berg
)(Pass
∗ Eis, Gletscher

Fluss, Kanal
Wasserfall
See, Seen, Stausee
Sumpf
Salztonebene
Meer
Meerenge
Bucht
Kap
Insel, Inseln
Meeresströmung
Zeitzone

V

■ Staat
◗ Abhängiges Gebiet
◻ Verwaltungseinheit
⚇ Volk, Völkergruppe, Stamm
∴ Ruinenstätte
⌂ Wissenschaftliche Station
⌒ Landschaft, Halbinsel
▲▲ Gebirge, Berge
▲ Berg
)(Pass
✱ Eis, Gletscher

Fluss, Kanal
Wasserfall
See, Seen, Stausee
Sumpf
Salztonebene
Meer
Meerenge
Bucht
Kap
Insel, Inseln
Meeresströmung
Zeitzone

Staat
Abhängiges Gebiet
Verwaltungseinheit
Volk, Völkergruppe, Stamm
∴ Ruinenstätte
Wissenschaftliche Station
Landschaft, Halbinsel
Gebirge, Berge
▲ Berg
)(Pass
✱ Eis, Gletscher

Fluss, Kanal
Wasserfall
See, Seen, Stausee
Sumpf
Salztonebene
Meer
Meerenge
Bucht
Kap
Insel, Inseln
Meeresströmung
Untermeerisches Relief

■ Staat
◘ Abhängiges Gebiet
▢ Verwaltungseinheit
⚇ Volk, Völkergruppe, Stamm
∴ Ruinenstätte
⌂ Wissenschaftliche Station
⌒ Landschaft, Halbinsel
▲▲ Gebirge, Berge
▲ Berg
)(Pass
✱ Eis, Gletscher